AF469102

LES CHÊNES DE L'AMÉRIQUE

SEPTENTRIONALE EN BELGIQUE

LEUR ORIGINE, LEUR QUALITÉS, LEUR AVENIR

PAR

J. HOUBA

Garde-général des eaux et forêts

HASSELT
M. CEYSENS, ÉDITEUR
1887

LES

Chênes de l'Amérique Septentrionale

LES

CHÊNES DE L'AMÉRIQUE SEPTENTRIONALE

EN

BELGIQUE

LEUR ORIGINE, LEUR QUALITÉS, LEUR AVENIR

PAR

J. HOUBA.

Garde-général des eaux et forêts

HASSELT

M. CEYSENS, ÉDITEUR

1887

A Monsieur ALFRED WESMAEL

Membre de la Société Royale de botanique de Belgique

auteur de la Flore forestière belge

Monsieur WESMAEL,

Vous avez publié, en 1870, une monographie botanique et horticole des chênes de l'Amérique septentrionale, cultivés dans l'Europe centrale qui, l'année précédente, avait paru dans les bulletins de la fédération des sociétés d'horticulture de Belgique.

Vous faisiez connaître ces arbres au point de vue de l'ornementation de nos parcs et de nos jardins, vous montriez leur avenir en allées et vous indiquiez la place qu'ils occuperont peut-être un jour dans nos forêts.

Grâce à cette monographie, j'ai pu aller admirer, aux places que vous indiquiez, les géants du règne végétal que vous avez admirés avant moi, et que vous avez classés au moyen de leurs caractères botaniques.

J'ai pu les rechercher et les trouver dans la plupart des grandes propriétés du pays. Votre étude m'a guidé dans mes recherches.

Depuis que votre monographie a paru, 14 ans se sont écoulés.

Les chênes sur lesquels vous attiriez l'attention du monde savant, se sont propagés peu à peu, ils deviennent de plus en plus l'ornement de nos jardins, leur introduction gagne chaque jour davantage nos bois.

Il m'a paru utile de continuer l'œuvre que vous aviez entreprise de doter notre pays des végétaux qui, après en avoir fait l'ornement, doivent un jour en devenir la richesse par leur végétation extra-ordinaire.

J'ai recueilli, après vous, des indications qui permettront à tous de voir, et après de contrôler.

Un jeune peintre, dont la réputation s'affirme chaque jour et à qui le salon de Paris vient d'ouvrir ses portes toutes larges, Mr Djef Anten, de Hasselt, a bien voulu dessiner sur place les principaux types. Qu'il reçoive ici l'expression de ma gratitude pour sa complaisance inépuisable.

Il m'a paru que le meilleur moyen d'arriver au but que vous avez entrepris et que je poursuis était de représenter les sujets tels que notre sol les a produits et de les montrer avec leurs dimensions véritables.

L'enthousiasme n'est pas donné à tout le monde. Si tous ceux qui vous ont lu et qui voudront bien me lire ne sont pas émerveillés, ceux qui ne se refusent pas à croire voudront voir, et après avoir vu, ils seront au moins surpris; le but sera atteint.

L'Amérique nous a, depuis longtemps déjà, doté des plus beaux ornements de nos jardins, elle nous expédie, aujourd'hui, les fruits qui doivent devenir les plus beaux arbres de nos bois.

Sur notre sol, les uns vont acquérir des qualités qu'ils ne possèdent probablement pas dans leur pays d'origine, d'autres les perdront peut-être, mais l'expérience aujourd'hui acquise paraît suffisante pour affirmer que presque tous les chênes d'Amérique, suivant les espèces, ont une place assurée dans nos jardins, sur nos routes, dans nos forêts et jusque dans les terrains stériles où les végétaux nouvellement introduits meurent avant l'âge, succombent sous l'action des gelées ou sur lesquels la végétation indigène est d'une lenteur désespérante. Les arbres introduits ont donné des fruits, ces fruits ont donné des arbres, la 3me génération va venir.

Nous renverrons, peut-être un jour, en Amérique, les glands que le nouveau monde nous envoie aujourd'hui à prix élevés.

Dans quelques années, lorsque vous viendrez avec la Société Royale de botanique dont vous êtes un des membres les plus éminents, visiter ce pays où croissent depuis longtemps les espèces que vous regardiez planter ailleurs, vous admirerez, sur les belles routes du Limbourg ces chênes que vous avez rencontrés dans les parcs et que j'ai retrouvés, associés à d'autres encore, en pleine forêt comme dans les jardins.

Puissent-ils partout, par leurs qualités, devenir une source de richesse comme ils sont une source d'ornementation ; puissent-ils donner à notre industrie le bois dont elle a besoin et qu'elle doit demander à l'étranger !

Vous souvenez-vous de ces vers que vous avez mis sur la couverture de votre **Flore?**

Forêts, agitez-vous doucement dans les airs!
A quel amant, jamais, serez vous aussi chères?
D'autres vous confîront des amours étrangères,
Moi, de vos charmes seuls, j'entretiens les déserts.

La dédicace de cet ouvrage vous revient.

Les forêts dont vous avez été le fidèle amant vous ont fait part de leurs confidences et vous tenez bien des secrets !

Vous continuez, sans doute, à entretenir les déserts de leurs charmes ?

Permettez-moi de vous dire ce que vos chênes d'Amérique m'ont appris depuis que vous avez arraché leurs noms et trahi ainsi, en les livrant, une partie de leurs confidences.

Je n'ai probablement pas tout retenu.

Pour faire un ouvrage plus complet je devrai faire appel à de nouveaux souvenirs.

J'interrogerai surtout les vôtres qui me sont, entre tous, précieux.

En écrivant ce que j'ai observé jusqu'aujourd'hui, ne me suis-je pas trompé ?

Agréez,

Monsieur WESMAEL,

l'hommage de ma haute estime et de mes sentiments respectueux.

J. HOUBA.

Hasselt, le 1r avril 1885.

I

CONSIDÉRATIONS GÉNÉRALES

CONSIDÉRATIONS GÉNÉRALES

Le moment n'est pas venu de dire au public pourquoi ces pages ont été écrites.

Une première fois, les notes recueillies ont été jetées au feu !....

L'ouvrage que je publie, aujourd'hui, n'est qu'un chapitre de celui que je lui destine un jour, à moins que l'auteur de la *Flore forestière belge,* Monsieur ALFRED WESMAEL, ne s'en charge.

Il nous manque, en effet, une flore forestière décrivant tous les végétaux ligneux, indigènes et étrangers croissant à l'air libre sur notre sol.

Il est temps de combler cette lacune. Il est intéressant pour tout le monde, utile pour beaucoup, nécessaire pour ceux qui possèdent des arbres, des arbustes ou même des arbrisseaux, pour ceux qui les travaillent ou qui les exploitent, de connaître ce qu'ils sont, d'où ils proviennent, où ils croissent de préférence, comment ils végètent, quels sont leurs qualités, leurs usages, leur développement etc.

Si la naturalisation de tous les arbres de l'Ancien et du Nouveau Monde nous donne des résultats semblables à ceux des chênes d'Amérique, on peut affirmer, sans crainte d'être démenti, que leur étude sur notre sol est encore à faire.

ANDRÉ MICHAUX, père, avait passé vingt ans en Amérique et en Asie, il était rentré en France et recueillait ses observations lorsqu'il fut nommé par le gouvernement français pour faire partie de l'expédition du capitaine BAUDIN sur les mers du Sud.

En 1801, avant son départ, il publia son « *Histoire des chênes d'Amérique* ». Ce livre, que REDOUTÉ illustra de ses admirables dessins, eut un grand retentissement.

En 1810, FRANÇOIS-ANDRÉ MICHAUX, fils, publia « *l'Histoire des arbres forestiers de l'Amérique septentrionale* ». Les chênes furent l'objet d'une attention spéciale.

Depuis lors, les savants des différents pays ont parcouru le Nouveau Monde en tous sens, et les herbiers sont, à l'heure actuelle, au grand complet.

Avant le départ des deux MICHAUX pour les États-Unis, on cultivait déjà, en France et en Belgique, plusieurs espèces de chênes d'Amérique ; leur état de végétation fut, sans doute, la cause pour laquelle le Duc de Gaëte, ministre des finances de l'époque, chargea d'une mission scientifique, dont il publia le résultat, FRANÇOIS-ANDRÉ MICHAUX, fils.

Suivant cet auteur même, le parc de Duhamel du Monceau renfermait déjà des *Quercus Rubra* « *très forts, donnant des fruits* ».

Dans le jardin d'un amateur, à trois lieues d'Anvers, (que MICHAUX ne cite pas, et que nous citons pour lui, Mr le Baron Della Faille, au Mick,) on rencontrait, en 1804, un *Palustris* qui avait environ 7 mètres de hauteur, « *et dont la végétation brillante et vigoureuse indiquent assez que le sol et le climat lui sont très favorables.* »

Le *Quercus Falcata* était cultivé dans les pépinières des environs de Paris, et dans le jardin impérial du Petit Trianon, il s'y trouvait un fort beau *Phellos*, de plus de 12 mètres de hauteur « *dont la belle végétation et le feuillage vraiment singulier pour un chêne attirent toujours l'attention des curieux* ».

D'où venait le *Palustris* de Mr Della Faille dont parle MICHAUX fils?

Le lecteur le saura en lisant la description de l'espèce.

L'appréciation de MICHAUX, sur l'introduction des chênes d'Amérique dans nos forêts, n'a pas peu contribué à les en faire exclure.

Ce qu'il dit des qualités de la plupart d'entre eux n'est pas toujours élogieux. La confiance qui s'attache à un auteur de cette importance a pu, jusqu'à présent, reléguer dans les parcs et dans les jardins des essences qui méritent d'occuper un des premiers rangs dans les bois et sur les routes.

La naturalisation a des surprises sur lesquelles il faut compter sous peine d'aller au-devant de grandes déceptions. C'est ce qui est arrivé non seulement à MICHAUX, mais à tous ceux qui s'occupent, à ce point de vue, des arbres et des animaux.

La réserve s'impose.

Des résultats heureux ou malheureux attendent ceux qui naturalisent les végétaux ; les caractères sur lesquels on croit pouvoir se fonder pour tenter les essais ne répondent pas toujours à l'attente ; les termes de comparaison que l'on cherche à établir amènent des résultats différents.

Les arbres verts du Nord de l'Europe et des Etats-Unis ont-ils produit tout ce que l'on pouvait espérer?

Le *Pin-Sylvestre,* par-exemple, a-t-il conservé les qualités qu'il possède en Suède et en Norwège?

Le *Pin du Lord Weymouth,* qui en Amérique est un de nos meilleurs bois et sert même à la mâture, n'est-il pas variable sur notre sol, sans valeur parfois, et réservé à des usages très-secondaires?

D'autres arbres, comme le *Mélèze* et le *Sapin argenté* n'ont-ils pas, au-contraire, conservé une grande partie des qualités qu'ils possèdent dans leurs pays d'origine?

C'est donc, pour chaque espèce d'arbres introduits, une étude spéciale à faire sur des sujets ayant acquis tout leur développement.

De tous ces arbres, si les uns perdent une partie de leurs qualités, n'ont-ils pas gardé une croissance plus active qui leur fera donner la préférence? Ne servent-ils pas à des usages autrefois inconnus?

Le *Chêne d'Amérique* n'a pas échappé à cette loi générale; il n'a pas conservé tous les caractères qu'il possède dans son pays d'origine.

Certaines espèces ont pu les modifier, d'autres ont acquis des propriétés qui les feront plus apprécier que les chênes de provenance exotique.

Et, pourtant, ne sommes-nous pas à la première, rarement à la seconde, exceptionnellement à la troisième génération?

Qui pourrait affirmer que les générations suivantes donneront les mêmes résultats en accroissement ou en qualités?

Ce qui est constaté aujourd'hui est suffisant pour montrer que les prévisions de MICHAUX ne se sont réalisées qu'en partie; il s'est, du reste, placé à un point de vue trop exclusif.

Les lois d'économie sociale ne confirmeront pas toutes ses appréhensions.

Qu'en résulte-t-il?

Le propriétaire ne sait pas ce qu'il possède, le marchand ignore lui-même ce qu'il achète, le fabricant fait peu attention à ce qu'il travaille, les propriétés que lui indiquent la serpe, la scie ou le rabot lui paraissent dues à des causes accidentelles ou locales, le doute existe pour tout le monde.

Les *Chênes d'Amérique* sont d'importation récente. Les plus anciens, sur notre sol, ne comptent guère qu'un siècle.

A cet âge, l'arbre a à-peine atteint son développement et il ne possède pas encore toutes ses qualités.

On l'a planté dans les parcs, dans les jardins, ou bien il sert d'ornement aux habitations. Ce n'est pas là qu'on doit aller le trouver pour le bien voir.

Les sujets, livrés à l'exploitation, sont généralement ceux frappés d'accidents, qui n'ont plus leurs caractères véritables; ceux que le propriétaire exploite pour son propre compte et que le commerce ne peut apprécier; ceux que l'on extirpe d'un jardin ou d'un verger, sans distinction de l'espèce et que l'acheteur et le vendeur ignorent.

Ce sont autant de causes qui exercent une influence considérable sur les qualités des bois.

Des obstacles nombreux se présentent.

Les *Chênes d'Amérique* sont rares; s'ils commencent à se propager, les pieds que l'on rencontre, par-ci par-là, n'ont pas atteint leur âge d'exploitabilité.

Les propriétaires qui en possèdent ne se dépouillent pas des sujets qui constituent un des plus beaux ornements du parc;

de l'habitation ou de la forêt pour le plaisir de laisser constater par un inconnu des caractères qui lui importent fort peu.

Ce n'est qu'à la suite de longues et de patientes recherches que l'on parvient à retrouver les échantillons refoulés dans un coin du magasin ou remisés dans un endroit perdu de l'atelier.

Pour étudier ces arbres, au point de vue des caractères de l'espèce, la même difficulté se présente.

Nos jardins botaniques en renferment bien peu.

Celui de Gand en est privé; celui d'Anvers n'en possède que deux pieds encore jeunes; dans celui de Liége on trouve quelques sujets et dans celui de Bruxelles, on ne rencontre que trois espèces différentes!

La Belgique ne possède aucun jardin de naturalisation proprement dit.

C'est une lacune à combler à l'institut agricole ou ailleurs.

Entre-temps, formons le vœu que l'une ou l'autre commune du pays, Rochefort, par exemple, consacre une de ses propriétés communales à semblable création.

Ce sera un vaste champ d'études dont ce centre d'excursions profitera et dont il fera profiter le pays.

Cette localité possède tous les éléments nécessaires.

C'est la ville de François Crepin.

A quelques pas de la ville de Bruxelles, on admire un des plus beaux parcs de l'Europe: Le bois de la Cambre.

Serait-il moins beau, si l'on réservait une place plus large aux arbres verts exotiques, aux arbres à feuilles caduques de provenance étrangère au milieu de nos essences indigènes?

Enfin, l'État belge possède, tout près de la capitale, une forêt importante et magnifique: La forêt de Soignes,

Ne pourrait-on affecter quelques hectares de cette vaste étendue à un bois de naturalisation?

Il semble que c'est à l'État que doit revenir le mérite des innovations de ce genre. Le mouvement qui se manifeste en ce moment en faveur des forêts n'aménera-t-il aucun regret et ne réparera-t-il pas une lacune, comblée depuis longtemps chez nos voisins ?

Cette idée trouvait sa place naturelle ici; il appartient à ceux qui la croiront bonne d'en poursuivre la réalisation.

Nos jardins botaniques ne peuvent suffire à cet usage.

Les arbres de provenance étrangère sont relégués dans des coins perdus. L'espace est trop restreint et, avant tout, il faut des fleurs !

Quelques savants, comme CHARLES MORREN, au jardin botanique de Liége, ont reservé de petites places aux arbres exotiques.

L'on y a planté en 1844-1845, des *Quercus Cerris*, des *Quercus Rubra*, et quelques autres pieds du genre *Quercus* qui ont aujourd'hui un mêtre dix et un mêtre vingt centimêtres à un mêtre du sol et dont la végétation est belle.

En 1867, après l'Exposition de Paris, un amateur d'une ville d'Allemagne, Mr BOOTH, de Hambourg, fit cadeau au jardin botanique de Liége d'une collection de *Chênes d'Amérique* très-précieuse et dont il reste quelques types.

Un *Quercus Macrocarpa* de 0,25 centimêtres à un mêtre du sol, haut de 5 à 6 mêtres, un *Falcata* de 0,21 centimêtres sur une hauteur proportionnée et un *Castanea* de 0,30 c[res] de circonférence : voilà tout ce qui reste de cette belle collection. Le jardin botanique de Louvain renferme quelques échantillons de chênes d'Amérique, entre autres des *Rubra*, dont la végétation est relativement belle et l'accroissement considérable.

Celui de Gand est moins favorisé encore sous le rapport de certaines essences forestières et l'on cherche en vain des chênes d'Amérique dans le genre *Quercus*.

Dans celui d'Anvers on rencontre un *Phellos* de un mètre de circonférence à un mètre de sol, qui n'est nullement beau; un *Rubra* de un mètre 25 centimètres qui se meurt et dont la cime est coupée; un autre *Rubra* de 0,80 centimètres.

Dans celui de Bruxelles on trouve un *Rubra* de 0,66 centimètres bien-venant, âgé de 40 ans; un *Prinus Macrocarpa* de 0,82 centimètres, dont la végétation ne laisse rien à désirer, vieux de 45 ans; un *Quercus Crinita*, du Japon, de 0,70 centimètres, qui végète convenablement; un *Quercus Alba*, de 40 centimètres, planté en 1858, et des *Quercus Laurifolia*, plantés en 1881.

Aucun de nos jardins botaniques ne remplit le but.

Les jardins d'acclimatation de Liége et d'Anvers peuvent-ils mieux servir?

Peut-être.

Le jardin d'acclimatation de Liége mérite qu'on s'y arrête un instant.

Après les travaux de la dérivation de l'*Ile du commerce*, une partie des prés de « *la Boverie* » était convertie en un vaste marais.

La ville, d'accord avec le Gouvernement, résolut de le combler et les terrains voisins furent expropriés pour créer un parc public.

Quelques notables de Liége proposaient d'y établir un jardin d'acclimatation et d'horticulture.

Ils obtinrent une concession de soixante-quinze ans à la condition de se charger des travaux de remblais et de nivellement.

Le 20 mars 1863, la Société fut fondée au capital de 500,000 francs, divisé en 2000 actions.

La Société commença ses opérations dès que la moitié du capital fut souscrit. Les terrassements et une partie notable des constructions devaient être faits au moyen de cette somme.

Il n'en fut malheureusement pas ainsi.

Quelques constructions décrétées après coup, et notamment la glacière, absorbèrent au-delà du capital versé et nécessitèrent un nouvel appel de fonds qui ne fut, malheureusement, pas assez considérable. On vota cent mille francs pour terminer les travaux sans laisser un capital roulant qui fit défaut à la Société dès son début.

Malgré cela, l'engouement du public fut tel que de magnifiques recettes en permirent l'exploitation pendant près de vingt ans.

Malheureusement, le but scientifique et utile de la Société avait été négligé.

Au lieu de faire un établissement central comme le commandait sa position, de créer un centre d'opérations pour toutes les sociétés zoologiques et marchands naturalistes de l'Europe, on suivit l'exemple du jardin botanique de Bruxelles, quand il fallait prendre pour exemple celui d'Anvers, et de fêtes en fêtes, la partie d'agréments absorba la partie zoologique, et faute de ressources, la liquidation fut demandée.

Les actionnaires s'y refusèrent en partie. Il fut nommé une

nouvelle commission chargée de trouver le moyen de relever le jardin.

Une partie de la commission primitive était démissionnaire; elle fut remplacée par des personnes de bonne volonté et l'on entra enfin dans la véritable voie.

Les conseils du savant et modeste directeur-général, Mr ROBERTI DE GRADY, prévalurent.

Un membre proposa de maintenir la destination du jardin, en écartant toutefois la partie zoologique, pour la consacrer à l'ornithologie.

On demanda à la ville une avance de vingt mille francs, destinée à remonter les collections et à parer aux travaux urgents, et aux obligataires, de faire abandon d'une somme de vingt mille francs en intérêts et remboursement de leurs titres pour éteindre le déficit.

Ce ne fut que le 14 février 1885 que la ville accorda le crédit sollicité en novembre 1883.

Pendant ce temps, le jardin dut vivre de ses propres ressources, et grâce à l'initiative et au dévouement de son Vice-Président, Mr LOVENS, aux soins du Directeur et de quelques personnes dévouées attachées à l'administration, la campagne de 1884 put s'effectuer sans désastre.

Des mesures furent prises pour exploiter toutes les ressources du jardin demeurées en souffrance.

La décision favorable de la ville aura, il faut l'espérer, la plus heureuse influence sur l'avenir du jardin qui ne demandait, pour vivre, qu'une direction compétente.

Le but du jardin d'acclimatation de Liége est défini dans l'article 3 de ses statuts :

« *L'exécution et l'exploitation d'un jardin zoologique et botanique d'acclimatation à établir sur la concession de terrain situé à la Boverie, faite aux comparants par la ville de Liége, par délibération du conseil communal en date du 20 mars 1863, approuvée par arrêté royal du 3 juillet 1863, à l'effet de propager et d'acclimater les animaux et plantes utiles ou d'agrément, de les répandre dans le public, de contribuer à l'avancement de l'horticulture et de stimuler le goût pour les sciences naturelles en offrant au public en général, et en particulier aux élèves de l'Université et des écoles, des sujets d'études variées.* »

Ce plan, bien entendu, doit être fécond en résultats.

Reviendra-t-on au but primitif?

Il faut l'espérer.

Le jardin d'acclimatation de Liége remplirait le but qu'il s'agit d'atteindre, si l'on affectait une contenance suffisante à la flore forestière indigène et exotique.

Il y a des jardins botaniques pour les fleurs.

Que l'on approprie ce jardin, que l'on en crée un spécial au bois de la Cambre ou à la forêt de Soignes, peu importe.

Il n'y en a pas, et il en faut un.

Notre flore forestière n'est pas connue, et elle doit l'être.

En France, l'établissement du Domaine des Barres (Loiret), créé par Mr Vilmorin, est aujourd'hui sous la direction de l'administration des forêts. L'Arboretum de Segrez (Loiret) fondé par M. Lavallée président de la Société d'agriculture de France, possède un vaste champ d'études et renferme une collection splendide de végétaux exotiques et indigènes. L'État, la ville de Bruxelles ou la ville de Liége verront s'il y a utilité de créer un jardin forestier.

Tout en se déchargeant de ce soin, le gouvernement ne pourrait-il pas intervenir?

La solution me paraît possible sans trop de sacrifices.

Le jardin d'acclimatation d'Anvers contient quelques beaux spécimens d'arbres exotiques dont la croissance et l'état de végétation ne laissent rien à désirer. On y rencontre quelques *Chênes d'Amérique.*

Ce jardin d'acclimatation est, à proprement parler, un jardin zoologique.

Il ne peut convenir à l'usage spécial d'un jardin de naturalisation des plantes.

L'espace réservé aux arbres est trop restreint.

C'est le complément, l'ornementation du jardin zoologique.

Celui de Liége, dont une partie sera consacrée à l'ornithologie, paraît mieux approprié; on y a planté, en 1865, un massif de chênes d'Amérique de bel avenir.

Il n'est pas donné à tout le monde d'aborder ces jardins; il y a des taxes, des prix d'entrée, des abonnements.

Il ne serait pas difficile d'arriver à une solution conforme aux vœux de tous ceux qui font des arbres une étude spéciale.

CE QUI EN RÉSULTE

Tous ceux qui se sont occupés de la Flore de notre pays ont porté peu leur attention sur les espèces introduites.

L'on paraît surtout avoir étudié les infiniment petits, beaucoup moins les infiniment grands.

En Belgique, ALFRED WESMAEL seul, s'est occupé de *Flore forestière.* Outre sa *Flore* des végétaux ligneux indigènes il a écrit plusieurs monographies, entre autres, celles des *Saules,* des *Peupliers,* des *Erables,* et des *Chênes d'Amérique du Nord* cultivés dans les jardins d'Europe. Cette dernière étude à été imprimée par les soins de la Société Royale de botanique de Belgique pour ses membres en particulier. Elle n'a pas été livrée au commerce.

En dehors des membres de la Société Royale de botanique de l'époque, ceux qui la possèdent la doivent à la gracieuseté de l'auteur.

Cela ne suffit pas.

Les botanistes qui recherchent seulement les plantes indigènes ont devant eux un champ immense à explorer dont l'accès est possible à tout amateur.

Pour entrer, il est inutile de décliner son nom, de présenter sa carte ou d'être introduit sous l'égide d'une protection spéciale.

Au printemps, l'enfant sort de l'école, portant tout joyeux une boîte en fer blanc, teinte en vert, dans laquelle il renfermera la trouvaille de la journée et qu'il analysera avec son professeur en rentrant.

C'est dans les champs qu'on le conduit, sur les bords des chemins, dans les prairies parsemées de fleurs, dans les bois où gazouillent les oiseaux!

Plus tard, on le retrouve, jeune homme, muni d'un bâton terminé par une fourche en acier, comme nos facteurs des postes, dans les Ardennes, sur les fagnes de Francorchamps ou, en Campine, dans les marais de Kinroy!

Il porte dans une poche de son par-dessus, sa flore, dans l'autre, sa croute, et après une absence parfois de plusieurs jours, il rentre avec son cher trésor.

Ses plantes sont déterminées, et son herbier entretenu avec soin, indiquera la date de ses voyages et ses lieux d'exploration.

Cet enfant, à qui l'on apprend à l'école les noms de toutes les fleurs, ce jeune homme que l'on retrouve plus tard dans les Ardennes analysant des mousses ou dans les marais de Kinroy déterminant des algues, sait-il comment on appelle l'arbre le plus fort du jardin botanique de Bruxelles quand l'étiquette est enlevée?

Pourrait-il dire quelles sont les espèces de végétaux que l'on rencontre dans les massifs du Parc ou dans les allées des boulevards?

Probablement non.

L'étude des arbres est certainement très-négligée. Et pourtant, quel champ d'expérience dans la distinction des espèces, des variétés, des transformations amenées par la culture et la greffe!

Il y a grand intérêt à connaître les conditions spéciales de leur développement, de leur existence même. Leurs produits et leur utilité sont généralement ignorés.

La flore forestière s'est enrichie d'un nombre considérable de plantes exotiques qui ont aujourd'hui droit de cité.

La plupart des botanistes les ignorent parce qu'ils n'ont pas d'ouvrage de ce genre.

Les professeurs ont une lacune dans leurs herbiers.

L'enfant ne peut analyser, le maître ne peut renseigner, et le jeune homme qui ferait dix lieues pour rencontrer une plante invisible à l'œil nu, perceptible seulement à la loupe ou au microscope, ne saurait pas dire sous quel arbre il s'est abrité quand l'orage est venu le surprendre au moment de ses recherches.

Sans doute, l'entrée de nos jardins botaniques est libre et nos herbiers renferment de belles collections! Mais qui rencontre-t-on dans ces lieux d'études?

Des étudiants et des amateurs, parfois un botaniste ou un savant dans les herbiers, presque jamais une personne s'occupant spécialement des végétaux forestiers.

L'herbier que l'on rencontre, par hasard, dans les chambres de travail ou dans les cabinets d'étude est généralement coquet; des fleurs variées, classées avec plus de soins que de méthode, montrent avec ostentation que l'on s'est occupé autrefois de botanique.

Un livre, qui ne s'ouvre pas, étale ses tranches dorées sur le guéridon du salon!

Le nom du collectionneur ne manque jamais de figurer à la première page, mais l'on voit presque toujours rougir celle à laquelle on a osé demander:

« Vous vous êtes occupée de botanique? »

Les herbiers forestiers sont pour ainsi dire introuvables; ils sont trop volumineux, trop encombrants, et quand on veut leur donner une place convenable, on les relègue dans un coin du grenier.

Il en résulte que tout le monde connaît un peu les fleurs, que peu de personnes connaissent les arbres.

POUR QUI CE LIVRE A ÉTÉ ÉCRIT

Les *Chênes d'Amérique* que l'on rencontre sur notre sol doivent donc être bien ignorés.

C'est pour cela que je me suis décidé à les faire sortir des parcs et des jardins où ils se trouvent renfermés.

L'arbre sera décrit, tel qu'il y figure.

C'est, me paraît-il, le seul moyen de bien le faire connaître, de l'apprécier scientifiquement au moyen de ses caractères botaniques, et au point de vue utilitaire, par le but qu'il atteint et les usages auxquels on le destine.

Lorsque l'on examine dans un livre ou dans un herbier les différents organes des végétaux exotiques, on est très-surpris de ne pouvoir établir un parfait rapprochement avec ceux des végétaux naturalisés.

Ici, c'est la feuille qui a perdu sa forme; là, c'est l'inflorescence qui varie; ailleurs, c'est le bourgeon qui est plus terne, le fruit qui est resté plus petit.

Le plus souvent, les organes classés dans les herbiers et servant à déterminer les espèces sont adressés de différents pays; des mains, parfois inhabiles, les ont choisis; on les détache de sujets tantôt jeunes, tantôt âgés, et le savant seul, avec sa loupe ou son microscope et au risque de commettre des erreurs, peut distinguer les variétés.

Tous ceux qui se sont occupés de la détermination des espèces ont rencontré ces difficultés.

Nos végétaux forestiers, eux-mêmes, sont tellement variables sous ce rapport, qu'il faut s'appuyer sur des caractères exclusivement propres à l'espèce et les étudier avec soin pour ne pas commettre d'erreur.

La feuille d'un chêne rouvre, par exemple, affecte des formes très-diverses suivant les pieds; prise sur le même sujet elle change encore; cueillie en des endroits différents, elle se modifie suivant les terrains, et lorsqu'on la rencontre sur un rejet de souche, dans un taillis d'un an ou de deux ans, sa végétation est parfois si puissante qu'elle devient, comme ampleur, presque égale à celle du *Macrocarpa* d'Amérique.

Les échantillons doivent donc être choisis avec soin.

Les feuilles, les bourgeons et les fruits des principales espèces de chênes décrites dans cet ouvrage ont été recrutés minutieusement, parmi un grand nombre, à différentes époques de l'année, sur des sujets ayant acquis, à peu près tous, leur développement normal.

Il s'agissait de les dessiner.

Le dessin n'est pas toujours l'expression de la vérité.

Nul, mieux que REDOUTÉ, n'a su peindre les fleurs.

Il n'aurait pas voulu laisser à un autre le soin de montrer, sous son brillant pinceau, les arbres qui feront un jour, peut-être, la richesse et l'ornement d'une partie du pays qui a voulu la gloire de le compter au nombre de ses illustres enfants, s'il avait trouvé ces pages dignes de son talent.

Et, cependant, REDOUTÉ n'a pas rendu avec plus de fidélité que l'éditeur de ce volume sur les *Chênes d'Amérique,* les feuilles et les fruits que l'on admire tant dans l'ouvrage de MICHAUX.

L'art de la reproduction de la feuille, au moyen de la lithographie était inconnue à cette époque.

La photographie était ignorée, et la chromo-lithographie n'avait pas atteint le degré de perfection auquel elle est arrivée aujourd'hui.

Ceci demande quelques explications.

J'avais réuni, en décembre 1884, les matériaux de cet ouvrage; il fallait dessiner, ou prendre l'empreinte des organes, pour les lithographier ou les graver.

L'idée de reproduire les feuilles par la lithographie me vint à l'esprit.

Mr ROOSE, graveur et lithographe chez Mr l'éditeur CEYSENS, de Hasselt, fut appelé.

Voilà, lui dis-je, ce qu'il faudrait faire passer sur pierre, et je lui montrai le noir de fumée et l'huile de lin dont je me sers pour les empreintes.

Du calcaire, du noir de fumée, un corps gras, me dit Mr ROOSE, cela doit prendre.

Le lendemain, il me montrait une épreuve; huit jours après, ses essais étaient couronnés d'un succès complet.

J'ignore le mérite de l'invention, je ne sais si elle sera appliquée à d'autres publications.

C'était la place pour la faire connaître, et ayant assisté à l'accouchement de la mère, j'ai voulu raconter la naissance de l'enfant.

Redouté a trouvé un concurrent redoutable pour les publications artistiques et surtout forestières.

Puisse le lecteur admirer, comme moi l'art et les soins de mon éditeur.

Si ces pages sont lues, il aura contribué à les faire lire en livrant le moyen de reproduire fidèlement les organes principaux des espèces que j'ai décrites.

DANS LES PARCS

Demandons donc l'entrée des parcs et des jardins et le libre parcours dans les bois.

Les portes s'ouvrent larges, aucune ne reste fermée.

Les questions scientifiques intéressent tout le monde, les questions forestières sont particulièrement chères aux propriétaires qui habitent, en l'une ou l'autre saison de l'année, « la campagne. »

Lorsque Michaux parcourut l'Amérique du Nord à la recherche des végétaux forestiers qui pouvaient être naturalisés en France, il interrogea les ouvriers, les bucherons, les charpentiers, les constructeurs, etc.

J'ai fait de même.

Pour obtenir l'origine et l'âge des chênes d'Amérique afin de comparer leur accroissement avec les essences indigènes, je n'ai négligé aucun moyen.

Les ouvriers, les jardiniers, les régisseurs, les propriétaires, selon les besoins, ont été tour à tour consultés.

A l'aide de longues, de patientes et de laborieuses recherches, je suis parvenu à retrouver partout l'origine et l'âge des Chênes d'Amérique introduits.

Ce renseignement me paraît avoir une très-grande importance.

Bien des propriétaires, en lisant ces pages, seront surpris de la précision des détails.

Il leur arrivera de sourire ou de pleurer.

Cette longue suite de recherches me paraissait nécessaire pour résoudre, si faire se peut, cette question si importante si facile à controverse par cela seul qu'elle est si peu étudiée et si peu connue.

L'on arrive, certainement, en consultant ceux qui travaillent le bois ou qui l'exploitent à le connaître plus ou moins, mais combien les appréciations diffèrent et que nombreuses doivent être les expériences auxquelles il faut se livrer!

Les connaissances actuelles permettent de caractériser les propriétés d'un bois à l'aide d'expériences plus directes; sans négliger les renseignements d'autres sources, on y a eu recours.

Dans ce siècle de précision, on se contente difficilement

d'appréciations vagues, indéterminées; le creuset et les expériences physiques doivent avoir parlé pour convaincre.

On a fouillé les greniers, les ateliers, les chantiers, et quelques propriétaires dans le but d'être utiles, ont poussé la générosité, jusqu'à se dépouiller des arbres d'avenues auxquels ils étaient attachés, pour les soumettre à mes expériences.

Les propriétaires qui agissent ainsi, dans l'intérêt de la science, ne veulent pas être connus.

Que ces pages, au moins, leur rappellent ce souvenir!

Les expositions offrent cet avantage de réunir dans un même lieu des choses nouvelles ou intéressantes; elles permettent de constater les améliorations accomplies; elles rassemblent des objets éparpillés sur tout l'univers; elles appellent dans un champ, relativement restreint, les hommes spéciaux de tous les pays.

L'occasion me paraissait favorable pour montrer ce que le Chêne d'Amérique devient sur notre sol; j'ai fait l'ouvrage à cette occasion, j'expose l'herbier, les propriétaires exposeront les produits et permettront les analyses.

Si les Chênes d'Amérique ont de l'avenir, on doit le savoir, et ce serait un tort de retarder leur multiplication.

Si leur introduction est inutile ou facheuse, il est temps qu'on le prouve.

Il est nécessaire qu'ils soient suffisamment connus et sérieusement appréciés.

Si cette étude est incomplète aujourd'hui, le désir d'arriver dans des circonstances favorables pour faire triompher la vérité ou dissiper l'erreur, sera mon excuse.

CE QU'ILS SONT

Ils ont pour eux le nombre des espèces, la variété et la richesse du feuillage, la beauté de l'écorce, la rectitude des fibres ligneuses, la rapidité de la croissance, *la propriété de croître* dans des sols pour ainsi dire rebelles à toute végétation arborescente, la qualité du bois, l'élévation du fût, la faculté de prospérer à l'état isolé et en massif.

Le nombre des espèces de Chênes d'Amérique connu dépasse de beaucoup celui des chênes de l'ancien continent. En effet, dans l'Amérique septentrionale, on connait aujourd'hui, plus de soixante espèces et variétés, tandis que dans l'ancien continent on n'en rencontre guère que quarante.

L'Europe, l'Assie, l'Afrique, et l'Océanie offrent des espèces précieuses pour la qualité du bois et la valeur de l'écorce.

La Chine et le Japon ont des variétés dont on fait, depuis peu de temps, assez d'usage dans l'ornementation, mais qui sont, pour la plupart, bien inférieures, aux belles espèces d'Amérique.

LE FEUILLAGE

Les feuilles des Chênes d'Amérique varient avec les espèces. La différence est tellement caractéristique que cet organe seul suffit, le plus souvent, pour les déterminer. Tantôt, elles ressemblent à la feuille du Chataignier, comme dans le *Quercus Prinus Castanea,* tantôt à la feuille du Laurier, comme dans le *Quercus Imbricaria* ou le *Quercus Laurifolia,* tantôt à la feuille du Saule, comme dans le *Quercus Phellos.*

Elles sont épaisses et coriaces comme du cuir, dans le *Quercus Ferruginea*, tomenteuses et blanches à la face inférieure, dans le *Quercus Banisteri,* falquées, dans le *Quercus Falcata.*

Elles prennent à l'automne une coloration rouge, dans le *Quercus Rubra*, le *Quercus Palustris.* Elles sont à l'arrière-saison écarlates dans le *Quercus Coccinia,* toujours translucides dans le *Quercus Palustris.* Petites dans le *Quercus Virens*, elles prennent de grandes proportions dans le *Quercus Rubra*, le *Quercus Tinctoria*, le *Quercus Macrocarpa,* ou le *Quercus Bicolor.* Parfois, dans les premiers mois de la végétation, elles se ressemblent comme dans le *Quercus Coccinea* et le *Quercus Palustris,* mais plus tard la première se modifie et prend de plus grandes proportions qui ôtent toute ressemblance.

L'amateur qui réunirait dans un parc ou dans un jardin

d'agrément les chênes des cinq parties du monde trouverait un vaste champ d'expériences; il montrerait une collection curieuse et précieuse à divers titres.

Ce qui empêche souvent les essais de ce genre, c'est le défaut de connaissances des espèces.

Il y a là, au point de vue du chêne, une question pleine d'attrait que l'un ou l'autre grand propriétaire voudra résoudre.

L'ÉCORCE

L'écorce du chêne d'Amérique est variable comme son feuillage. Chez certaines espèces, elle est, dans les jeunes sujets, verdâtre tout d'abord, mais devient et reste blanchâtre comme dans le *Rubra*, le *Palustris* ou le *Phellos*.

Contrairement à ce qui a lieu pour le hêtre, qui ne doit sa coloration blanchâtre « qu'aux nombreux lichens qui envahissent sa surface dès l'âge de dix ans et lui forment un enduit de très-minces *thallus* » suivant MATHIEU ; elle est spécifique dans certaines espèces et elle ressemble alors à l'écorce du *Sapin argenté* ou du *Pin du Lord Weymouth*.

Elle est noire et profondément crevassée dans d'autres espèces, comme dans le *Quercus Falcata*, le *Quercus Ferruginea*, le *Quercus Tinctoria;* elle est unie et lisse dans le *Rubra*, le

Palustris ou le *Phellos;* elle ressemble complètement à celle du hêtre, dans le *Rubra Ambigua.*

Elle est assez ressemblante à celle de notre chêne *Rouvre,* quoique plus profondément crevassée chez les jeunes sujets, dans le *Quercus Castanea,* le *Quercus Imbricaria;* elle est moins gerçurée dans le *Quercus Laurifolia.*

Cette écorce lisse et blanchâtre, dans plusieurs espèces, donne aux arbres de fortes dimensions et élevés un cachet de douce majesté que n'offrent point les autres espèces. Le mélange de ces arbres, à ceux dont l'écorce est noirâtre et crevassée, produit des contrastes du meilleur effet dans l'ornementation. La grâce tend la blancheur de sa main à la force aux doigts rugueux.

Cette écorce, brillante ou peu lisse, renferme une quantité considérable de tanin dont les propriétés astringeantes sont très-appréciées. La quantité et la qualité sont très-variables suivant les espèces.

D'une nature particulière dans le *Quercus Tinctoria*, elle est employée par les teinturiers, d'où lui vient le nom de *Quercitron,* ou chêne des teinturiers. La qualité et la quantité de tanin augmentent considérablement la valeur de l'arbre.

Les marchands estiment à vingt-cinq et parfois à trente pour cent la valeur de l'écorce des arbres de futaie, dans les taillis la valeur est plus considérable encore. L'analyse détermine la valeur pour chaque espèce et refute les opinions erronées.

Si la quantité est moindre et si la valeur des TANNATES est plus considérable, le rapprochement seul de ces deux facteurs, établira la comparaison et fixera la valeur.

LES FIBRES

Les fibres, chez la plupart des Chênes d'Amérique, sont excessivement droites. L'arbre convient donc surtout aux ouvrages de fente, à la fabrication du merrain.

Chez d'autres, le *Falcata* et le *Palustris*, le bois est dur et coriace; il convient peu à la fente, mais il trouve sa place dans les ouvrages qui exigent de la solidité, dans les constructions, etc.

Dans nos arbres indigènes, plus de la moitié du genre chêne ont les fibres torses.

Cette torsion de fibres varie avec les essences.

Mr D'ARBOIS DE JUBAINVILLE s'est livré à ce sujet à une expérience fort curieuse.

Dans la forêt de Marchiennes, (Département du Nord Français), quarante-huit pour cent des chênes de futaie, espèce pédonculée, ont les fibres rectilignes, quarante-deux pour cent ont les fibres tordues à droite, dix pour cent ont les fibres tordues à gauche.

Dans la forêt de Saint-Amand, près de Valenciennes, six dixièmes ont les fibres rectilignes, trois dixièmes les ont tordues à droite, et un dixième à gauche.

Sept dixièmes des trembles ont les fibres rectilignes, trois dixièmes les ont tordues, tantôt à droite, tantôt à gauche.

Les Chênes d'Amérique sont-ils généralement rectilignes parce qu'ils proviennent de glands récoltés dans ce pays?

La rectitude des fibres n'est-elle point une conséquence de la puissance de la végétation et les plants que nous introduisons conserveront-ils cette précieuse qualité?

Nul ne pourrait le dire.

Toutefois, les Chênes d'Amérique introduits, de première et de seconde génération que j'ai rencontrés, et je pense les avoir examinés dans la plupart des localités, ont conservé leurs fibres droites.

En tout cas, il serait prudent, à l'avenir, pour obvier à un défaut qui pourrait se produire chez ces arbres faciles à fendre, de ne pas prendre les glands sur des pieds disposés à la torsion des fibres.

Pour certains forestiers, cette considération, peut-être, a peu d'importance; pour d'autres, elle en a beaucoup.

Je suis du nombre des derniers.

Le bois que l'on scie et dont on coupe ainsi les fibres a moins de force, il sert à moins d'usages ; ceux qui se fendent bien, qui conviennent aux tonneliers sont, dans les adjudications, toujours payés à des prix plus élevés. L'on a même donné, dans certaines provinces, un nom spécial aux chênes aptes à la fente dont font usage les tonneliers ; on les a nommés: « *Des Clapteux.* »

Dire d'un chêne au moment de l'adjudication : *C'est un Clapteux*, c'est dire qu'il se vendra à un prix élevé.

LA CROISSANCE

La rapidité de la croissance des Chênes d'Amérique est une qualité suffisante, selon moi, pour assurer leur naturalisation. L'homme est pressé de jouir. Celui qui crée une propriété, souvent désespère de voir arriver à une certaine dimension l'arbre qu'il confie à la terre qu'il vient de faire remuer.

L'espérance et les regrets sont deux sentiments qui s'emparent du propriétaire qui fait planter.

Verra-t-il jamais l'oiseau gazouiller dans les branches de ce jeune arbre qu'il entoure de ses soins?

Les années données à l'homme pour profiter de ce qu'il crée sont limitées; il a tout intérêt à faire un bon choix. Dans son grand désir, dans son empressement d'aller vite, il commande à grands frais les arbres les plus grands des plus belles pépinières et il ne s'aperçoit pas que, très-souvent, il va à l'encontre du but qu'il se propose.

Il fait appel aux *Aulnes*, aux *Peupliers*, aux *Saules*, aux *Chataigniers*, aux *Érables*, à tout ce qui croît rapidement. Il ne trouve, plus tard, que des arbres sans valeur et qui, au point de vue ornemental, lui paraissent bien inférieurs à ceux qu'il admire ailleurs.

L'arbre vert, tient la place de l'arbre à feuilles caduques et l'on donne, contre son intention, un cachet de tristesse à une propriété que l'on aurait voulue riante.

C'est surtout ici que les Chênes d'Amérique rendent des services.

Certaines espèces ont une végétation telle, le *Quercus Rubra*, le *Quercus Tinctoria*, le *Quercus Palustris*, par exemple, que les pousses annuelles, à un certain âge, dépassent un mètre cinquante centimètres.

J'ai mesuré, cette année, dans une pépinière une pousse de un mètre quatre-vingt centimètres, et en pleine forêt, une pousse de un mètre quarante centimètres.

En deux ou trois ans, un massif est formé.

La première année de la plantation, il y a de l'ombre dans les avenues, dans les allées; la seconde, l'oiseau fait son nid dans la cîme; en dix ans, l'arbre a quinze mètres de hauteur et soixante centimètres de circonférence.

Que sont à côté de lui, le *Sapin pectiné ou le Hêtre à feuilles pourpres* avec leurs tiges pyramidales!

Dans les taillis, sa végétation active dépasse rapidement les cépées des autres essences; dans les futaies, il suffit de contempler l'élévation des têtes pour reconnaître les espèces.

Dans les bons sols, sa végétation est si prodigieuse, qu'il faut pour croire, en connaître l'année de plantation ou compter le nombre des couches concentriques.

Placé dans une pelouse, son tronc acquiert en peu de temps, des proportions considérables; il étale une ramification puissante.

Partout, il peut soutenir la lutte avec les essences indigènes à croissance rapide : avec l'orme dans les sols argileux, avec l'aulne dans les terrains humides, avec le chataignier dans les terrains sablonneux.

Lorsqu'un arbre a quelques qualités, celui qui croît le plus vite est le plus recherché et c'est, il faut bien le dire, quand le sol est convenable, celui qui donne la plus grande somme de revenus au propriétaire.

Le Peuplier du Canada est-il inférieur à toute autre essence?

Le spéculateur a devant lui un champ ouvert.

Sur les routes, il donne immédiatement l'ombre de son beau feuillage au voyageur et il consolide rapidement les talus.

DANS LES SOLS PAUVRES

Le Chêne d'Amérique jouit surtout d'une propriété exceptionnelle qui lui assigne un rang de faveur parmi les essences forestières naturalisées ou indigènes.

Il possède une croissance active dans les terrains humides, marécageux, et même dans les sables purs et secs.

Il exige, tout simplement, de la profondeur et de la division ; il recherche, parfois, les terrains saturés de l'humidité.

Qu'il soit le bien-venu !

Une partie de nos provinces reposent sur des sables de qualités différentes.

Ils sont nombreux nos terrains humides, marécageux, sablonneux et secs.

Il me paraît inutile d'invoquer la statistique.

Quelle est pénible, dans ces sols, la végétation arborescente et combien est lente sa croissance !

L'on a fait, pour les couvrir, appel à tout : les arbres verts sont venus.

Que de services ils ont rendus ! Quelle vie ils ont amenée, dans ces marais, dans ces sables secs, où la misère et la désolation étalaient leurs hideux squelettes !

Ils ont apporté le bien-être aux particuliers, aux communes, en animant cette nature morte, troublée seulement par les cris plaintifs des oiseaux aquatiques.

Qui pourrait compter ce qu'ont produit le *Pin Sylvestre* et l'*Epicca* ?

Et cependant, voilà deux essences qui ont prospéré activement dans les tourbières et dans les sables stériles !

L'un, par l'abondance de ses feuilles, a fait l'office de drain ; l'autre, a demandé à la terre ce que la nature lui refusait.

L'*Eucalyptus*, n'est-il pas en voie d'enrichir l'Italie par la qualité de son bois en assainissant les marais Pontins et en extirpant les fièvres paludéennes ?

Les Chênes d'Amérique ne rendront, probablement jamais, les services qu'ont rendus les essences résineuses.

Ils ne serviront pas aux mêmes usages et ils ne possèdent point les mêmes qualités.

Déposséderont-ils le *Pin Sylvestre* et *l'Epicea* comme ces deux essences ont dépossédé les bois indigènes ?

Dans certains terrains, peut-être; dans d'autres, non.

Ils pourront restreindre leur culture.

LEUR HAUTEUR

S'il y a un spectacle devant lequel l'homme reste en admiration, c'est bien la vue d'un arbre élevé.

Rien n'est majestueux comme une forêt de sapins argentés, un massif d'Epiceas, une futaie de hêtres.

Ce sont les géants du règne végétal.

J'ai mesuré, cette année, au château de Fanson, province de Liége, un hètre de trente-neuf mètres quarante centimètres, sans la moindre bifurcation.

Jusqu'où ira-t-il ?

Si l'artiste met de préférence sur sa toile le tronc tortueux d'un chêne mal amputé, qui ne reste en contemplation devant un arbre qui élève majestueusement ses branches vers le ciel?

Quel bel arbre! dit-on. C'est le premier cri, c'est le cri du cœur.

Que sont à côté de lui, les pleureurs, les élagués, les tondus?

Des nains devant un géant !

Tout le monde n'a pas l'espace, sans doute, et l'arbre doit se prêter à tout. Il obéit à tous les caprices de l'homme. L'horticulteur, avec son couteau, nous a doté d'une partie des beaux arbres que nous mesurons aujourd'hui et dont nous faisons connaître l'élévation, mais le voilà qui renverse son rôle premier, et de ces géants, il nous en fait des pleureurs, des nains!

Qui pourrait reconnaître nos belles espèces ainsi mutilées!

Cette année, j'étais dans une pépinière. Un magnifique *Laurifolia* s'élevait majestueusement devant nous.

Le jardinier détache un bourgeon d'une branche tortueuse.

Quel beau pleureur, je vais faire! En effet, à côté du majestueux vieillard, de chétifs petits-enfants laissaient pendre leurs bras longs et frêles! Que vendez-vous le fils naturel, lui demandai-je? « Un franc. Et ce misérable avorton? Vingt-cinq francs. »

Comme ils dénaturent leurs beaux arbres ceux qui, ayant l'espace, les font pleureurs ou nains ou les mutilent par leurs élagages démesurés!

N'est-ce pas à la fois superbe et imposant une allée de chênes ou de hêtres, qui s'élèvent et se développent sans obstacle, montrant pendant plusieurs siècles, la puissance de leur végétation?

Qu'il est beau, dans son majestueux épanchement, l'arbre qui peut étendre librement ses branches et élever fièrement sa cîme!

Rien d'étonnant que tous les peuples de l'antiquité aient été Dendrolâtres. N'est-ce pas admirable, sur une pelouse, un massif de *Hêtres à feuilles pourpres* ou un *Chêne Quercitron?*

Le Chêne d'Amérique, en général, appartient au monde des « Hauts. »

Il atteint, sur notre sol, parfois trente mètres d'élévation.

Il conserve, sous ce rapport, le caractère précieux qu'il possède dans son pays d'origine.

Partout, un arbre élevé est admiré.

Quelle espèce pourra jamais, sur nos routes, remplacer le *Peuplier du Canada?*

Si au lieu de posséder des racines traçantes, il avait plongé dans des couches profondes les organes de la succion de son prodigieux accroissement, il ne se trouverait pas relégué, à l'heure actuelle, dans les prairies et sur les bords des eaux.

A côté du beau, l'utile.

L'arbre élevé donne un grand fût, beaucoup de bois d'œuvre pour les métiers. On scie des pièces de toutes les longueurs et l'on équarit de grandes dimensions.

Dans les bois, sur les routes et dans tous les terrains, il y a des arbres qui s'élèvent peu. La hauteur, suivant les espèces, est limitée; elle est variable suivant les sols et les situations.

Dans les terrains maigres, le sable ou le marais, généralement l'arbre reste rabougri. Le Chêne ordinaire atteint de faibles proportions dans sa lente végétation.

L'élagueur a beau lui couper les branches inférieures, il se montre rebelle. La cîme s'élargit.

Sur les routes il empêche la route de sécher et forme un obstacle aux transports d'une nature spéciale. Dans les taillis, les rejets sont écrasés sous leur bas couvert, le jeune plant est dominé à sa naissance et son avenir est compromis au début.

D'autres essences refusent absolument de s'élever. Ce grand défaut est partout la source de nombreux dangers et souvent une cause de leur exclusion.

Tous les Chênes d'Amérique n'atteignent pas la même élévation sur les mêmes sols.

Cette qualité est propre à l'espèce, comme dans nos Chênes d'Europe, mais une partie des essences les plus précieuses atteignent une grande hauteur, dans les marais, les sables purs. Leur avenir y est assuré.

L'ÉLAGAGE ET LES DÉFAUTS

Des arbres qui peuplent nos bois ou qui bordent nos routes, les uns sont rebelles à la taille, d'autres s'en accommodent médiocrement, d'autres la supportent très-bien.

Pour les arbres de nos routes, l'arbre qui s'élague bien, élevant ainsi son fût, aura toujours la préférence.

Le Chêne d'Amérique est dans ce cas.

L'élagage ne lui fait rien perdre de sa grâce, mais il doit, dans le jeune âge, se répéter pour ainsi dire, d'année en année.

Son feuillage, sous cette heureuse influence, acquiert toute sa beauté et toute sa puissance.

Le *Marronnier*, par exemple, supporte mal cette opération; la plaie reste béante ; son tronc tortueux devient en quelque sorte difforme.

Dans les sols maigres, la section se recouvre difficilement, le tronc reste bas.

Chez la plupart des arbres élagués, des rejets nombreux, sous l'influence de l'insolation, naissent à l'origine de la section.

Les bourgeons qui étaient latents, passent de l'état adventif à l'état proventif; des branches gourmandes naissent le long du tronc, occasionnent des nœuds, déprécient l'arbre et empêchent l'élévation par ce parasitisme accidentel et volontaire.

La plupart des Chênes d'Amérique ont l'écorce très-adhérente au bois.

Le bourgeon qui naît, à l'état latent, se développe peu sous l'action de la chaleur.

S'il vient des rejets, ils sont rares, peu résistants, ils se détachent facilement pour ne plus se reproduire.

Il en résulte un tronc sur lequel on n'observe point les traces d'élagage; il reste lisse dans toute sa longueur, comme le tronc du hêtre.

L'élagage est d'autant moins nuisible que la plaie se recouvre plus facilement. Les arbres à croissance rapide ont, sur les autres, un très-grand avantage. La stérilité du sol n'empêche pas les Chênes d'Amérique de croître et de se développer rapidement. L'élagage, qui vicie tant d'arbres parce que la plaie se cicatrise trop lentement, est moins à redouter et il ne laisse, la plupart du temps, que les traces de ses bienfaits.

Dans les sols schisteux, où la couche de terre est peu profonde, les branches s'étendent démesurément, formant avec le tronc un angle de 0,45 degrés: plus la croissance est rapide, en général, plus l'angle est aigu.

L'on ne reconnait plus l'arbre. Le pied devient grisâtre, tâcheté; ce n'est plus cette écorce lisse qui faisait admirer le pied dans les terrains frais et profonds.

Dans les terrains argileux, un résultat analogue se produit; il en est de même dans les terrains calcaires. L'arbre se couvre de mousse de bonne heure, comme je l'ai observé à *Waillet* et à *Ponthoz*.

La plupart de nos arbres, plantés en alleés ou sur nos routes, sont atteints de défauts graves qui déprécient la partie précieuse, le tronc.

La plupart, des essences indigènes, sur les routes et dans les bois, sont rongés par les insectes, envahis par les cryptogames et autres parasites.

Dans les bois, c'est le Pin Sylvestre et l'Épicéa que rongent l'*Hylésine* et le *Pissodès*.

Sur les routes, *c'est la Pourriture*, qui, à un mètre du sol et au delà, atteint les troncs des hêtres, arbres de société et nullement des sables stériles.

C'est le *Cossus,* ce papillon de nuit, ce *Lépidoptère,* qui suce la sève, amollit le bois pour le ronger de l'orme et du peuplier avec sa liqueur forte et nauséabonde.

C'est le *Capricorne,* qui cherche particulièrement sa nourriture dans les peupliers des plantations de nos routes, c'est le *Scolyte* qui dévore les frênes.

C'est le *Chancre*, qui mine le chêne dans les lieux humides, sur les routes et dans les bois.

C'est surtout dans les sols maigres, où la végétation est lente, et la plante placée dans des conditions opposées à ses exigences, que l'on rencontre ces défauts de toute nature.

L'arbre sain est rarement attaqué.

Le Chêne d'Amérique est d'introduction récente.

Les maladies propres au genre sont moins nombreuses et la facilité de croissance dans des sols d'une nature spéciale, diminuera des défauts, si faciles à contracter par d'autres essences moins favorisées.

Les chenilles, toutefois, sont friandes des feuilles de certaines espèces et principalement du *Quercus Rubra*.

J'appelle tout particulièrement l'attention des agents qui ont les plantations des routes dans leurs attributions à veiller à l'échenillage.

Le *Rubra* est, jusqu'aujourd'hui, la seule espèce introduite sur les boulevards et sur nos routes.

L'arbre, atteint par les chenilles ne périt pas, sans doute, parce qu'une partie des feuilles sont rongées, mais l'accroissement est considérablement diminué. C'est souvent la perte d'une pousse. C'est surtout dans le premier âge, dans les premières années de la plantation, que la surveillance doit être active. Avec un peu de soins, en saison convenable, par l'application sage des lois et règlements qui régissent la matière, on peut mettre obstacle à un envahissement qui serait funeste.

L'INFLUENCE DES GELÉES

Le grand obstacle à la naturalisation des espèces, est surtout l'influence de la température.

La Belgique appartient à la zône tempérée. Son climat est variable.

La limite des grands froids, à Bruxelles, est de 15 degrés environ; celle des grandes chaleurs de 30.

L'humidité et la quantité de pluie viennent immédiatement après la température dans l'ordre d'importance des phénomènes du climat.

Ces caractères ont aussi leur reflet dans la nature organique.

Ainsi, d'après Mr ALPHONSE DE CANDOLLE, c'est la sécheresse de l'air qui limite les espèces végétales de l'Est à l'Ouest dans l'intérieur des zônes où la température permettrait de s'étendre indéfiniment.

Sous ce rapport, la Belgique est très-favorisée. Il pleut en moyenne 192 jours par année. Nos pluies tombent lentement et fréquemment.

Le point le plus élevé est la Baraque *Michel*, près des *Hautes Fagnes*. Sur la carte de l'état-major belge, il est à la côte 674. On est près de l'Hertogenwald.

Les neiges y sont tardives, la végétation est de courte durée, l'arbre reste rabougri.

Et pourtant, par rapport au Brabant et aux Flandres, il n'y a qu'une différence de 3°.

Les gelées sont parfois intenses.

En 1838, le froid montait à Bruxelles à 19°; en 1876, à 21°; en 1845, à 15°; en 1880, à 16° et à Vielsalm, à 346 mètres d'altitude, il s'élevait à 27°7.

Le *Chataignier* avait succombé en France, sous l'action des gelées: En 1789, la température avait atteint 25°; en 1707, elle avait été de 20°; en 1766, de 21°.

En Belgique, il a été atteint aussi en 1880, mais partiellement et suivant les stations. Il a résisté à 18° en partie, aux Ameroies, à 400 mètres d'altitude; il a été gelé à Havrè, à 21° et 68 mètres d'altitude, et à Malines, à 17°8 et 68 mètres d'altitude.

A Marcourt, à 16 et 17° et 250 mètres d'altitude, il a résisté, même comme jeune taillis.

Beaucoup d'arbres ont péri et, en grande partie, les *Noyers.*

Le *Noyer Noir* a résisté et, généralement, tous les *Juglans.*

Les arbres forestiers ont été décimés et les Chênes mêmes ont été fortement éprouvés.

Des essences, comme le *Pin Maritime,* ont obtenu leur brevet d'impuissance; il a été rangé dans la catégorie des espèces dont la naturalisation est difficile et périlleuse.

Sa végétation luxuriante dans les *Dunes* a fait renouveler les essais. Que leur sort soit plus heureux!

La cause véritable de la congélation de nos végétaux forestiers pendant cet hiver désastreux est que les grands froids sont arrivés de bonne heure, quand la sève était encore en mouvement dans sa marche descendante d'assimilation.

Aux hautes altitudes, l'influence a été moins funeste avec des egrés de froid en moins que dans les parties basses.

Les gelées d'un hiver comme celui de 1880 sont excessivement rares.

Les gelées du printemps sont plus à craindre.

Le *Mélèze,* comme les plantes alpines, est souvent victime de sa précoce végétation.

Le *Chataignier,* suivant les situations a parfois les extrémités des pousses, anéanties; le jeune plant, plus fortement atteint *repousse du pied;* la souche presque toujours résiste, il est très rare qu'elle périsse.

Nos arbres forestiers ne sont pas toujours épargnés; l'hiver de 1880 a été cruel, et chaque année, les fleurs précoces payent un tribut considérable.

Les essences forestières indigènes, généralement, subissent des atteintes qui n'occasionnent pas la mort des sujets, mais qui sont, quelquefois, la perte d'une feuille.

Parmi les essences introduites, les *Résineux* supportent bien les froids, d'autres y sont sensibles.

Dans les Chênes d'Amérique, la même influence se fait sentir. Le genre *Quercus,* de l'Amérique du Nord, est variable suivant les espèces; il y a un choix à faire et des précautions à prendre. Il reste des essais à tenter.

Ce n'est, souvent, qu'après deux ou trois générations que l'espèce est naturalisée.

Ce qui est acquis aujourd'hui, c'est que les principales

espèces supportent notre température comme nos Chênes ordinaires.

C'est là un point d'une importance capitale.

Le propriétaire doit être averti des périls qui attendent la jeune plante qu'il confie à la terre; il doit savoir aussi ce que l'expérience a constaté.

Des craintes imaginaires feraient rejeter des essences précieuses; le planteur hésitant attendrait en vain, à son détriment, une année néfaste pour confirmer ses appréhensions.

J'ai étudié ce point spécial avec toute l'attention que comporte un sujet de cette importance.

Les observations sont enregistrées dans l'étude des espèces.

Pour deux d'entre elles, que je considère comme les principales, le *Chêne Rouge* et le *Chêne des Marais*, j'ai sur un nombre égal et dans des circonstances identiques, trouvé peut-être moins d'arbres frappés par l'hiver de 1880, que chez nos espèces indigènes, le *Chêne Rouvre* et le *Chêne Pédonculé*. Le nombre est insignifiant.

La naturalisation est complète.

Avant d'affirmer qu'une plante succombe et qu'une autre résiste, il faut les examiner, sur tous les sols, à toutes les altitudes, dans toutes les situations, à toutes les expositions, et comparer.

C'est ce que j'ai fait depuis la Province d'Anvers jusqu'aux hauteurs du *Bois Saint-Jean*, près de la Baraque de *Fraiture*, située de 580 à 610 mètres d'altitude.

En plaçant les Chênes d'Amérique dans les marais, on les expose à des influences fâcheuses dont il doit être tenu compte, à tous les âges, dans la comparaison.

Il peut être intéressant de connaître les différentes températures dans lesquelles ont péri certaines espèces d'arbres et à quelles altitudes d'autres résistent. Je dois à l'obligeance de M. le chef de service météorologique les renseignements pour le remarquable hiver de 1879-1880.

Minimum absolu de la température de l'air en décembre 1879 et janvier 1880.

STATIONS	DÉCEMBRE 1879		JANVIER 1880	
	TEMPre	DATE	TEMPre	DATE
Ostende	16 . 8	le 9	10 . 4	le 19
Furnes	16 . 5	» 9	8 . 1	» 28
Somergem	24 . 3	» 9	11 . 8	» 19
Gand	21 . 6	» 9	11 . 4	» 19
Lebbeke	19 . 2	» 9	12 . 8	» 19
Malines	17 . 8	» 9	13 . 7	» 19
Anvers	17 . 5	» 9	»	»
Westmalle	23 . 5	» 9	16 . 0	» 19
Herenthals	21 . 2	» 9	13 . 7	» 19
Lens	27 . 1	» 9	11 . 9	» 19
Mons	21 . 5	» 9	11 . 6	» 19
Bruxelles	16 . 8	» 9	15 . 2	» 19
Hasselt I	19 . 9	» 9	13 . 6	» 19
Hasselt II	25 . 6	» 9	13 . 7	» 19
Wasseiges	24 . 7	» 9	18 . 0	» 19
Les Waleffes	17 . 8	» 7	14 . 8	» 19
Namur	20 . 2	» 10	12 . 8	le 19 et le 27
Tihange	—	—	16 . 0	le 19
Liége	14 . 0	» 10	12 . 0	» 19
Maeseyck	17 . 7	» 9	14 . 1	» 19
Chimay	20 . 8	» 10	15 . 0	» 25
Philippeville	16 . 8	» 10	12 . 7	» 19
Marche	19 . 5	» 9	17 . 7	» 19
Verviers	18 . 5	» 10	17 . 8	» 19
Jalhay	18 . 8	» 7	24 . 0	» 20
Salm-Chateau	27 . 7	» 10	24 . 0	» 19
Cherain	25 . 3	» 10	21 . 1	» 20
Arlon	18 . 7	» 20	15 . 7	» 20
Neufchateau	23 . 6	» 10	19 . 2	» 20
St Hubert	—	—	14 . 6	» 20
Lamarteau	27 . 7	» 10	18 . 6	» 20

Les chênes d'Amérique: le chêne rouge, le chêne des marais, le chêne des teinturiers, le chêne à feuilles de saules ont résisté, le premier partout, le second à peu près partout, le troisième également, et le dernier a succombé, en partie. Les autres n'ont pas résisté. Ce tableau montre l'utilité incontestable d'établir des stations météorologiques forestières et de les confier aux agents, aux brigadiers et gardes, suivant les cas, mis en rapport avec la direction du service météorologique, ainsi qu'en a fait la proposition mon ami et ancien collègue, M. Wittamer, au congrès de Liége, en 1879.

De telles expériences doivent être précieuses pour la naturalisation des espèces.

LA FACILITÉ DE REPRISE ET LA REPRODUCTION DES SOUCHES

Si notre Chêne commun jouit à un haut degré de la précieuse propriété de donner dans l'exploitation des taillis des rejets nombreux et vigoureux, si la souche peut se perpétuer ainsi indéfiniment dans certains sols, il est des conditions, toutefois, qui lui sont défavorables.

Dans les sols sablonneux, la cépée dépérit de bonne heure, des plantations renouvelées doivent assurer la perpétuité des taillis.

Si le Chêne se reproduit mal de souche, c'est un signe suffisant qu'il n'est point une essence silicole.

S'il y prend pied, c'est avec une difficulté très-grande qu'il s'y enracine et son accroissement y est pénible. Aussi, le spectacle qu'offrent nos plantations des routes, en terrains sablonneux, est parfois affligeant.

Les sujets meurent au fur et à mesure qu'on les plante; si l'on calcule le nombre d'arbres que l'on remplace, dans un espace de dix ans, avant que la végétation soit assurée, on arrive à un chiffre effrayant.

Le Chêne d'Amérique a un pivot tout aussi prononcé dans le jeune âge, mais il se plaît dans la terre remuée, et la division du terrain est une cause de succès de la reprise du jeune plant.

Lorsqu'on l'élève en pépinière, c'est généralement dans un sol qui lui convient, le pivot est coupé et remplacé par des racines plus nombreuses et un chevelu plus abondant.

Le Chêne commun a des racines plus rares. Il préfère les terrains argileux et la division du terrain n'augmente pas ses chances de reprise. On le cultive, en pépinière, dans des terres plus ou moins compactes. Il est l'objet de moins de soins, parce qu'il est plus commun. On le prend clandestinement, parfois en hâte, dans les bois et on le livre à prix réduit.

Le Chêne d'Amérique est plus soigné, mieux cultivé, vendu à un prix relativement élevé encore, bien que considérablement diminué, et l'on ne dépouille pas encore les bois où il croît spontanément.

Ce qui est difficile, surtout, dans les sols secs et sablonneux, ou dans les marais, c'est la reprise des plantes qui finissent par croître quand leur reprise est assurée.

Cette propriété particulière est une garantie précieuse.

La propriété de prendre pied, de croître et de se reproduire, indique assez que le sol est convenable. La conséquence serait peut-être plus vraie. Sur les routes, il trouve, la plupart du temps, la terre remuée qui lui convient.

ÉTAT D'ISOLEMENT

Dans le règne animal, comme dans le règne végétal, des êtres veulent vivre isolément, d'autres ont besoin d'une protection mutuelle. L'aigle va seul. Les dindons font troupe. L'homme doit vivre en société.

La difficulté de vivre, commande souvent la solitude chez les animaux, et dans le règne végétal, le plus faible aussi succombe dans la lutte s'il est mal associé.

L'arbre qui vient bien en massif a sa place toute naturelle dans les futaies.

Le Hêtre, le Sapin Argenté, l'Epicéa, le Pin Sylvestre, sont des arbres de futaie, des arbres de société. Ils viennent moins bien en allées, en lignes, et surtout, à moins de circonstances exceptionnelles, à l'état d'isolement.

Le Chêne réclame plus d'espace sans rechercher toutefois une solitude absolue dont il se contente.

Il a sa place dans les futaies sur taillis, dans les avenues et même sur les pelouses.

Le Chêne d'Amérique a des propriétés semblables, un peu variables suivant les espèces.

Il sera placé dans les taillis dont il formera la réserve, sur les routes, dont il sera un des plus beaux ornements, dans les avenues, où il produit un merveilleux effet et sur les pelouses, qu'il décore par la puissance de sa ramification, l'ampleur, le velouté et la coloration du feuillage.

QUALITÉS DU CHÊNE D'AMÉRIQUE

La qualité du Chêne d'Amérique varie suivant les sols, les situations, et surtout suivant les espèces. Le Chêne des marais acquiert sur nos sables et dans nos marais sablonneux, une dureté telle qu'il occupera un des premiers rangs dans les bois de construction. Il servira à tous les usages qui commandent la solidité. La dureté est considérable. Si on le compare aux essences de provenance exotique on constate une différence très-notable.

Il en est de même du *Chêne Rouge*, qui en Amérique est un bois de qualité très-inférieure et qui en Belgique, au moins dans certains sols, acquiert des propriétés qui le feront rechercher par différents métiers. Les expériences directes seront rapportées dans la description des espèces.

Elles dissiperont bien des erreurs. Erreurs de ceux qui ont jugé sur des échantillons pris dans des circonstances anormales, sur des arbres jeunes ; erreurs de ceux qui ont jugé sans rien voir, sans rien expérimenter et prennent pour base, uniquement, les sciages qui nous sont expédiés d'Amérique, sans distinction d'espèces et sans base sérieuse d'appréciation.

Le bois de chauffage est bon, mais aussi variable suivant les espèces.

Quel est l'arbre le plus utile? Celui qui convient au plus grand nombre d'usages.

L'un, serait au premier rang, pour la fabrication des cercles, pour le charronage, pour les étais de mines à cause de la flexibilité et de la longueur des pièces, pour le travail, parce qu'il est doux au rabot, bien lustré et convenable aux ébénistes.

L'autre, tiendra un rang très-honorable dans les bois de construction.

Les *Résineux,* en général, n'ont pas donné comme bois de construction tout ce que l'on pouvait espérer; parfois, ils se sont montrés éxigeants sous le rapport du terrain.

Des arbres offrant des qualites sérieuses, surtout pour le travail et les constructions, étaient depuis longtemps désirés et leur place est toute préparée.

Elle est prête sur nos routes, sur les bords des héritages, dans les parcs et dans les forêts.

Les Chênes d'Amérique doivent donc être considérés comme une bonne fortune qui nous arrive.

Nos *Résineux* ont subi, par l'envahissement des arbres de l'Allemagne, une dépréciation qui n'est pas toujours méritée, loin de là. L'on a fermé l'entrée de nos charbonnages, en grande partie, à l'Épicéa; le Mélèze n'est pas coté à sa véritable valeur, la vente est difficile.

Nos conifères et nos taillis dont on augmentera les révolutions suffiront à la production de notre charbon de terre. La lutte sera possible

Mais pour nos bois d'œuvre et de construction, il faut profiter de tous les éléments.

Créer des réserves dans les taillis, mettre les Chênes d'Amérique où ils peuvent prospérer, leur garder leur place naturelle sur les routes qu'ils peuvent occuper.

La statistique est là avec des chiffres énormes d'importation de bois de construction et de bois d'œuvre, en général.

Au 31 décembre 1881, la Belgique importait du bois de construction pour quarante-neuf millions deux cent cinquante-huit mille francs.

Elle en exportait pour onze millions deux cent trente-sept mille francs. Et ce chiffre d'importation est fixé d'après la taxe de la douane.

Il va chaque année en augmentant; il a une éloquence qui doit faire réfléchir ceux qui s'occupent sérieusement des questions économiques et sociales.

La Belgique, pour rester industrielle, doit être forestière.

Elle doit pouvoir se suffire et prévoir le jour, peut-être proche, où l'Allemagne et la France frapperont d'un impôt considérable le bois à la sortie.

Les plantations de nos routes ont, sous ce rapport, une importance considérable qu'il est bon de rappeler.

Voici, au 31 décembre 1881, l'étendue de nos routes et le nombre d'arbres qui s'y trouvent.

Plantations des routes de l'État. — Situation au 31 décembre 1881.

DÉSIGNATION DES PROVINCES	LONGUEURS			Larix	Cerisiers, poiriers pommiers	Sapins épicéas	Marronniers	Mélèzes	Bois blanc	Ormes	Peupliers	Bouleaux	Hêtres	Châtaigniers	Chênes	Tilleuls
	Plantées	Restant à planter	Non susceptibles d'être plantées													
	Mètres	Mètres	Mètres													
Anvers	313,832	69,649	70,730	496	»	»	250	413	»	7,560	1,341	»	6,364	82	49,881	916
Brabant	391,994	25,799	198,309	1,158	»	»	566	»	1,495	53,290	9,250	»	5,174	331	10,023	733
Flandre occidentale	398,920	82,916	324,162	215	»	»	1,182	»	»	44,529	15,012	30	4,186	964	22,462	6,114
Flandre orientale	411,773	61,970	74,532	»	»	»	348	»	»	39,704	9,082	»	7,434	1,350	11,838	1,328
Hainaut	354,806	28,194	287,687	»	1 cerisier	4,095	2	120	555	55,727	3,520	»	20	»	935	505
Liége	443,957	»	567,841	»	200 pommiers 200 poiriers	298	101	4,510	»	54,816	277	»	1,632	379	7,613	20
Limbourg	446,902	48,073	158,384	2,476	»	»	636	1,092	80	42,042	1,968	1,765	6,424	342	26,264	3,211
Luxembourg	633,875	20,568	403,635	»	271 cerisiers	31,778	340	8,170	»	24,991	22,677	38	1,038	9	516	1,339
Namur	493,162	88,020	402,510	»	»	6,996	64	27,394	»	48,872	17,726	»	698	10	1,296	241
Le Royaume	3,889,221	425,189	2,487,790	4,345	672	43,767	3,498	41,699	2,130	371,621	80,853	1,833	32,970	3,467	130,828	14,407
	6,802,200															

(*Suite*)

DÉSIGNATION DES PROVINCES	Saules	Platanes	Trembles	Noyers	Sorbiers	Frênes	Érables	Acacias	TOTAL par province	Age	Valeur moyenne de chaque arbre	Valeur des plantations	Nombre d'arbres restant à planter	Moyenne approximative de la plantation et la fourniture d'un arbre	TOTAL par province de la dépense à faire	OBSERVATIONS
											fr. c.	fr. c.		fr. c.	fr. c.	
Anvers	»	»	»	»	»	5	56	167	67,540	1 à 63	11.13	751,767 54	15,355	3.50	53,852 56	
Brabant	»	149	»	2	14	88	780	276	83,335	1 à 63	22.07	1,839,211 95	3,466	2.87	9,989 »	
Flandre occidentale	6,236	3	1,163	91	»	1,543	1,782	»	105,512	1 à 65	8.47	893,538 12	14,330	2.97	42,677 40	
Flandre orientale	472	91	4	»	»	580	336	»	72,657	1 à 61	14.50	1,052,918 »	8,584	4.16	35,703 »	
Hainaut	863	128	»	»	»	5,079	1,672	»	73,822	1 à 56	14.75	1,089,767 80	4,148	2.60	10,811 75	
Liége	»	»	»	2,388	6,150	7,301	1,085	20	86,990	1 à 45	10.85	943,849 »	»	»	»	
Limbourg	»	77	23	30	»	1,849	4,026	458	92,763	1 à 44	8.96	831,366 84	10,749	2.25	24,254 71	
Luxembourg	»	89	35	122	18,466	47,304	13,361	»	170,544	2 à 55	3.05	677,264 90	3,625	1.75	6,343 75	
Namur	»	360	»	15	»	10,144	4,651	55	118,522	1 à 50	19.58	2,310,979 60	11,012	2.85	31,486 »	
Le Royaume	7,571	897	1,225	2,648	24,630	73,893	27,755	976	871,085	1 à 65	11.92	10,399,663 75	71,269	3.02	215,118 17	

Si à cette statistique on ajoute les allées des chemins, des avenues, des boulevards, de la voirie provinciale et communale, on peut se rendre compte de l'importance de la question.

Le Département de l'Agriculture voudra, sans doute, posséder une statistique complète qui ne manquera pas d'intérêt.

Si l'on parvenait, par un choix judicieux de l'essence et par des soins intelligents, à faire rapporter à chaque arbre, vingt centimes de plus par année, on augmenterait la richesse publique d'une somme considérable.

Il y a des observations dont les pouvoirs publics doivent tenir compte.

Il est regrettable qu'un document aussi précieux ne soit pas publié, chaque année, par le Département des Travaux Publics.

Il en résulte bien des enseignements.

Au 31 décembre 1882, il existait 371,621 ormes, sur 871,685 arbres plantés.

L'orme entre donc pour plus d'un tiers dans les plantations des routes.

Il en résulte ce fait, c'est que lorsqu'une essence était adoptée, elle était irrévocablement placée sur toutes les routes, quelle que fût la nature du terrain.

L'arbre, pourtant, acquiert des valeurs différentes.

Dans la province de Luxembourg, elle est, en moyenne de 3 fr^s^ 95 c^mes^; dans le Limbourg, elle s'élève à 8 fr^s^ 96 c^mes^; dans la Flandre Occidentale, elle passe à 8 fr^s^ 47 c^mes^; dans la province de Liége, elle atteint 10 fr^s^ 85 c^mes^; dans la province d'Anvers, elle monte à 11 fr^s^ 13 c^mes^; elle arrive à 14 fr^s^ 50 c^mes^,

14 frs 75 cmes, 19 frs 58 cmes et 22 frs 07 cmes dans les autres provinces.

Il est vrai que, dans les cinq premières, les plantations sont 15 ans plus jeunes.

L'orme est une essence à racines traçantes contre laquelle se sont élevées les réclamations des riverains avec autant de persistance et, peut-être, avec plus de raison que pour le Peuplier.

Celui-ci a été proscrit.

Il en résulte encore que l'orme devient de plus en plus abondant.

La production dépassera, dans un avenir prochain, la consommation qui se restreindra à des usages limités pouvant être satisfaits autrement que par les plantations de nos routes.

Parmi celles comprises dans la statistique officielle, et grâce à la rapidité de sa croissance, l'orme conservera probablement le revenu le plus élevé.

Cependant, il y aura excès de production, et par suite dépréciation, au fur et à mesure que le Peuplier du Canada disparaîtra.

La diminution de l'un fera augmenter un peu l'autre, dans des proportions inégales; l'excès de prodution sera constant.

Il est bon de veiller. Peu d'arbres sur nos routes peuvent remplacer l'orme pour le feuillage, la végétation, le bois et le terrain. Ce n'est pas une raison pour en exclure les Chênes et les Noyers d'Amérique.

Suivant cette statistique il y a sur nos routes des Larix et des Mélèzes!

Singulière distinction.

On y compte 14,407 tilleuls. Mais il en existe bien peu là où ils devraient être, sur les sols schisteux sans profondeur, dans les terrains calcaires qui n'offrent qu'une couche de terre insignifiante et où rien ne végète.

Là pourtant, le tilleul deviendrait encore un grand arbre et, tout au moins, il donnerait de l'ombre.

Quiconque à vu l'avenue de Lorette à Rochefort, et l'allée du monument à Marche, sera convaincu. Il vient entre les fissures des roches, désagrège les schistes, soulève la terre, disloque les rochers.

Voyons où on le plante.

On en place 1339 dans la province de Luxembourg, 241 dans la province de Namur, et dans la province de Liége, 120.

Je connais dans la province de Liége, sur la route de Hamoir à Stavelot, par exemple, des places où les arbres font défaut, parce que la terre manque. Le tilleul pourrait y prospérer. Sans compter les déchets annuels, les Mélèzes qu'on y a plantés, il y a 30 ans, valent à peine le prix d'achat et de plantation.

Où trouve-t-on surtout le tilleul?

Dans le sable!

Il y a là des faits à observer et des mesures à prendre.

Le *Juglans Nigra*, autrement dit Noyer noir d'Amérique, me paraît aussi avoir fait ses preuves. Il résiste aux gelées, et sous le rapport des terrains, il est peu exigeant.

Son accroissement est considérable. J'ai mesuré cette année, à Waillet, chez M^r^ le Bon VANDERSTRAETEN, en sol schisteux, peu profond, un *Juglans* planté en 1843, qui mesurait 1 mètre 73 centimètres de circonférence.

Il dépassait, en grosseur et en hauteur, tous les arbres d'autres essences, plantés en même temps que lui, le Chêne Rouge compris. Une prochaine étude les fera connaître.

Si, dans nos forêts communales ou de l'État, il n'est pas possible d'introduire ces espèces, rien n'empêche, sur nos routes, dans de bonnes situations, de le faire.

On donnera ainsi à notre industrie le bois qu'elle va chercher à l'étranger à prix élevé.

Les Chênes d'Amérique ne sont pas renseignés sur nos routes.

Il en existe. Mais pour beaucoup, un Chêne est un Chêne.

Laissons les causes.

Aujourd'hui, dans le Limbourg, on trouve sur la route de Kermpt à Tessenderloo, 905 *Rubra* plantés en 1875, et 1139 en 1879, situés sur les territoires des communes de Kermpt, Lummen, Meldert, Deurne, Schaffen, Tessenderloo.

Sur la route de Herck-la-Ville par Alken à Looz, section de Herck-la-Ville jusqu'à la rencontre de la route de Herck-la-Ville à St-Trond, il existe 1038 arbres plantés en 1880 et situés sur les communes de Herck-la-Ville, Stevoort et Alken.

La route de Herck-la-Ville à Beeringen, section de Herck-la-Ville, jusqu'à la rencontre de la route de Kermpt à Tessenderloo, comprend 620 arbres, plantés en 1877 sur les territoires des communes de Schuelen et de Lummen.

La route de Hasselt à Bois-le-Duc, sur les territoires des communes de Zonhoven, Houthalen, Helchteren, Hechtel et Exel, comprend 910 arbres plantés, en remplacement, en 1880.

Sur la route de Bourg-Léopold à Peer, il existe 18 Chênes d'Amérique plantés depuis 2 ou 3 ans, pour combler les lacunes, sur les routes des communes de Hechtel, Wychmael et Peer.

Sur la route de Asch par Brée, situé sur le territoire de la commune de Bocholt on trouve, plantés en 1870, 353 arbres.

On plante, en ce moment, sur la route de Maeseyck à Molenbeersel, 758 Chênes d'Amérique avec un nombre égal de Chênes ordinaires, sur les territoires de la commune de Ophoven et du village de Kinroy.

On vient encore de planter des Chênes rouges sur la route de Bruxelles à Louvain, savoir 216 arbres, en remplacement, sur les territoires des communes de Nosseghem, Cortenbergh, Erps, Velthem, Winxele et Herent. Enfin, dans la province d'Anvers, sur la route d'Anvers à Breda, on a planté depuis quelques années des Chênes d'Amérique en remplacement d'autres essences.

On lira au chapitre consacré à leur origine l'année et les causes de leur introduction.

Le *Rubra* a été choisi et adopté. Partout il est bien venant.

LEUR AVENIR

Tant de qualités doivent assurer, sur notre sol, une place honorable aux Chênes d'Amérique. Un genre aussi précieux doit être l'objet d'une étude spéciale.

Il a besoin de protection contre ceux qui jugent sans connaître ou qui ne font qu'une étude superficielle dans une localité donnée, sur un échantillon unique. Il doit être protégé contre ceux qui, placés dans les sphères administratives, ont qualité pour donner leur avis, mais n'ont pas la franchise d'avouer leur incompétence dans une matière qu'ils ont pu ignorer. Il doit être protégé contre les marchands qui déprécient volontairement ou inconsciemment, contre les botanistes qui confondent les espèces, contre les propriétaires eux-mêmes, responsables de leurspropres fautes.

Déjà les villes comme Louvain et Tongres lui ont assigné, la première depuis 1867, la seconde, depuis 1879-1880, une belle place sur leurs boulevards. La végétation y est belle, et cependant, comme le dit Mr ALPHAND, *(Arboretum et Fleuriste)* et comme je l'ai constaté souvent, le Chêne vient assez mal dans les villes, planté en lignes ou en allées.

L'écorce devient noirâtre, comme à Louvain: le gaz de l'éclairage paraît leur être funeste.

Après avoir débuté dans les parcs des châteaux, il passe dans ceux des villes. L'Ile du Commerce, à Liége, et le Parc de La Plante, à Namur, l'ont mis au rang des plantes « charmeuses. » La nature du sol, malheureusement, lui enlève une partie de ses propriétés.

On lui ménage des entrées dans les jardins d'agrément nouvellement créés, et souvent, on l'y place dans des conditions désavantageuses quand, à côté, de belles places lui conviennent.

L'introduction dans les avenues, dans les allées, se fait petit à petit où il est connu. Son accroissement et son beau feuillage ornemental lui feront livrer passage sur nos routes.

Mais on va le planter, peut-être, dans des sols secs ou calcaires, sans fond, schisteux, quand il réclame un sol divisé et surtout profond, frais autant que possible.

On l'introduira sur les hauteurs et c'est, avant tout, un arbre de plaines.

On lui fera prendre place dans l'argile, la terre glaise: il y perdra sa grâce et, probablement, ses qualités.

La déception viendra.

Et, pourtant, le Chêne d'Amérique est d'un grand avenir, surtout dans les terrains sablonneux, frais ou secs. Ils abondent en Belgique.

Les provinces d'Anvers, du Limbourg, des deux Flandres et du Brabant ont en eux des arbres précieux.

D'ici à peu d'années, le Chêne d'Amérique aura envahi les bois des particuliers.

Il commencera à se propager où j'ai trouvé les premiers, d'abord près des châteaux, dans les parcs.

Les propriétaires intelligents donneront l'exemple.

Il s'introduira très-prochainement dans les zônes étroites qui bordent les héritages, où la végétation est si lente, le taillis si chétif, et l'arbre de réserve si tortueux.

Il formera la séparation des propriétés, et par l'activité de sa végétation, il les protégera immédiatement contre l'impétuosité des vents.

Il donnera à toutes les cultures un cachet riant que n'offrent pas nos essences indigènes.

Les résineux, sans doute, animent en toutes saisons la nature entière, les parcs, les jardins, les forêts. Ils donnent un cachet de triste grandeur au sol qu'ils recouvrent. On pourrait les ranger parmi les mécontents, les déchus, les exilés avec leur sombre mélancolie. La tristesse ne convient pas à tous les tempéraments et on les a acceptés, souvent, faute de mieux.

En hiver, l'arbre vert montre que la nature sommeille seulement, mais ce n'est pas lui que l'on regarde pour lire sur les bourgeons l'arrivée du printemps. Sur le schiste, le calcaire ou le grés son accroissement n'est pas aussi considérable, l'écorce n'est pas aussi lisse, la branche forme avec le tronc un angle plus droit, enfin il se couvre de mousse, mais il est encore un arbre qui charme par la beauté de son feuillage, par ses teintes différentes et par les contrastes qu'il forme en société avec les espèces indigènes.

En automne, quand la prairie aura donné son herbe et les sillons leurs fruits, le Chêne d'Amérique qui les aura protégés présentera un beau feuillage rouge d'un effet superbe et qui fera un étrange contraste.

L'arbre réservé dans les taillis, élèvera bien haut sa cime. Le bois d'œuvre sera abondant et l'on trouvera du bon bois de chauffage dans les branches.

Le Chêne et le Chataignier, en mélange, prendront pied petit à petit. Monsieur le Bon Van Havre, au List, près de Brasschaet, et Mr Leirens, à Helchteren, viennent de donner l'exemple.

L'on créera des taillis à côté des forêts résineuses. L'oiseau viendra y faire son nid et sera le grand échenilleur des Sylvestres qui succombent sous les ravages de l'*Hylésine*.

Le propriétaire, comprenant son intérêt et vérifiant ses calculs, examinera son avantage. Parfois, suivant son utilité, ses plaisirs ou ses convenances, il créera des taillis sous futaie avec des *Palustris* pour réserves, et des *Rubra* et des Chataigniers pour taillis. Il s'enfoncera dans les marais, où meurt le Pin Sylvestre, et il y fera croître vigoureusement le *Palustris* et le *Phellos*.

Bordant de ces arbres ses sapinières et leurs chemins il aura de l'ombre pour ses chasses et l'herbe grandira à leurs pieds pour le gibier.

Ce sera la barrière à l'envahissement complet des résineux dans nos terrains de sables.

Si le Cèdre du Liban a inspiré aux poëtes élégiaques des chants sublimes, c'est sur le Chêne que les Druides allaient cueillir le gui sacré. Les résineux sont propres à certaines contrées.

Le Chêne est de tous les pays du monde.

Il affirme partout son utilité.

La nature se transforme sans cesse.

Des essences autrefois inconnues sur notre sol ont pris possession d'une grande partie de nos terrains.

Les résineux occupent, aujourd'hui, une étendue relativement importante du sol belge et, précisément, celle qui paraissait devoir rester rebelle à toute végétation arborescente.

Des essences étrangères ont envahi nos bois depuis un ou deux siècles.

Les peupliers et les conifères, principalement, ont été associés à nos essences indigènes, pour le grand profit du propriétaire et pour la prospérité du pays.

Les *Juglans* commencent à être appréciés et semblent avoir fait leurs preuvres. Le *Castanea Vesca* d'Amérique, avec ses grandes feuilles et ses petits fruits doit, par sa rusticité, aussi prendre place dans nos terrains sablonneux.

Le moment est venu de l'expérimenter. Peut-être est-ce encore une bonne fortune qui nous arrive! Qui pourrait dire que la culture en produisant des fruits plus gros n'a pas donné un bois plus tendre? L'espèce est-elle identiquement la même que celle de nos Chataigniers d'Europe et l'expérience confirmera-t-elle ce que les botanistes nous ont appris jusqu'aujourd'hui?

La structure intime, au lieu des moyens ordinaires, répondra.

Le Chêne d'Amérique arrive. Qu'on lui ouvre les portes par où il doit passer, qu'on les lui ferme là où il serait dangereux pour lui d'entrer, et surtout, où de meilleurs que lui occupent une place qui leur revient.

La science saura les trouver. L'intérêt fixera la place exacte. Je pense avoir indiqué la voie.

Décrivant le *Paradis Perdu*, MILTON, dans son langage imagé s'écrie:

« Des arbres sans nombre chargés en tout temps de fleurs et de fruits décorent l'enceinte intérieure: L'or de leur coloris, mêlé d'une infinité de douces nuances, charmait le soleil.

L'astre éclatant semblait prendre plus de plaisir à caresser leurs surfaces de ses rayons qu'à se peindre lui-même dans les nuages d'une belle soirée ou à varier les couleurs de l'arc-en-ciel. »

Si vous disiez: « Propos de poëte, je dirais, écrit MULLER:

« Quel est le véritable historien, si le poëte ne l'est point, lui qui sur un indice, un vestige saura réédifier d'intuition ce qui doit être, ce qui fût.

« Où sont les intéressantes, les probantes histoires qui ne soient sorties du cerveau des poëtes?

« Quel grand peuple n'eût pas ses poëtes pour premiers historiens?

Combien d'annales précises seraient encore pour nous d'arides et vaines nomenclatures si la chair de vie n'avait été rendue à ces froids squelettes par les traditions ingénieusement recueillies, par les légendes bien écoutées !

« Quand nous voudrons savoir ce que l'histoire ne dit pas, ou ne dit qu'imparfaitement, si avec leurs prétendues fictions les poëtes nous viennent répondre, gardons nous, gardons nous bien, de mépriser leurs réponses. »

Les arbres ont trouvé dans MILTON un poëte digne du *Paradis Perdu.*

Les Chênes d'Amérique lui étaient inconnus.

Avec quels transports d'admiration il aurait dépeint les beaux végétaux qui vont venir embellir nos sables et nos marais en apportant la richesse avec leur introduction!

Ici, ce n'est pas le passé qu'il a fallu interroger. Il était inutile de faire appel à la légende et nos annales forestières ne renferment aucun souvenir. Les traditions laissées dans les familles qui ont les premières adopté les Chênes d'Amérique y sont vivantes encore chez les petits-enfants.

L'avenir seul est à résoudre.

C'est un champ immense ouvert à toutes les connaissances, à tous les dévouements.

Chacun voudra apporter à l'édifice national sa pierre, non pour faire pousser deux grains au lieu d'un, mais pour remplacer un arbre chétif par un autre meilleur et de croissance plus active.

Quand les Chênes d'Amérique auront rendu les services qu'ils doivent rendre sur nos sols pauvres, d'autres viendront les remplacer.

La place d'utilité est indiquée.

Sans faire appel aux fictions du poëte pour écrire leur histoire ou faire entrevoir leur avenir, la science, l'observation, les expériences physiques et chimiques suffisent pour prédire la place d'honneur qu'ils occuperont dans les parcs, dans les allées, dans les bois, sur les routes de nos Provinces reposant sur le sable ou ailleurs.

Pour ma part, et sans être poëte, si j'ai pu apporter ma pierre d'utilité dans le pays où des circonstances diverses m'ont appelé, je serai assez récompensé de mes recherches. Le hasard m'a fait découvrir les Chênes d'Amérique. Une première fois on a arraché l'enfant trouvé qui ne voulait pour vivre qu'un peu de lumière. Le cri du père adoptif a été entendu. J'ai recherché alors tous les Chênes d'Amérique, je les ai étudiés.

Je crois en leur avenir.

II

ESPÈCES ET VARIÉTÉS

INDICATION DES ESPÈCES ET VARIÉTÉS LOCALITÉS OU ELLES S'OBSERVENT

Les espèces et variétés des Chênes de l'Amérique septentrionale sont nombreuses; elles sont, aujourd'hui, généralement connues; cependant, on en découvre encore.

Les jardins d'Europe ne contiennent pas toutes celles que renseignent nos herbiers.

Je n'entreprendrai pas de faire la description détaillée d'espèces ignorées même de la plupart de nos grands botanistes. Il y a des indications utiles en dehors de leurs descriptions : la première est celle des localités où elles s'observent.

C'est là un point important.

Lorsque l'on connaît la localité où croît l'espèce ou la variété, il est rare que l'amateur, le négociant en graines, le savant, ne puissent obtenir un gland ou une greffe pour tenter ou hâter la multiplication.

Faire connaître dans un ouvrage spécial tout ce qui se rattache à la question, me paraît un devoir; c'est peut-être le seul moyen de posséder, dans un avenir plus ou moins rapproché, parmi les jardins d'agrément, les parcs, etc., les produits forestiers des autres pays.

Chaque pays a sa flore spéciale. Les diverses contrées de l'Amérique du Nord ont aussi leurs Chênes. Il peut être utile dans un but de propagation ou d'étude, soit d'obtenir des spécimens de feuilles, de fruits ou de bourgeons, soit d'aller étudier les types sur place.

Il est donc intéressant de connaître les différentes espèces et variétés que l'on rencontre dans chaque état.

Je les renseigne dans ce but.

INDICATION DES DIFFÉRENTS ÉTATS DE L'AMÉRIQUE DU NORD OU L'ON OBSERVE LES ESPÈCES ET VARIÉTÉS DES CHÊNES

Caroline. — Quercus Lyrata; Prinus, (*a*) Monticola, (*b*) Chincapin; Coccinea; Tinctoria; Phellos; Imbricaria; Aquatica; *Myrtifolia;* Cinerea, (*a*) Humilis, (*b*) Pumila, (*c*) Nana; Sinuata.

Georgie. — Quercus Lyrata; Rubra; Georgina; Coccinea, (*a*) Nigrescens; Phellos; Imbricaria; Aquatica, (*a*) Laurifolia, (*b*) Dentata; Cinerea, (*a*) *Pumila.*

Floride Orientale. — Quercus Lyrata; Bicolor.

Louisiane. — Quercus Lyrata; Prinus; Falcata, (*a*) *Ludovica;* Aquatica, (*a*) *Laurifolia,* (*b*) Stipitata.

Nouvelle Ecosse. — Quercus Coccinea.

Floride. — Quercus Coccinea.

Caroline Méridionale. — Quercus Bicolor; Nigra; Aquatica, (*a*) *Laurifolia.*

Wisconsin. — Quercus Bicolor.

Floride. — Quercus Prinus; Stellata, (*a*) Floride; Alba; Virens; Falcata; Catœsbaei; Aquatica, (*a*) *Dentata;* (*b*) *Myrtifolia;* Cinerea, (*a*) *Dentato-Lobata,* (*b*) Pumila.

Monts Alleghanis. — Quercus Prinus, (*a*) *Acuminata;* Phellos.

Caroline Septentrionale. — Quercus Catesbaei; Coccinea; (*a*) *Rugelie.*

New Jersey. — Quercus Falcata; Ilicifolia; Phellos, (*a*) *Subimbricaria;* Imbricaria; Nigra.

Kentucky. — Quercus Falcata.

Nouvelle Angleterre. — Quercus Falcata et Triloba.

Illinois. — Quercus Leana.

Cincinnati. — Quercus Leana.

Maryland. — Quercus Aquatica.

Arkansas. — Quercus Prinus, (*a*) *Acuminata;* Phellos.

New Hampshire. — Quercus Prinus, (*a*) *Monticola.*

Kansas. — Quercus Prinus, (*a*) *Chincapin;* Imbricaria; Aquatica.

Rhode-Island. — Quercus Stellata.

Saskatchavan. — Quercus Stellata.

Entre le lac Salé et Sierra Neva. — Quercus Stellata, (*a*) Utahensis.

Long Island. — Quercus Phellos; Nigra.

Lac Winnepey. — Quercus Alba.

Canada. — Quercus Undulata.

Montagnes rocheuses. — Quercus Undulata; Berberidifolia.

Nouveau Mexique. — Quercus Undulata, (*a*) *Obtusifolia,* (*b*) Pedunculata; Douglasi, (*a*) *Novomexicana;* Grisea; Oblongifolia; Pungens; Berberidifolia; Hastata.

Californie. — Quercus Douglasi, (*a*) *Ncœi;* Lobata; Californica; Pungens; Berberidifolia; Agrifolia; Chrysolepis; Sonomensis; Morehus; Denuflora, (*a*) *Hartwegie.*

Oregon. — Quercus Garryana.

Nouvelle Californie. — Quercus Chrysolepis.

San Louis. — Quercus Alba, (*a*) *Microcarpa;* Rubra; (*a*) *Runcinata;* Imbricaria, (*a*) *Spinulosa;* Nigra; (*a*) *Quinqueloba*, (*b*) *Tridentata*.

Rio del Monte. — Quercus Douglasi, (*a*) *Gambelii*.

Philadelphie. — Quercus Phellos; Aquatica, (*a*) *Heterophylla*.

Rio Luni. — Quercus Douglasi, (*a*) *Gambelii*.

Nootka. — Quercus Agrifolia.

Virginie. — Quercus Macrocarpa; Olivoeformis; Alba, (*a*) Repanda; Virens; Ilicifolia; Coccinea, (*a*) Tinctoria; Cinerea.

Texas. — Quercus Macrocarpa; Stellata; Alba; Drummondi; Virens; Falcata; Rubra; Palustris; Coccinea; Phellos; Nigra; Aquatica; Cinerea.

Vermont. — Quercus Macrocarpa; Prinus; Monticola.

Ohio. — Quercus Macrocarpa; Prinus; Palustris.

Missouri. — Quercus Macrocarpa; Bicolor; Prinus, (*a*) *Acuminata*, (*b*) *Chincapin;* Stellata, (*a*) *Depressa;* Rubra; Palustris; Coccinea; Nigra.

Pensylvanie. — Quercus Ilicifolia.

New Yorck. — Quercus Ilicifolia.

Connecticut. — Quercus Ilicifolia.

Massachusetts. — Quercus Ilicifolia; Palustris; Coccinea.

Hudson. — Quercus Olivæformis.

Albany. — Quercus Olivæformis.

Pensylvanie. — Quercus Olivæformis; Coccinea, (*a*) *Tinctoria*.

Maine. — Quercus Prinus, (*a*) *Accuminata; Alba.*

Lac Huron. — Quercus Rubra.

Lac Saskatchawan. — Quercus Rubra.

Jowo (Arkansas.) — Quercus Rubra; Coccinea, (*a*) *Nigrescens.*

ESPÈCES ET VARIÉTÉS OBSERVÉES DANS L'AMÉRIQUE SEPTENTRIONALE LIEUX D'OBSERVATIONS

Un des plus grands botanistes du siècle, Mr ALPHONSE DE CANDOLLE, a fait connaître dans le *Prodrôme,* les Chênes de l'Amérique.

La naturalisation de toutes les espèces de l'Amérique septentrionale n'est pas possible; une grande partie succomberaient sous notre climat.

Depuis la publication de l'ouvrage de MICHAUX, sur les arbres de l'Amérique septentrionale de nombreuses découvertes ont été faites. Les herbiers se sont enrichis considérablement. Bien des variétés trouveront peut-être encore place dans nos jardins, dans nos parcs ou dans nos forêts. Parmi celles que l'on a cherché à naturaliser et que MICHAUX a renseignées, les unes n'ont pas répondu à l'attente; d'autres inconnues à cette époque pourraient être naturalisées. J'ai donc cru utile de faire connaître, d'après DE CANDOLLE, les Chênes de l'Amérique septentrionale, avec les noms des auteurs qui les ont découverts et les localités où on les rencontre.

Il y a là un champ d'études que les amateurs et les pépiniéristes voudront explorer.

Quercus Lyrata (Wallt.) — Caroline Méridionale, Géorgie, (*Michaux*); Floride Orientale, (*id.*); Louisiane, (*Cooper*); Lieux inondés.

Quercus Macrocarpa (Michaux.) — Virginie et Texas, (*Cooper.*); Vermont, (*Oakes.*); Ohio, (*H. Boiss.*); Missouri, (*Engelman*).

Quercus Olivæformis (Michaux.) — Bords de l'Hudson, environs de Albany; Pensylvanie, Virginie, (*Pursh.*)

Quercus Bicolor (Willd.) — Caroline Méridionale, (*H. Engelman*); Floride Orientale, (*Nutt.*); Wisconsin, (*Emerson*); Missouri, (*Engelman*).

Quercus Prinus (L.) — Floride, (*Michaux F.*); Caroline, (*id.*); Louisiane, (*Cooper.*); Ohio, (*H. Webb.*); Missouri, (*Cooper*); Marécages et lieux inondés.

(*a*) ACUMINATA, — Monts Alleghanis, (*Michaux*); Maine, (*Emerson*); West Chester, (*Darl. Fl.*); Missouri, (*Engelman*); Arkausas, (*id.*)

(*b*) MONTICOLA. — Lieux secs et montueux. Caroline, environs de Vermout et de New Hampshire, (*Michaux*).

(*c*) CHINCAPIN. — Lieux stérils et montueux. Caroline, environs de Rhode Island et Albany, (*Michaux*); Haut Missouri, (*Nicollet*) et Kansas, (*Fendl.*)

Quercus Stellata (Wangenh.) — Floride, (*Michaux*) et Texas, (*Lindh.*); Rhode Island, (*Cooper*); Saskatchavan, (*id.*); commun sur les bords du Missouri.

(*a*) Floridana. — Floride, (*Rügel.*)

(*b*) Depressa. — Bords du Missouri.

(*c*) Utahensis. — Entre le lac Sale et Sierra-Nevada.

Quercus Alba (L.) — Floride, Texas, (*Lindh.*); Maine, (*Michaux*); Lac Winnipey, (*Hook.*)

(*a*) Repanda. — Virginie.

(*b*) Microcarpa. — Lieux stérils aux environs de San Louis, (*Engelman*).

Quercus Undulata (Rovrey.) — Montagnes rocheuses; Nouveau Mexique vers Santa Fé, (*Fendl.*), Canada.

(*a*) Obtusifolia. — Nouveau Mexique, (*Fendl.*)

(*b*) Pedunculata. — Nouveau Mexique, (*Fendl.*)

Quercus Douglasii (Hook et Arn.) — Californie, (*Douglas*).

(*a*) Cambelii. — Rives du Rio del Norte, (*Gamb.*) et du Luni, (*Wodeh.*)

(*b*) Novomexicana. — Nouveau Mexique près de Santa Fé, (*Fendl.*)

(*c*) Neœi. — Californie.

Quercus Lobata (Nee.) — Californie, (*Hartw.*)

Quercus Garyana (Hook.) — Oregon, (*Menzies*); Californie, (*bot. Beechey*).

Quercus Drummondi (Liebm.) — Texas vers San Felipe, (*Drumm.*)

Quercus Grisea (Liebm.) — Nouveau Mexique (*Wright.*)

Quercus Oblongifolia (Rovrey.) — Nouveau Mexique.

Quercus Pungens (Liebm.) — Nouveau Mexique, Californie.

Quercus Berberidifolia (Liebm.) — Californie et Montagnes rocheuses (*Liebm.*); Nouveau Mexique. (*Wright.*)

Quercus Hastata (Liebm.) — Nouveau Mexique. (*Wright.*)

Quercus Agrifolia (Nee.) — Nootka (*Nee*); Californie. (*id.*)

Quercus Chrysolepis (Liebm.) — Californie près de Monterey. (*Hartw.*) Nouvelle Californie. (*Soc. Oreg. Edenb.*)

Quercus Virens (Ocit.) — Virginie (*Michaux F.*); Texas, (*Lindh.*); Florides, (*Rügel.*)

Quercus Falcata (Michaux.) — Floride; (*Michaux, Gray*), Texas (*Berland*); Nouveau Jersey; (*Michaux F., Green*); Kentucky. (*Ridd.*)

(*a*) LUDOVICIANA. — Louisiane.

Quercus Ilicifolia (Wangenh.) — Virginie (*A. Gray*); Pensylvanie (*Michaux*); New Jersey (*id.*); New-Yorck (*Engelman*); Connecticut (*A. Gray*); Ohio (*Darl.*); Massachusetts. (*Emerson.*)

Quercus Catesbœi (Michaux.) — Floride (*A. Gray*); Caroline du Nord. (*Michaux.*)

Quercus Rubra (L.) — Georgie (*Michaux*); Texas (*Lindh.*); lacs Huron et Saskatchawan (*Hook.*); littoral de l'Atlantique près de Jowa (*Cooper*); Missouri. (*Engelman.*)

(*a*) RUMINATA. — Un seul arbre aux environs de San Louis. (*Engelman*).

Quercus Georgiana (Curtis.) — Géorgie. (*Engelman.*)

Quercus Palustris (du Roi.) — Massachusetts; (*Michaux*); Ohio et Missouri (*Engelman*); Texas. (*Cooper*).

Quercus Coccinea (Wangenh.)

(*a*) COCCINEA. — Florides (*A. Gray*) ; Texas (*Matthes*) ; Missouri (*Engelman*) ; Massachussetts (*A. Gray*) ; Nouvelle Ecosse.

(*b*) **Nigrescens.** — Montagnes de la Géorgie de l'Arkansas et Maine.

(*c*) **Tinctoria.** — Montagnes de la Virginie et de la Caroline (*Michaux*) ; Pensylvanie. (*Porter*).

(*d*) **Rugelie.** — Caroline du Nord. (*Rugel.*)

Quercus Sonomensis (Benth.) — Californie. (*Hartw.*)

Quercus Leana (Nutt.) — Cincinnati (*Lea*); Illinois. (*Mead.*)

Quercus Phellos (L.) — Louisiane (*A. Gray*); Géorgie et Caroline (*Ell., A. Gray*); Philadelphie (*Michaux*); Long Island (*Cooper*); Rivages entre la mer et les Monts Alleghenies Arkansas (*Engelman*) ; Texas (*id.*) ; Endroits humides.

(*a*) SUBIMBRICARIA. — New Jersey. (*A. Gray, subnom. Quercus Imbricaria.*)

Quercus Imbricaria (Michaux) — Georgie (*Cooper*); Caroline (*Ell.*); Nouveau Jersey (*Cooper*); Kansas (*id.*); Montagnes.

(*a*) SPINULOSA. — Environs de San Louis.

Quercus Nigra (L.) — Texas (*Wright*); Caroline du Sud (*A. Gray*); Missouri (*Engelman*); Nouveau Jersey (*Michaux*); Long Island. (*Rovrey.*)

(*a*) QUINQUELOBA. — San Louis. (*Engelman.*)

(*b*) TRIDENTATA. — Missouri près de San Louis.

Quercus Aquatica (Wallt.) — Floride (*Michaux, Gray*); Texas, (*Lindh.*) ; Arkansas (*Engelman*) ; Maryland (*Michaux*) ; Lieux marécageux.

(*a*) Laurifolia. — Caroline du Sud (*Michaux*); Géorgie, (*id.*); Louisiane (*A. Gray*); Lieux ombragés des plages.

(*b*) Heterophylla. — Environs de Philadelphie où il existe dans un jardin.

(*c*) Stipitata. — Louisiane. (*A. Gray*).

(*d*) Dentata. — Georgie et Floride (*Michaux*) ; Lieux sablonneux maritimes.

(*e*) Myrtifolia. — Caroline (*Willd.*); Floride. (*Nutt*).

Quercus Cinerea (Michaux.) — Floride (*A. Gray*) ; Texas (*Lindh.*) ; Georgie (*Ell. A. Gray*) ; Caroline *(Michaux)* ; Virginie (*Rugel*); Lieux secs et stériles.

(*a*) Dentato-Lobata. — Floride. *(Rugel.)*

(*b*) Humilis. — Caroline. *(Wallt., Boch.)*

(*c*) Pumila. — Floride *(Rugel)* ; Georgie et Caroline *(Michaux, Boch.)*; Forêts de Pins et lieux humides.

(*d*) Nana. — Caroline; Lieux maritimes.

Quercus Sinuata (Wallt.) — Caroline.

Quercus Morehus (Kellogg.) — Californie, rivages du lac Clear.

Quercus Densiflora (Hook.) — Californie. *(Dougl.)*

(*a*) Hartwegii. — Californie près de Santa Cruz. *(Hartw.)*

ORIGINE DES CHÊNES D'AMÉRIQUE EN BELGIQUE

Il ne faut guère remonter à plus d'un siècle pour avoir l'origine des Chênes d'Amérique en Belgique.

La France, sous ce rapport, l'a de beaucoup précédée.

En effet, le *Quercus Alba* a été introduit en France en 1724, le *Palustris* en 1730, le *Monticola* en 1800, l'*Olivæformis* en 1811, le *Phellos* en 1734, le *Cinerea* en 1789, l'*Imbricaria* en 1789, le *Nigra* en 1739, l'*Aquatica* en 1748, le *Rubra* en 1691, le *Coccinea* en 1691, le *Palustris* en 1800, etc.,

En Belgique, le Chêne d'Amérique le plus ancien que j'ai rencontré, à été greffé sur Chêne ordinaire en 1782, par un chanoine, très-grand amateur de beaux arbres.

C'est un *Quercus Rubra.* Il est debout et paraît pouvoir y rester longtemps encore. Il se trouve dans la propriété de M. le comte de Grünne, château de Hamal, près de Tongres. Il mesure aujourd'hui 3 mètres, 31 centim^s^, à un mètre du sol.

Le *Tinctoria* le plus ancien, trouvé dans mes nombreuses recherches, est au château de Vogelsanck, commune de Zolder, (Limbourg,) appartenant à M^r^ le Bon de Villenfagne.

Il fut planté en 1801, par M^{r} le Bon Louis-Joseph de Villenfagne, le sixième des vingt enfants du Bon Jean-Ignace de Villenfagne de Vogelsanck et de Louise-Marie-Barbe-Josèphe de Libert, de Flemalle. Louis de Villenfagne naquit à Dinant le 6 mai 1752. Il aimait les arbres, il fut autorisé à en planter. A l'âge de vingt ans, un braconnier lui tira, à Vogelsanck, un coup de fusil qui le rendit aveugle.

La cécité ne l'empêcha pas de continuer ses plantations et de les diriger. Guidé par son bâton seulement, et accompagné de son fidèle jardinier, Pierre-Jean Van Hamel, il faisait le tour de ses bois et de ses bosquets et donnait des indications précises sur les travaux à faire et les essences à planter. Il introduisit une foule de belles espèces et il dicta ses mémoires sur les travaux qu'il exécuta du mois de mars 1798 au mois de juin 1817. Ces mémoires sont encore dans la famille: ils sont très-intéressants pour celui qui voudrait écrire l'histoire de la culture des essences forestières dans le Limbourg.

Il introduisit, entre autres, le *Pin du Lord Weymouth*, inconnu jusqu'alors dans cette contrée.

Il fit planter la même année de 1801, un *Tinctoria,* un *Palustris*, un *Phellos*.

Ils sont tous debout.

Le *Tinctoria* a 2 mètres 80 centimètres de circonférence et 21 mètres 25 centimètres de hauteur; le *Palustris* a 2 mètres 31 centimètres de circonférence et 22 mètres 38 centimètres de hauteur: Ces deux espèces sont greffées. Le *Phellos* a 2 mètres 80 centimètres de hauteur et il est de franc pied.

A Vogelsanck, l'arbre que l'on abat ou que l'on plante, est renseigné dans les registres de la famille.

On connaît les noms de toutes les espèces exotiques de la propriété.

Un jour j'ai ramassé, sous un arbre du parc une feuille de *Tinctoria* et j'ai trouvé dans l'ouvrage de MICHAUX fils, au château même, une autre feuille d'un arbre disparu.

Le lecteur les retrouvera dans cet ouvrage. Il y a des souvenirs qui ne peuvent être perdus pour l'histoire des végétaux forestiers de notre pays et l'amateur d'arbres aveugle, méritait bien ces quelques lignes!

Dans la propriété de Me Vandenhove, à Herck-la-Ville, on voit encore un magnifique *Phellos* qui date de 1803.

Il mesure, aujourd'hui, 28 mètres 14 centimètres de hauteur et il a une circonférence de 2 mètres 50 centimètres.

Jean Hermans, pépiniériste à cette époque, le greffa.

La pépinière, une des plus anciennes de la Belgique, existe encore; elle appartient aujourd'hui à Me Vandenhove. Mr de Pierpont-Vandenhove, la dirige et naturalise encore; il y a chez lui une belle collection de vieux Chênes d'Amérique.

Ce *Phellos* fut vite grand; en 1832, il coupait déjà la vue de l'habitation; il fut déplanté et replanté, on l'entoura de soins et cet arbre, de toute beauté déjà, semble devoir s'embellir encore en prenant un plus grand développement.

L'arbre, au bout de trente ans, devait avoir déjà de belles proportions, car le jour de sa replantation fut considéré comme un événement. On invita les parents, les amis; ce fut une fête à laquelle prirent part tous ceux qui connaissaient *le bel arbre d'Amérique;* le personnel ouvrier fut servi sur la pelouse.

Suivant ANDRÉ MICHAUX fils, en 1804, un *Palustris* de 7 mètres de hauteur se trouvait dans le jardin d'un amateur, à trois lieues d'Anvers.

Le *Palustris* aurait donc été introduit en Belgique avant de l'avoir été en France, s'il est vrai qu'il est arrivé chez nos voisins du Midi en 1800.

Le bel arbre dont parle MICHAUX, hélas! a disparu.

Il y a vingt ans, l'ouragan l'a renversé. On l'a scié et j'en possède une planche. Il était greffé.

En 1780, la propriété du *Mick*, appartenait à M[r] le Bon Stier d'Arstelaar. Il venait de la créer.

Le régime de la Terreur arriva et, avec elle, l'émigration.

Il fallut passer en Amérique. Le Bon Stier y resta 15 ans. A son retour, il apportait des bourgeons et des glands pour le *Mick* redevenu en quelque sorte sauvage. On est en 1812.

En 1830, les Chênes donnèrent leurs premiers fruits, on les sema ; aujourd'hui, cette propriété est devenue une vaste pépinière de Chênes d'Amérique où se sont approvisionnés les grands propriétaires pendant longtemps et qui fournit, depuis quelques années, grâce à la modicité des prix, des plants de *Quercus Rubra* et autres, en grandes quantités, aussi bien en Hollande et ailleurs qu'en Belgique.

Le Bon Stier ne vit donc pas les arbres de l'émigré donner leurs premiers glands.

Il mourut en 1820.

De 1820 à 1845, M[r] le Bon Van Havre posséda le *Mick;* en 1845, il devint la propriété des Della Faille et, depuis 1879, il appartient à Mr Jean Della Faille qui continue la tradition de ses ancêtres et s'occupe encore de la naturalisation des végétaux exotiques.

Les Chênes Rouges que l'on rencontre au domaine de Boisschot, (Province d'Anvers) et au *Mick*, proviennent des glands rapportés par M[r] le Bon Stier.

Le régime de la Terreur avait passé, l'ordre était rétabli et les émigrés rentraient dans leurs familles.

Les maisons de campagne se reconstruisent ; les forêts d'Amérique ont montré leurs produits et les Chênes ornent les habitations qui se créent. La greffe diminue, l'arbre de franc pied donne des glands et les pépiniéristes arrivent sur les marchés.

L'ouvrage de MICHAUX fils, paraît.

On veut tenter les essais.

Citer les localités où l'on observe les Chênes d'Amérique, principalement le *Rubra*, qui ont été introduits après la révolution française et pendant les guerres de l'Empire, ce serait en quelque sorte faire l'histoire de la plus grande partie des châteaux et des maisons de campagne qui ont été construits ou restaurés, à cette époque, principalement dans les provinces d'Anvers, du Limbourg et du Brabant.

Je renonce à cette tâche.

Tandis que le Chêne d'Amérique faisait ainsi, petit à petit et sans bruit, ses entrées sur le sol belge, les gouvernements de l'époque restaient complètement étrangers à l'introduction des plantes exotiques.

Les jardins botaniques ne commencèrent qu'en 1840 à introduire les Chênes d'Amérique. Ce fut alors que le *Quercus Prinus Macrocarpa* fit son entrée dans celui de Bruxelles.

En 1844, le savant professeur, Mr CHARLES MORREN, fit planter dans le jardin botanique de Liége les premiers Chênes d'Amérique. Tout le monde sait, par ses écrits, quel était son culte pour les arbres. Mr EDOUARD MORREN qui lui a succédé à la chaire universitaire a renforcé la collection, en 1867.

C'est en 1861, qu'il traduisait en français le bel ouvrage de Mr SCHATT, « *Les arbres,* » qui est entre les mains de tous les sylviculteurs qui veulent connaître la vie intime des végétaux forestiers.

En 1845, le *Rubra* entre au jardin botanique de Bruxelles; en 1858, c'est le *Quercus Alba*; et en 1883, c'est le *Quercus Laurifolia.*

En 1849, le Chêne d'Amérique paraît au jardin botanique de Louvain avec le *Quercus Bicolor* qui s'y trouve encore et auquel on a associé, depuis 2 ans, des *Rubra.*

En 1846, au jardin botanique d'Anvers, apparaissent un *Rubra* et un *Phellos.*

En 1867, le jardin botanique de Liége s'enrichit de plusieurs espèces de Chênes d'Amérique entre autres, des *Macrocarpa,* des *Falcata,* des *Castanea.*

Voilà pour nos jardins botaniques, à l'heure actuelle.

Le jardin zoologique d'Anvers en 1859, donne l'entrée aux *Quercus Rubra* et aux *Quercus Alba.* Leur végétation est luxuriante; le *Rubra* entre dans le beau parc d'Anvers un peu après.

En 1865, différentes espèces prennent place dans le jardin d'acclimatation de Liége, principalement des *Rubra* et des *Coccinea.*

Voilà pour nos jardins d'acclimatation.

Pendant ce temps, les particuliers ornaient leurs habitations des espèces les plus variées.

Déjà en 1835-1836, Mr Dresse introduisait dans sa propriété du Ry de Morbeux, près de Trooz, province de Liége, des *Rubra* dans les clairières; il les mélangeait avec les Chênes ordinaires ou les plaçait isolément donnant ainsi l'occasion d'apprécier leur valeur comme taillis.

Aujourd'hui, que cette question semble nouvelle et paraît pour la première fois dans tous ses développements, le lecteur ne doutera-t-il pas en apprenant que le *Quercus Rubra* est cultivé en Belgique depuis 1836 comme taillis?

Au Ry de Morbeux, on peut voir le Chêne d'Amérique cultivé seul, ou associé à d'autres essences et se rendre compte de son accroissement, de sa valeur comme écorce et comme bois de chauffage.

Mr Armand Dresse, propriétaire actuel, donnera à cet égard tous les renseignements désirables: on ne fait pas appel en vain à son obligeance. Le grand-père a créé ce taillis, il a fait venir des glands de l'Amérique et les a semés dans le sol.

Son nom devait trouver place dans l'histoire des Chênes d'Amérique introduits en Belgique.

Les propriétés particulières s'embellissent en s'enrichissant, les jardins botaniques laissent pousser leurs rares arbres, mais nos forêts de l'État, des communes ou des établissements publics, restent à l'écart de toute introduction.

Les avenues se créent partout. Nous sommes en 1869.

Le Limbourg a des Chênes d'Amérique dans la plupart des propriétés, la province d'Anvers a des *drèves* qui aboutissent aux chaussées de l'État : nos routes sont toujours vierges de Chênes d'Amérique.

Mr Slegten, entrepreneur à Neerpelt, a vu croitre chez M^r d'Alcantara, à Eelen, chez Mr de Bellaing, à Rothem, chez M^r le Bon de Lamberts, à Munsterbilsen, les Chênes d'Amérique. La croissance de ces arbres l'a frappé. Il a semé des glands.

MM. les ingénieurs et conducteurs des ponts et chaussées sont désormais renseignés et peuvent voir les arbres.

En 1870, une plantation est à faire sur la route de Asch par Brée. Mr Toutfaar est conducteur des ponts et chaussées, et Mr de Heem est ingénieur. On propose des Chênes d'Amérique; ils sont adoptés, on en plante 353.

En 1875, la route de Kermpt-Tessenderloo est à planter. Mr de Creeft est conducteur des ponts et chaussées à Hasselt, Mr de Heem est ingénieur. Mr de Creeft propose des Chênes d'Amérique. Il a vu des arbres dans les environs, il les a remarqués, il a pris des renseignements: la proposition est adoptée.

En 1877, la route de Herck-la-Ville à Beeringen est à planter. Mr de Creeft est encore conducteur des ponts et chaussées et Mr de Heem est toujours ingénieur. On propose des Chênes d'Amérique, ils sont adoptés.

En 1880, la route d'Alken à Looz est à planter; la même année des arbres morts sont à remplacer sur la route de Hasselt à Bois-le-Duc. L'ingénieur et le conducteur restent les mêmes: le même Chêne d'Amérique est adopté.

En 1884, la route de Maeseyck à Molenbeersel est à planter. L'on adopte, enfin la moitié des Chênes d'Amérique proposés.

L'on transige, sans doute, entre opinions différentes ou l'on veut faire une expérience. L'on a vu les Chênes d'Amérique plantés en remplacement dans la province de Limbourg.

Entrons un instant dans les autres provinces.

Le Brabant vient d'admettre le Chêne d'Amérique sur ses routes: 216 arbres sont, en 1884, plantés en remplacement d'autres sur la route de Bruxelles à Louvain.

Déjà la province d'Anvers l'avait précédé et c'est cette province où MICHAUX avait rencontré le premier *Palustris* qui introduit les Chênes Rouges sur le plus grand nombre de routes. Mais le *Palustris,* qui avait été trouvé si bien-venant par MICHAUX, n'a pas encore été introduit sur nos chaussées. C'est le *Rubra* que l'on adopte partout.

1° De 1870 à 1879, sur la route de Bruxelles vers Breda, section de Waelhem à Anvers, on a planté 548 Chênes d'Amérique, en remplacement d'autres essences, sur les territoires des communes de Contich et de Hove.

2° La route d'Anvers à Berg-op-Zoom comprend 180 arbres plantés en remplacement d'autres, en 1871, et un en 1876, sur les communes de Eeckeren et Cappellen.

3° La route de Brasschaet à Esschen, possède 326 arbres plantés en 1872, et 25 plantés en 1879, en remplacement d'autres arbres, sur les communes de Brasschaet, Calmpthout et Esschen.

4° Sur la route de Cappellen à Esschen, ont été plantés en 1872, 97 arbres et en 1879, 22 en remplacement d'autres arbres, sur les communes de Cappellen, Calmpthout et Esschen.

5° La route de Calmpthout à Wuestwezel, a 164 Chênes d'Amérique plantés de 1862 à 1877, en partie comme plantation nouvelle, en partie en remplacement, 21 plantés en 1879 en remplacement d'autres, tous situés sur les communes de Calmpthout et de Wuestwezel.

6° La route de Wuestwezel à Brecht comprend 250 arbres plantés en 1878, comme plantation nouvelle, sur les communes de Wuestwezel et de Brecht.

7° La route de Wuestwezel, vers la station d'Esschen, a 179 arbres plantés en 1880, comme plantation nouvelle, sur les communes de Wuestwezel et d'Esschen.

8° La route de Brasschaet au canal de Turnhout, vers Anvers à l'endroit du Botermelt, comprend 150 arbres, plantés comme plantation nouvelle, en 1882, sur la commune de Schooten.

9° Enfin, la route d'Esschen à la frontière Néerlandaise vers Huybergen, comprend 409 arbres, plantés en 1878, sur les communes d'Esschen à Calmpthout, comme plantation nouvelle.

Dans la Flandre-Orientale l'administration des ponts et chaussées a aussi fait des essais, mais au lieu d'employer le *Rubra*, on a fait appel à d'autres essences.

Aux *Falcata*, aux *Alba*, aux *Coecinéa.*

1° La route d'Anvers à Lille, territoires de St-Denis, Westrem, Laetem, St-Martin, Astene, Deynze, Petegem, comprend 255 Chênes d'Amérique, plantés en remplacement d'autres essences, en 1876 et 1877, sur le territoir de Zulte.

2° La route de Gand à Audenarde, territoire de Seeverghem, possède 102 arbres; plantés en 1876 et 1877.

3° La route de Cruyshautem à Neder-Swalm, territoires de Huysse, Auweghem, compte 224 arbres, plantés comme plantation nouvelle, en 1876 et 1877.

Ces arbres, plantés avant 1880, sont d'assez bonne venue et appartiennent aux espèces dites: *Quercus Alba, Falcata, Coccinea.*

4° La route de St-Nicolas à Grammont, territoire de Grembergen, comprend 250 arbres plantés en 1876, comme plantation

nouvelle. Ils appartiennent à l'espèce *Rubra* et sont de belle venue.

5° La route de Bruxelles à Ostende, territoires d'Eecloo, d'Adeghem et de Maldegem, comprend 387 arbres plantés en 1871-1872 : ils sont de très mauvaise venue et il conviendrait de les remplacer par des *Rubra* qui viennent très bien dans les environs.

La Flandre Occidentale, aussi, a vu faire quelques essais.

Sur la route de Bruges à Courtrai, on a planté, comme plantation nouvelle, sur le territoire de la commune d'Oostcamp, en 1874, 195 *Rubra* qui sont de mauvaise venue, et sont souffrants.

Sur la route de Beernem par Wyngene à la chaussée de Bruges à Courtrai, au hameau *Den Hille,* sur la commune de Wyngene, on a planté en 1874, 51 *Rubra* qui sont vigoureux et de croissance très-active, malgré la pauvreté du sol.

Sur la route de Knesselaere à Eerneghem, on a planté en 1873, comme plantation nouvelle, sur la commune de Beernem, 200 *Rubra,* qui sont parfaitement bien venants sur un sol pierreux.

Mais, voici la voirie vicinale qui arrive et c'est dans les chemins qui traversent les sapinières que les communes introduisent le Chêne d'Amérique : Reckheim dans le Limbourg, commence. C'est près d'Eelen. On a vu croître les arbres de Mr d'Alcantara et en 1874, on plante 221 *Rubra,* le long d'un chemin allant de Boremvezette, au bois de Reckheim: leur croissance est rapide.

L'on a donc fait différents essais sur nos routes ; la plupart ont donné de brillants résultats; ils étonneront par l'activité de leur croissance quand on saura bien choisir leur terrain.

Le lecteur a fait, sans doute, quelques rapprochements.

En 1782, le *Rubra* fait son entrée dans la province de Limbourg, un peu après dans la province d'Anvers.

A presque un siècle de là, le premier Chêne d'Amérique est planté sur nos routes, grâce à la proposition d'un ingénieur, mais il n'a pas encore pris pied dans nos forêts de l'État, des communes et des établissements publics.

Les propriétaires particuliers en ont créé des allées, des avenues, des futaies, des taillis. Depuis 15 ans, il a été introduit, à titre d'essai, sur nos routes, dans quatre provinces.

C'est seulement en 1870 que Mr ALF. WESMAEL en fait l'objet d'un mémoire à la fédération des sociétés d'horticulture de Belgique.

En 1883, il en reparle dans son rapport sur les essences à cultiver en Belgique, au congrès agricole de Namur et, l'année suivante, au congrès de Bruxelles.

J'en fais l'objet d'une étude spéciale à ce même congrès et, en 1885, la question des Chênes d'Amérique est portée devant le congrès agricole et forestier, réuni à Anvers.

Il est temps que nos établissements d'horticulture, notre institut agricole et nos instituts agronomiques s'en occupent.

Pour s'en occuper, il faut les connaître, et pour les connaître, il faut nécessairement créer un champ d'expériences, un champ de naturalisation.

Qui pouvait nous dire qu'en 1836, Mr Dresse avait créé un taillis de Chênes d'Amérique au Ry de Morbeux? Le hasard, seul, me l'a appris.

C'est grâce à des circonstances particulières que j'ai pu examiner le taillis, âgé de 6 ans aujourd'hui, de Chênes d'Amérique et d'essences indigènes, chez M^{r} le Cte d'Alcantara, à Eelen, le mélange au chataignier chez Mr Leirens à Helchteren et chez M^{r} le Bon Van Havre à Brasschaet, et le taillis de *Rubra* pur, créé en 1881, au moyen de glands, plantés à Bouckryck, près de Hasselt, par M^{r} le notaire Isidore Goetsbloets, de Hasselt.

Ici, le succès a dépassé les prévisions.

Pur, ou mélangé au chataignier, il a fait ses preuves.

Le mélange du Chêne rouge et du chataignier me paraît assurer la végétation forestière dans les sols sablonneux.

Les propriétaires qui ont fait les premiers essais des Chênes d'Amérique et de chataigniers indigènes voudront expérimenter le chataignier d'Amérique, *Castanea Vesca,* qui est plus rustique. Si, comme d'autres essais tentés ailleurs le font espérer, il peut résister aux gelées, la Belgique aura trouvé une essence précieuse en plus.

Les botanistes ne sont pas complètement d'accord sur la différence de l'espèce. Le chataignier d'Amérique, pour le forestier, diffère cependant de celui d'Europe par plusieurs caractères essentiels.

Laissons aux botanistes le soin de se mettre d'accord et nous, forestiers, amateurs d'arbres, voyons avant tout le résultat.

Le chataignier d'Amérique est plus rustique. Le chataignier d'Europe gèle parfois et fait reculer les tentatives d'introduction dans nos sables.

J'appelle donc aujourd'hui l'attention des propriétaires sur le chataignier d'Amérique.

Mais voilà l'orme d'Amérique qui arrive en Campine. Mr Bovy vient de le planter à Bolderberg. Par les pousses annuelles que fait cet arbre, dans le sable, il mérite qu'on s'en occupe. Continuera-t-il ? Il faut l'espérer.

L'avenir nous dira ce qu'on peut en attendre.

III

MULTIPLICATION, REPRODUCTION

MULTIPLICATION, REPRODUCTION

Les Chênes d'Amérique, comme les Chênes de l'ancien continent, se reproduisent, soit par la greffe, soit par les fruits.

La greffe a été la première employée et les sujets les plus anciens que l'on rencontre en Belgique ont été greffés.

Ce n'est que plus tard, vers 1812, que l'on commence à rencontrer les premiers sujets obtenus de glands, provenant des pépinières de la France, principalement des environs de Paris.

La greffe a des inconvénients: l'arbre est vicié.

Que l'arbre soit greffé au collet de la racine ou à une certaine hauteur, il en résulte un bourrelet qui déforme l'arbre et dont le développement lui fait perdre, souvent, toute sa grâce. L'arbre greffé n'est pas un arbre naturel: ce n'est point là un arbre forestier. Ce n'est pas lui que l'on doit étudier pour calculer soit l'accroissement, soit la rusticité: la greffe modifie le caractère de l'arbre. Si le bois possède les propriétés de la greffe et non celles du sujet, les caractères, généralement, sont amoindris et c'est au détriment de la qualité du bois.

Un fait digne de remarque se produit. L'arbre greffé est plus tendre: il résiste beaucoup moins aux gelées du printemps et de l'hiver. J'ai constaté, cette année, que les Chênes d'Amérique atteints par la gelée pendant l'hiver de 1880, étaient greffés pour la plupart; peu de sujets de franc pied ont succombé.

C'est donc aux glands qu'il convient de s'adresser pour obtenir les Chênes que l'on veut introduire dans les forêts.

Chez quelques espèces, les glands sont rares; il s'en faut de beaucoup qu'ils portent tous des fruits sous notre climat. Cette année, pourtant, presque tous les Chênes rencontrés, lorsqu'ils arrivent à leur âge de fructification, portent des fleurs. Cet âge, toutefois, est fort variable. Le *Banisteri* commence, en pépinière, à la 2e ou à la 3e année; à l'âge de 12 à 15 ans, le *Rubra* porte ses premiers glands; à l'âge de 30 ans, le *Palustris* arrive et les autres espèces, généralement, portent des fruits vers cet âge.

La fructification est annuelle ou bisannuelle suivant les espèces. Ce n'est qu'en 1830 que les Chênes d'Amérique, introduits les premiers en Belgique, ont donné leurs premiers fruits. Jusqu'à présent, on a fait généralement venir de France ou d'Allemagne les glands que l'on a plantés ou semés, soit en place, soit en pépinière. Pour un grand nombre d'espèces nous devrons, pendant un certain temps encore, nous adresser à l'étranger.

Si l'on excepte le *Rubra* et le *Palustris* que l'on rencontre assez abondamment aujourd'hui, les autres Chênes d'Amérique que l'on trouve en Belgique sont dans les parcs et les propriétaires en retiendront les fruits pour leurs usages personnels.

La plupart des glands qui nous sont venus autrefois du

Nouveau Monde sont arrivés dans des conditions désastreuses ; les résultats ont été déplorables et ont fait retarder bien des essais.

Des moyens de communication rapide existent aujourd'hui, les graines d'Amérique arrivent dans de meilleures conditions et leur germination est plus assurée.

Les prix, toutefois, sont restés assez élevés. L'on a recours, la plupart du temps, à des intermédiaires qui prélèvent des bénéfices considérables. L'on a, cette année, commandé des glands de *Rubra*, à 90, 100, à 120 francs les 100 kilogrammes que l'on pouvait obtenir en Belgique à moitié prix.

GLANDS

Le *Quercus Rubra* commence à se propager en Belgique. On le trouve, aujourd'hui, un peu partout; il porte des fruits à un âge moins avancé que les chênes indigènes, subit leurs influences et les années de glandées sont les mêmes.

Il y a, cette année, espoir d'une récolte abondante de fruits des Chênes d'Amérique.

Il se formera, sans doute, dans le Limbourg, dans la province d'Anvers et dans les Flandres, où ils seront surtout abondants, des maisons spéciales auxquelles les propriétaires pourront s'adresser pour les glands de *Rubra*, de *Coccinéa*, de *Palustris*, de *Tinctoria*, de *Phellos*, etc.

Pour les glands qui feront défaut, on pourra s'adresser, comme par le passé, à MM[rs] Andrieux-Vilmorin à Paris, Conrad Appel et Henri Keller à Darmstad. C'est, généralement, à ces maisons qu'on a eu recours jusqu'à présent.

Rien n'empêcherait nos propriétaires et nos pépiniéristes de se mettre en rapport direct avec l'Amérique.

La Belgique a des consuls aux Etats-Unis; il suffit de s'adresser à eux pour obtenir tous les renseignements désirables. Je crois faire chose utile en en donnant la liste :

WASHINGTON,	M[r]	de Bounder de Delsbroeck, envoyé extraordinaire et ministre plénipotentiaire.
	M[r]	le Comte d'Arschot, chargé d'affaires ad interim.
PHILADELPHIE,	MM[rs]	Reuleaux, consul général.
ALANTA,		De Give, consul.
BALTIMORE,		Lehr, »
CHARLESTON,		Fatman, »
CHICAGO,		Henrotin, »
CINCINNATI,		Hartman, »
DÉTROIT,		Coster, »
GALVESTON,		Lammers, »
GREEN BAY,		Brice, »
LOUISVILLE,		Girard, vice-consul.
MOBILE,		Dumont, consul.
NEW-YORK,		Dali, »
NORFOLK,		Roberston, »
RICHMOND,		Nolting, »

NOUVELLE ORLÉANS, MM[rs]	Landaner,	consul
SAN-LOUIS,	Dackwitz,	»
SAN-FRANCISCO,	Chapman,	»
SAVANNAH,	Charrier,	»
BOSTON,	Gill,	»

La société royale de botanique de Belgique compte un correspondant du plus grand mérite, Mr Asa Gray, professeur à l'Economiste Hartwesii de Cambridge.

Mr Séréso Natson, contrôleur à l'université de Cambridge, vient aussi d'être nommé correspondant de cette société.

Messieurs les consuls donneront les renseignements nécessaires pour se mettre en rapport avec les négociants de ces pays; la société royale de botanique de Belgique se fera un véritable plaisir de demander à ses savants correspondants les renseignements utiles sur les Chênes de l'Amérique du Nord dont on peut tenter la naturalisation avec quelque espoir. Enfin, la Belgique possède un musée commercial établi à Bruxelles, où l'on peut obtenir les renseignements désirables, au point de vue du commerce des glands.

CONSERVATION DES GLANDS

Les glands de Chênes d'Amérique se conservent par les procédés dont on se sert aujourd'hui pour la conservation des glands d'espèces indigènes.

La stratification est le mode généralement employé.

C'est celui qui réussit le mieux.

On place les glands dans des caisses élevées sur des liteaux en un endroit obscur, une cave par exemple.

On les émplit de couches alternatives de glands et de sable, et l'on recouvre la couche supérieure de glands, d'une couche plus épaisse de sable afin d'empêcher la germination.

On peut aussi les mettre dans des silos.

On alterne les couches de glands avec des couches de feuilles et de paille. Le silo est recouvert de planches, au dessus desquelles on élève une butte de terre bien tassée.

On peut encore remplir de glands des tonneaux que l'on perce de petits trous et que l'on plonge dans l'eau jusqu'au printémps.

Ces procédés sont tous employés pour les glands des espèces indigènes et ils sont applicables aux Chênes d'Amérique.

Pour ces derniers on peut encore recourir au procédé suivant:

Après la récolte on dépose les glands sur un grenier par couches plus ou moins épaisses.

Quinze jours ou trois semaines avant de les semer, on les place sur la terre, dans le bois, par couches assez minces et on les recouvre légèrement de mousses et de feuilles, puis quand ils commencent à germer, on les sème en pépinière.

Par la stratification les glands germent beaucoup trop vite; le dernier procédé est peut être le préférable et donne de bons résultats. C'est celui dont on se sert au domaine des Barres et l'on s'en trouve bien.

L'automne peut paraître préférable pour l'époque des semis. Les glands sont toujours de conservation difficile.

Semés en automne, ils germent plus vite que semés au printemps et peuvent être plus facilement victimes des gelées printanières.

Les souris aussi en sont très-friandes, non seulement en automne, mais encore au printemps: les souris et les oiseaux sont des ennemis fort à craindre pour les semis de certaines espèces de Chênes d'Amérique, principalement des *Quercus Rubra*, des *Quercus Alba*.

La souris quitte les plates-bandes de Chênes ordinaires pour s'acharner sur les *Rubra;* généralement, tous les Chênes d'Amérique ont leurs préférences.

Dans les pépinières de Mr Jean Della Faille, au Mick, (Anvers), près de Brasschaet, où la culture des Chênes d'Amérique se fait en grand, on sème généralement les glands en automne, avec le seigle.

Ce moyen réussit très-bien sur les sols sablonneux.

Le point important est d'obtenir des glands de l'année.

Conservés plus longtemps, ils perdent leurs qualités germinatives.

Pour activer la végétation des Chênes d'Amérique et favoriser la germination des glands, on recouvre ceux-ci d'une couche de tan plus ou moins épaisse. (3 ou 4 centimètres).

Des expériences directes ont été faites à ce sujet et ont démontré l'efficacité du tan. *(Voir mes études forestières).*

J'ai toujours réussi les semis de Chênes en recouvrant de tan les glands, et les plantations de hautes tiges, dans les terrains secs, en le mêlant à la terre.

JEUNES PLANTS

La plupart des Chênes d'Amérique peuvent être élevés sans abri en pépinière.

Les *Quercus Alba, Rubra, Tinctoria, Coccinéa, Prinus, Falcata, Laurifolia, Imbricaria, Palustris, Phellos, Macrocarpa, Banisteri* qui comptent parmi les principaux, sont de ce nombre; d'autres demandent un abri pendant les premières années comme le *Quercus Nigra;* enfin, d'autres ne supportent pas notre climat et conviennent aux contrées plus méridionales.

La culture en grand des espèces principales peut donc être entreprise, sans danger, par nos pépiniéristes.

Les essais doivent, toutefois, se continuer sur d'autres espèces.

En effet, une plante n'est pas naturalisée immédiatement. A la 2e ou la 3e génération, la plante s'accomode, parfois, d'un milieu sous lequel elle aurait succombée au début de l'introduction. J'engage donc les pépiniéristes et les amateurs à se procurer, dans les pays du Nord de l'Amérique, les Chênes que les botanistes actuels y renseignent. Il y a là des variétés dont ils tireront parti pour l'ornementation.

Le Chêne d'Amérique a un pivot peut-être plus prononcé que le Chêne ordinaire. On le recèpe au moment de le repiquer ou de le mettre en place, soit avec la bêche dans les lignes, soit avec le sécateur, dans les plates-bandes.

Emplir les rigoles de pierrailles, recouvrir celles-ci de terre et semer les glands sur la dernière couche, tel est un des derniers moyens employés pour former des racines nombreuses au Chêne et empêcher son pivotement.

Ce procédé est bon, sans doute, mais il paraît préférable encore de couper le pivot avant la replantation à distance ou avant la mise en place.

Pour toutes les plantes, en général, les pépiniéristes ont le grand tort de trop serrer leurs plantes; c'est surtout pour le Chêne d'Amérique qu'il faut un espacement convenable.

Le *Rubra* et le *Palustris,* entre autres, ont une croissance extraordinaire.

Une plante, pour être mise à demeure, doit avoir une circonférence et une hauteur bien proportionnées.

Si, pour les basses tiges, la disproportion n'est pas une cause d'exclusion, il en est autrement pour les hautes tiges.

Pour les allées, les avenues et les plantations des routes, je regarde cette condition comme absolument indispensable à la réussite du jeune plant.

En général, on peut dire qu'une plante est bien proportionnée, au moins pour le Chêne d'Amérique, quand elle conserve au milieu de l'arbre, la moitié de sa circonférence au collet de la racine.

J'ai pris, cette année, dans des allées, plus de 500 sujets parmi les plus beaux: toujours ces données ont été constantes.

Or, dans les pépinières, on élève les plantes à un point de vue mercantile. On active leur hauteur en coupant les branches, basses rez-tronc. La plante n'a plus au pied une circonférence suffisante pour maintenir un bon équilibre; elle est mal tassée dans sa fosse, le vent la fouette, la ballotte; la pluie tombe sur les feuilles, la tige trop grêle plie; la neige s'attache aux branches, la flèche se courbe sous son poids, l'arbre reste pendant.

Le jeune sujet, pour être placé en forêt, dans un parc, ou dans un jardin, doit avoir au moins de 8 à 12 centimètres de circonférence.

Dans les avenues, dans les allées, il doit avoir de 14 à 20 centimètres. J'ai remarqué que les plantations, en avenues, d'arbres trop jeunes, étaient retardées; l'accroissement des premières années est faible. Chez les arbres d'une certaine dimension, le contraire se présente. J'engage donc les propriétaires à ne planter, pour les allées et les avenues, que des sujets de 14 à 20 centimètres.

Les plantations d'automne sont préférables à celles du printemps. C'est là un fait que j'ai observé dans toutes les plantations que j'ai vues. L'arbre planté au printemps a une reprise plus difficile et une feuillaison qui est singulièrement retardée.

Les jeunes plantes destinées à la formation des massifs, soit dans les parcs, soit en forêt, ne paraissent pas soumises à des conditions exceptionnelles.

Pour obtenir des plants bien proportionnés à leur hauteur, on repique à l'âge de 3 ans, à la distance de 1 mètre, les glands semés en lignes ou repiqués à la distance de 50 centimètres.

On *raccourcit* les branches inférieures chaque année, de manière que l'arbre, au moment de la plantation, conserve des branches raccourcies, jusqu'à une distance de 50 centimètres du pied. On cultive ainsi, à Munsterbilsen, chez M^r^ le Bon de Lamberts, au château de Lasengrie, les sujets destinés aux allées et aux avenues et c'est là surtout que j'ai rencontré des arbres-types.

Parmi les pépiniéristes, il en est qui cultivent le Chêne d'Amérique d'une façon déraisonnable. Je recommande aux propriétaires qui achètent des plants, de s'assurer de l'état de la pousse terminale, surtout pour les sujets destinés aux avenues et aux plantations des routes. Toute plante qui n'a pas une pousse terminale régulière lorsqu'elle est propre à être mise en place, a eu des accidents ou a végété sous le couvert. Une telle plante est mauvaise.

Quels que soient les soins qu'on lui donne, on ne la reformera point. Dans le jeune âge, le pépiniériste aurait dû la receper et c'est par là que finira le propriétaire.

Le propriétaire et le pépiniériste qui élèvent des jeunes Chênes doivent savoir, avant tout, qu'il y a là un ennemi terrible qui viendra les ronger : Le lapin.

J'ai vu cette année, à Brasschaet, un jeune taillis de *Rubra* et d'autres essences littéralement réduit par les lapins; nos essences indigènes étaient intactes, les Chênes d'Amérique n'avaient pu trouver grâce devant leur voracité.

Au Mick, au mois d'avril 1885, j'ai vu des branches de Chênes d'Amérique, provenant des élagages complètement decortiquées; les autres étaient restées intactes.

Le lapin, les souris et les chenilles me paraissent surtout les ennemis des Chênes d'Amérique.

LES PROVENANCES

J'ai donné aux pépiniéristes l'occasion de faire connaître les Chênes d'Amérique qu'ils cultivent.

J'écarte toute idée de réclame. Mon devoir est de renseigner.

Nous pouvons trouver des plantes dans nos pépinières, comme nous trouverons des glands chez nos marchands.

La culture en grand du *Quercus Rubra* se fait chez Mr Jean Della Faille, au Mick, près d'Anvers: on s'adresse au garde Geuns.

C'est là que s'approvisionnent aujourd'hui la plupart des grands propriétaires et des pépiniéristes. Les plantes depuis un an, jusqu'à 5 ou 6 ans et plus, sont livrées à un prix fort avantageux.

On y trouve des plantes de 3e génération.

Chez Mr d'Alcantara à Eelen, Maeseyck, le *Quercus Rubra* est surtout cultivé pour allées, avenues, massifs de parcs.

On reçoit des plantes de 2e et de 3e génération, trés-bien formées, en s'adressant à Mr Van Holthausen à Eelen, (Maeseyck.)

Mr de Bellaing, à Rothem, (Limbourg), cultive le *Rubra* et différentes autres espèces de Chênes d'Amérique dans de bonnes conditions.

On pourra trouver des plantes de 2e génération.

Depuis longtemps, chez Mr de Pierpont Vanden Hove, à Herck-la-Ville, (Limbourg), on cultive différentes espèces de Chênes d'Amérique. On trouve des arbres de 2e et de 3e génération.

MMrs Michiels, frères, à Montaigu, commencent également la culture des Chênes d'Amérique et vont leur donner une plus grande extension introduisant les différentes espèces et livrant les glands au commerce.

Dans les Flandres, chez Mr Jean Schepers et fils, arboriculteurs à Wyngene, par Bloemendael, on pourra aussi se procurer des Chênes d'Amérique à un prix convenable.

Les maisons Transon et Levavasseur à Orléans, France, sont recommandables aussi pour les espèces que l'on ne trouve pas dans nos pépinières; la maison Looymans, à Oudenbosch, (Hollande), fournit de très-beaux sujets.

IV

CLASSIFICATION DES ESPÈCES

CLASSIFICATION DES ESPÈCES

La classification des espèces peut se faire de différentes manières. MICHAUX FILS, s'appuyant à la fois sur les caractères de la feuille et des fruits, a établi deux grandes divisions.

DANS LA 1re DIVISION

La fructification est ANNUELLE et les feuilles sont MUTIQUES

Il en a formé deux sections.

Dans la 1re section les feuilles sont LOBÉES

Entrent dans cette section :

1° QUERCUS ALBA	*White Oak.*
2° QUERCUS OLIVÆFORMIS	*Mossy cup Oak.*
3° QUERCUS MACROCARPA	*Over cup White Oak.*
4° QUERCUS OBTUSILOBA	*Post Oak.*
5° QUERCUS LYRATA	*Over cup Oak.*

Dans la 2e section les feuilles sont DENTÉES

Entrent dans cette section :

6° QUERCUS PRINUS DISCOLOR	*Swamp White Oak.*
7° QUERCUS PRINUS PALUSTRIS	*Chesnut White Oak.*

8° QUERCUS PRINUS MONTICOLA *Rock Chesnut Oak.*
9° QUERCUS PRINUS ACUMINATA *Yellow Oak.*
10° QUERCUS PRINUS CHINCAPIN *Small Chesnut Oak.*

DANS LA 2e DIVISION

La fructification est BISANNUELLE et les feuilles sont MUCRONÉES excepté pour le QUERCUS VIRENS

Il les divise en 3 sections.

Dans la 1re section les feuilles sont ENTIÈRES

Entrent dans cette section :

11° QUERCUS VIRENS *Live Oak.*
12° QUERCUS PHELLOS *Willow Oak.*
13° QUERCUS IMBRICARIA *Laurel Oak.*
14° QUERCUS CINERIA *Upland Willow Oak.*
15° QUERCUS PUMILA *Running Oak.*

Dans la 2e section les feuilles sont LOBÉES

Entrent dans cette section :

16° QUERCUS HETEROPHILLA *Bartram Oak.*
17° QUERCUS AQUATICA *Water Oak.*
18° QUERCUS FERRUGINEA *Black Jack Oak.*
19° QUERCUS BANISTERI *Bear Oak.*

Dans la 3e section les feuilles sont MULTIFIDES

Entrent dans cette section :

20° QUERCUS CATESBAEI *Barrens Scrub Oak.*
21° QUERCUS FALCATA *Spanish Oak.*
22° QUERCUS TINCTORIA *Black Oak.*
23° QUERCUS COCCINEA *Scarlet Oak.*
24° QUERCUS AMBIGUA *Grey Oak.*
25° QUERCUS PALUSTRIS *Pine Oak.*
26° QUERCUS RUBRA. *Red Oak.*

MICHAUX PÈRE et FILS avaient donc reconnu 26 espèces ou variétés de chênes dans les États-Unis.

Depuis lors, on a fait de nombreuses découvertes comme le prévoyaient ces deux auteurs qui n'avaient exploré qu'une partie de l'Amérique du Nord.

Les auteurs modernes, se basent pour la détermination des espèces sur des caractères constants, immuables, l'ovaire principalement.

Ils ont donc établi d'autres distinctions.

Mr ALPHONSE DE CANDOLLE, dans *le Prodrome,* s'appuyant avec raison sur des caractères plus constants que ses prédécesseurs, renverse la classification admise jusqu'alors.

C'est à cet auteur que je renverrai, pour étudier au moyen de leurs caractères botaniques, les différentes espèces et variétés qui sont citées, sans être décrites, dans mon ouvrage.

Je ferai, toutefois, connaître mes observations particulières à chacune d'elles pour arriver, si possible, à un classement définitif accepté par la science.

Dans ce livre, qui est surtout forestier, je me propose de décrire les espèces suivant leur importance sur notre sol, leur utilité et la place qu'ils peuvent occuper dans les forêts et ailleurs.

S'il appartient aux botanistes de mettre sur un pied d'égalité les espèces et les variétés, les forestiers voient avant tout le côté utilitaire : c'est un classement qui a son importance et sa valeur.

QUERCUS RUBRA (LINNÉE)
CHÊNE ROUGE (RED OAK).

Le *Quercus Rubra* a été décrit pour la première fois par LINNÉE en 1453, sous ce nom, à cause, sans doute, de la couleur de son bois.

Dans son histoire des *Arbres de l'Amérique septentrionale*, MICHAUX FILS, distingue deux espèces : le *Quercus Rubra* et le *Quercus Ambigua*.

M[r] DE CANDOLLE fait de l'*Ambigua*, une variété assez mal définie du *Quercus Coccinea*.

SPACH, dans les suites à Buffon, *(Histoire des végétaux phanérogames)*, page 165, fait du *Rubra* une variété du *Quercus Coccinea*.

ALPHONSE DE CANDOLLE, dans son *Prodrome*, ne décrit non plus qu'une espèce, mais il crée une variété avec un seul arbre existant près de San Louis, sous le nom de *Quercus Runcinata*.

Un auteur allemand, le docteur KOCH, qui a écrit un ouvrage récent, ne parle non plus que d'une espèce.

Les observations faites au domaine des Barres (Loiret), par l'administration des forêts françaises, paraissent confirmer les observations de MICHAUX FILS ; le nom de *Ambigua*, est conservé à la *variété* à laquelle MICHAUX avait donné le nom *Spécifique*.

QUERCUS RUBRA. (chêne rouge) mesuré le 24 octobre 1884.

Circonf. à 1 m. du sol : 1 m. 57 c. Hauteur totale de l'arbre : 23 m. 76, à la 1e branche : 7 m. 42 c. ; à la 2e grose branche : 10 m. 39 c. Sol sabloneux. Planté en 1830.

Propriété de Mr le Comte d'Alcantara, à Eelen-Maeseyck.

Est ce une espèce? Est ce une variété? Est ce un croisement?

Telles sont les questions posées par les botanistes.

Au point de vue du bois proprement dit, l'*Ambigua*, a des propriétés particulières et les forestiers et ceux qui travaillent le bois ne s'y tromperont point.

Je ferai connaître mes observations particulières à propos de cette variété, dont je forme une espèce, forestièrement.

Chez le Quercus Rubra, *les rameaux jeunes sont glabrescents; les feuilles longuement pétiolées, aigues à la base, surtout chez les jeunes sujets, ou obtuses, elliptiques ou oblongues, longuement pétiolées, (3-4 centimètres) profondément lobées, pinnatifides; lobes ovales, aigus ou acuminés, celui du sommet et les latéraux dentés, subulés; les jeunes feuilles pubescentes, les adultes glabres, munies de paquets de poils aux aisselles de la nervure médiane, entièrement mates à la face inférieure et à la face supérieure; cupule large, écailleuse; pédoncule très-court; gland à peu près sessile, ellipsoïde, enveloppé dans une cupule de 2 à 3 millimètres de hauteur, gros, très-variable de grosseur et de hauteur.*

Les feuilles se modifient beaucoup suivant les sujets sur lesquels on les choisit.

Sur les jeunes sujets, elles prennent des proportions énormes, les lobes sont plus grands, les découpures plus fortes se rapprochent d'avantage de la nervure médiane; prises sur des sujets plus âgés, elles sont au contraire plutòt elliptiques et, à la base du pétiole, le limbe conserve la largeur qu'il a à la naissance du tiers supérieur de la hauteur totale.

La feuille prend différentes teintes suivant les saisons; à l'automne elle se colore d'un rouge brun du plus bel effet. La dénomination spéciale de Chêne rouge, paraît lui venir plutôt de la couleur de son bois que de celle de ses feuilles; il pourrait avoir reçu cette dénomination uniquement parcequ'il a été le premier déterminé dans les chênes à bois rouge, car le *Coccinea* et le *Tinctoria* ont à la fois des feuilles et un bois plus rouges.

Quelque soit la cause véritable de son nom, respectons le.

Au point de vue de l'importance il tient dans notre pays le premier rang. Il a été introduit le premier et c'est, peut être, le dernier qui restera. Il fit son entrée en Belgique vers 1782. Le bois du *Quercus Rubra* a été apprécié par MICHAUX FILS, dans des termes tels que la citation complète de cet auteur me paraît nécessaire.

« *Le bois du* Quercus Rubra *est rougeâtre, son grain est d'une texture grossière et ses pores entièrement vides, présentent souvent assez de capacité pour laisser passer un cheveu. Il est reconnu pour avoir de la force, mais aussi susceptible de pourrir promptement, aussi, c'est de tous les chênes celui dont le bois est le dernier employé dans toute espèce de construction.*

« *Le meilleur parti qu'on en tire, est de fournir abondamment à la fabrication du merrain de chêne rouge dont on fait des bariques pour le transport des salaisons, de farines, des légumes et autres marchandises sèches, et qui est exporté aux colonies où on s'en sert pour mettre des sucres et surtout des mélasses.* »

Voilà ce que MICHAUX dit du bois: j'aurai donc à le suivre sur ce terrain.

« *L'écorce du* Quercus Rubra, dit MICHAUX, *est composée d'un épiderme très-mince et d'un tissu cellulaire très-épais. On en fait un grand usage pour le tannage des cuirs, mais le tan qu'on en tire est moins estimé que celui du* Quercus Falcata, *du* Quercus Tinctoria *et du* Quercus Prinus Monticola. »

QUERCUS RUBRA (Chêne rouge).

M. CEYSENS, Hasselt. – Reproduction des feuilles naturelles (Système breveté)

Voilà ce qu'il dit de l'écorce.

Voyons où il vient.

« *Cette espèce est, après le chêne gris,* dit MICHAUX, *celle qui se trouve le plus avant vers le nord, car elle est une des plus communes dans les états septentrionaux, ainsi qu'au Canada. Plus au midi et notamment dans le bas de l'état de New-York, dans le New Jersey, la Haute Pensylvanie et sur toute la chaîne des Monts Alleghanys, le chêne rouge vient à peu près en égale proportion dans les forêts avec le chêne écarlate et le chêne noir, mais il est beaucoup plus rare dans le Maryland, dans la Basse Virginie et dans la partie maritime des Carolines et de la Georgie. Cette remarque m'a confirmé dans les observations que j'avais faites déjà, que cet arbre n'acquérait jamais son plus grand développement que dans les climats froids et où le sol est d'une assez bonne qualité. Partout où il se trouve, il est connu des habitants sous la seule dénomination de chêne rouge bien que quelquefois, dans la Pensylvanie, aux environs de Lancaster, il soit confondu avec le* Quercus Falcata *dont on lui donne le nom.* »

Voici comment il croit.

« *Le* Quercus Rubra, dit MICHAUX, *est un fort grand arbre dont la cîme embrasse beaucoup d'espace et dont la hauteur excède fréquemment 27 mètres, sur 1 mètre de diamètre.*

Et voici son avenir :

« *Le* Quercus Rubra *est un des arbres de l'Amérique les plus anciennement introduits en France. Il en existe dans les propriétés de feu Mr Duhamel du Monceau, de très-forts individus qui donnent abondamment des fruits et qui même se reproduisent naturellement : mais son bois est d'une qualité si médiocre que je ne puis en recommander la multiplication dans nos forêts.* »

J'aurai donc à examiner le *Quercus Rubra* sous ces différents aspects.

MICHAUX écrivait en 1812.

Le bois était plus abondant qu'aujourd'hui, les besoins étaient moins nombreux et il s'agissait, à cette époque, d'assurer les besoins de la marine. C'était dans ce but que MICHAUX avait reçu la mission d'aller explorer le Nouveau Monde, pour importer en France, les arbres pouvant être utilisés pour ce service d'ordre supérieur.

Lorsque Mr Vilmorin acheta, en 1821, le domaine des Barres (Loiret), il s'occupa principalement de la naturalisation des végétaux exotiques; l'administration des forêts françaises écrit ce qui suit, 66 ans après, en 1878:

« *La collection des Chênes de l'Amérique septentrionale dont quelques uns parfaitement naturalisés se ressèment d'eux-mêmes en grande abondance et dont plusieurs en outre sont remarquables par la vigueur de leur végétation et la rapidité de leurs accroissements, ce qui donne lieu de croire qu'on s'est trop hâté de décider que leur introduction dans la culture forestière était sans intérêt.* »

En parlant du *Quercus Rubra*, elle ajoute:

« *De tous les Chênes d'Amérique c'est celui qui réussit le mieux dans nos climats; les jeunes plants, avec leur tige droite et lisse, leurs feuilles grandes et luisantes, ont l'apparence d'une vigueur supérieure même à celle de nos chênes indigènes. Il fructifie tous les ans en abondance et se reproduit naturellement avec la plus grande facilité. Son couvert est assez épais, grâce à la dimension considérable des feuilles. Les glands sont gros, courts et de couleur rouge; ils se reconnaissent facilement dès qu'on les a vus une seule fois. Les oiseaux et les animaux domestiques en sont très friands.* »

« *Le bois est médiocre, mais comme il est* INCONTESTABLEMENT *supérieur à celui de nos essences de second ordre on trouverait avantage*

QUERCUS RUBRA (Chêne rouge).

à propager le Chêne rouge dans nos forêts où la rapidité de sa végétation le rendrait certainement utile. »

Devant l'opinion de MICHAUX et celle de l'administration des forêts qui, plus de 60 ans après, la contredit en grande partie, j'ai cru qu'il fallait faire un pas de plus en étudiant le Chêne d'Amérique sur notre sol et en plaçant la question sur son véritable terrain.

Croissance.

La croissance du *Quercus Rubra* tient du prodige; elle est, cependant, variable suivant les sols. Tous les terrains ne lui conviennent point.

Celui qui lui plaît le mieux est le sable, saturé d'humidité. Il demande surtout de la profondeur et de la division. Ce sont des conditions indispensables à son prodigieux développement; l'humidité, dont il s'accomode fort bien, lui paraît moins nécessaire. Les argiles douces, les sables recouverts d'alluvions lui sont très-favorables. Il vient mal dans les terrains calcaires et dans les argiles fortes.

Je ne citerai pas toutes les expériences faites sur cette espèce précieuse. Je dépasserais les limites assignées à ce travail.

Je me contenterai de rapporter les principales, tout en avertissant le lecteur qu'elles ont été faites toutes par moi, minutieusement, et que les hauteurs ont été mesurées avec des instruments de précision.

Le 27 juin 1884, j'ai mesuré une allée de *Rubra* au château de Sipernau, appartenant à M[r] le Cte d'Alcantara, à Eelen, près de Maeseyck. (Limbourg.)

Nous voilà en pleine Campine limbourgeoise, sur le sable.

Les plantes proviennent de glands envoyés par Monsieur Van Houtte, de Gand, à Mr Olislagers, oncle de Mr d'Alcantara; ils furent semés près du château en 1836, et en 1839, on les planta en allées.

Le tableau ci-dessous fera connaître les conditions dans lesquelles ils ont été plantés et leur accroissement.

Coté des Champs			OBSERVATIONS	Coté du Parc		OBSERVATIONS
LIEU DIT	Circonférence à 1 mètre	Espacement		Circonférence à 1 mètre	Espacement	
	MÈTRE 2 mètres 10 cent					
	1,55	5,70		1,37	7,15	
Eelen (Limbourg),	1,66	6,20		1,66	7,15	
station d'Eelen,	1,42	7,30		1,55	7,20	
par Maeseyck.	1,56	7,30		1,76	7,00	
Château de	1,60	7,00		1,30	14,40	Arbre
Sipernau,	1,50	7,20		1,50	7.15	abattu
propriété	1,00	7,20		1,47	7,00	
de M. le comte	1,77	7,10		1,66	7,20	
d'Alcantara.	1,81	14,40	Arbre	1,71	17,40	Arbre
	1,60	7,00	abattu	1,61	7,10	abattu
	1,41	7,10		1,45	7,50	
	1,50	7,00				

Le dessin montre ce que sont ces arbres dont l'un est à l'exposition d'Anvers, grâce à la générosité de son propriétaire.

Ces arbres étaient de première génération. On pouvait supposer qu'à la génération suivante, l'accroissement ne se

QUERCUS RUBRA. (chêne rouge) mesuré le 24 octobre 1884.

Circonf. à 1 m. du sol : 0,77 c. Hauteur totale de l'arbre : 15 m. 30 ; à la 1e branche : 5 m. 08 c.
Sol sablonneux. Planté en 1870.

Propriété de Mr le Comte d'ALCANTARA, à EELEN-MAESEYCK.

maintiendrait pas. En 1864, ils donnèrent les premiers glands; en 1870, les plants furent plantés en lignes avec des chênes ordinaires. Le 27 juin 1884, je les ai mesurés. Voici ce qu'ils ont produit :

Circonférence A 1 MÈTRE DU SOL	**Distance** ENTRE LES PLANTS	OBSERVATIONS
0,57 .	5,70	Les chênes du pays sont marqués par un astérisque (*) ; ceux d'Amérique, par un point (.)
0,76 .		
0,73 .	5,90	
0,70 .	5,70	
0,65 .	5,60	
0,57 .	5,50	
0,54 *	5,85	
0,48 *	5,70	
0,66 *	5,70	
0,68 .	5,70	
0,67 .	5,75	
0,68 *	5,70	
0,72 .	5,75	
0,62 .	5,80	
0,61 *	5,85	
0,63 *	5,75	
0,50 .	5,80	
0,53 *	5,75	

A la première et à la seconde génération l'accroissement est prodigieux, si l'on tient compte que les chênes ordinaires avaient plusieurs années de plus en pépinière.

Passons un instant chez le voisin.

Nous voici à Rothem, près du canal de Maestricht à Bois-le-Duc; c'était un chemin creux quand, en 1883, j'ai trouvé ces arbres; aujourd'hui c'est une route.

Au mois de juin 1884, j'ai mesuré ces arbres.

Voici les circonférences et les distances qui les séparent :

Circonférence à un mètre	Distances
1,74	8,30
1,46	8,00
1,50	8,04
1,86	8,00
1,46	»
1,38	»
1,37	»
1,40	»
1,10	»
1,53	»
1,60	»
1,41	»
0,92 Arbre malade.	»
1,15	»
1,20	»
1,43	»
1,33	»

La hauteur moyenne est de 20 mètres; leur valeur est de 25 à 30 francs, pièce.

Tous ces arbres ont été soumis à une opération chirurgicale sans nom, que l'on appelle improprement élagage, et que l'on désignerait plus justement sous le nom de massacre.

QUERCUS RUBRA. (chêne rouge) mesuré le 26 octobre 1884.

Hauteur totale: 12 m. 07 c. Circonf. à 1 m: 66 c. Sol sabloneux. Planté en 1870.

Propriété de M[r] le Comte d'ALCANTARA, à EELEN-MAESEYCK.

On a coupé, il y a dix ans, un arbre entre deux, à cause de l'état trop serré dans lequel ils se trouvaient. On pourra ainsi juger de leur accroissement probable avec un espacement convenable. Un Chêne rouge, à quelques pas de là, et planté en même temps à l'état isolé, mesurait 2^{m} 10, à 1 mètre du sol.

Entrons dans la province d'Anvers. Nous voilà au Mick, près de Brasschaet. Nous voyageons sur un sable blanc, pur, dans la propriété de Mr Jean Della Faille.

Arrêtons nous un instant dans l'endroit dit: « *La Plaine* ». Voici trois *Rubra* greffés, plantés en 1812. Ce sont les plus anciens qui restent. Le 26 mars 1884, je les ai mesurés. Ils ont à un mètre du sol: 2^{m} 50, 2^{m} 60 et 2^{m} 70 de circonférence et sont à l'état plus ou moins isolé.

Passons au « *Tallus* ». Voici un *Rubra* de 2^{m} 15; c'est lui qui en 1830 a donné les premiers glands.

Nous voici au « *Banc des Officiers* ».

Trois *Rubra* ont été plantés en 1835-1836. Mesurés le 26 mars 1885, ils avaient: 2^{m} 30, 1^{m} 86 et 2^{m} 25.

Examinons ce qu'ils deviennent en allées.

Nous arrivons à la « *Grande Drève* » ; elle est formée de quatre lignes d'arbres.

Les lignes sont séparées par une distance de neuf mètres et les arbres sont plantés à sept mètres les uns des autres.

A droite et à gauche, il se trouve deux taillis sous futaie composés de *Weymouth* et d'autres essences.

Cette *drève* a été plantée en 1840 et 1845.

Voici les circonférences de ces arbres, plantés sur un sol de la dernière qualité :

Taillis sous futaie.

1,18	1,55	1,42	1,33
1,33	1,46	1,26	1,35
1,08	1,32	1,40	1,00
1,18	1,25	1,43	1,40
1,08	1,50	1,32	1,36
1,34	1,55	1,50	1,38
1,40	1,26	1,58	1,03
1,05	1,50	1,43	1,28
1,45	1,64	1,75	1,34
1,20	1,68	1,50	

Taillis sous futaie.

Les autres, plantés en 1845, ont donné les circonférences suivantes :

Taillis sous futaie.

1,10	1,50	1,20	1,40
1,22	1,45	0,95	1,58
0,95	1,23	1,23	1,28
1,12	1,30	1,25	0,85
1,40	1,33	1,32	1,10
1,25	1,35	1,71	0,95
1,15	1,40	1,23	1,22
1,33	1,45	1,48	

Taillis sous futaie.

Les résultats sont les mêmes qu'à l'expérience précédente.

Mais quittons le Mick, un instant, et allons jusqu'au List, chez M[r] le Bon Van Havre.

Nous sommes près de Brasschaet, dans un sable pur, blanc et sec : C'est l'aridité.

Une drève a été plantée en 1833.

Elle se compose de quatre lignes. Aux deux côtés, un terrain nu et un taillis. Une distance de dix mètres sépare les lignes, une distance de dix mètres sépare les arbres; entre les Chênes d'Amérique sont placés des tilleuls.

Les arbres, mesurés le 27 mars 1884, ont donné les circonférences suivantes :

Terrain nu.					Taillis.
	1,90	1,62	1,67	1,83	
	1,90	1,57	1,67	1,32	
	1,43	1,60	1,90	1,55	
	1,72			1,72	

Nous avons dépassé la propriété de Mr Guyot, à Cappellen. Une *drève* conduit à la chaussée de Brasschaet.

Les arbres ont été plantés de 1840 à 1845.

Les derniers plantés sont près de la chaussée de Brasschaet; ce sont ceux-là que j'ai mesurés le 27 mars 1884, en prenant les lignes du milieu.

Les lignes sont espacées de 9 mètres et les arbres de huit mètres.

Voici les circonférences :

1,30	1,08	0,96	1,04
1,31	1,05	1,08	1,17
1,20	0,80	1,17	1,21

Cappellen repose sur un sable blanc, de dernière qualité.

Entrons, avant de quitter la Province d'Anvers, chez Mr Reusens, bourgmestre actuel.

Voici à quelques pas du château « *l'Allée obscure* ».

Cette allée porte bien son nom. Les arbres sont distants de six mètres et les lignes de trois mètres. Ils sont dans de mauvaises conditions pour leur développement normal.

Voici les circonférences des arbres :

1,03	1,22	1,20	1,71
1,16	1,35	1,30	1,51
1,43	1,45	1,22	1,30

En voilà assez pour la province d'Anvers. Les expériences faites démontrent suffisamment ce que l'on peut obtenir du Chêne rouge, planté isolément ou en allée et le parti que peuvent en tirer les propriétaires, pour les boisements des terrains de mauvaise qualité, pour les créations d'avenues ou les plantations des routes.

J'ai hâte de conduire le lecteur ailleurs, sur d'autres terrains de qualité médiocre.

Nous entrons dans le Brabant.

Lorsque l'on quitte la station de Sichem, près de Diest, on voit « *l'Abbaye d'Averbode* ».

Mesurons les arbres de la « *Grande Drève* » qui est au pied de l'Abbaye. Le sol est médiocre, formé de sable de qualité très-inférieure.

Cette allée a été plantée en 1858. Au-dessus de l'allée une prairie où il y a un peu de fraîcheur.

Les lignes et les arbres sont séparés d'une distance égale de six mètres. Voici leurs dimensions :

Sud-Est.			Nord.
0,70	0,65	0,66	0,90
0,95	1,03	0,63	1,00
0,80	0,80	0,79	0,67
0,55	0,80	0,83	0,90
0,72	0,83	0,69	0,82

Le plus grand des arbres, mesuré le 24 mars 1885, avait une hauteur de 17 mètres, 8 centimètres.

QUERCUS RUBRA. (chêne rouge) mesuré le 10 juillet 1884.

Hauteur à la 1e branche : 9 m. 60 c. Hauteur totale de l'arbre; 21 m. 10 c. Circonf. à 1 m. du sol : 1 m. 75 c.
Sol : sable un peu limoneux. Planté en 1850.

Propriété de Mr CASIMIR NYS, Château de HENEGAUWEN (Hasselt).

A titre de curiosité, entrons dans le Parc de Mr le Cte de Mérode, à Westerloo.

Voilà un *Rubra* planté en 1850; il mesure 1m 90 de circonférence!

Le lecteur a pu se rendre compte de l'accroissement du Chêne rouge, planté en allée ou isolément, sur les sables frais, sur les sables blancs et secs, et sur les sables intermédiaires.

Je vais le guider en pleine forêt, sur un sable limoneux.

L'accroissement des arbres est tellement considérable que j'ai dû prendre les renseignements à cinq ou six sources différentes pour être certain de ne pas commettre d'erreur.

Nous sommes à Henegauw, à 5 kilomètres de Hasselt, dans un bois appartenant à Mr Casimir Nys, de Hasselt.

Les arbres sont en pleine forêt, dans un taillis sous futaie, mélangés aux chênes ordinaires qui forment la réserve. Le chêne, l'aulne, le frêne et diverses esssences constituent ce bois.

Voici les circonférences de ces arbres plantés en 1852 et que j'ai mesurés le 17 décembre 1884:

1,43 ; 1,29 ; 0,94 ; 1,61 ; 1,80 ; 1,77 ;

L'accroissement des dernières années est surprenant.

Mr Djef Anten a dessiné l'un de ces arbres; la légende indique la hauteur moyenne des sujets.

Voici Stevoort, sur la même ligne.

Entrons chez Mr Palmers.

Un *Rubra*, planté en 1805, près du château, mesure 2m 92 de circonférence.

Revenons plus près de Hasselt, chez Mr Michel Nys, château de Runxt. Le sol est un sable limoneux toujours, mais un peu plus argileux. Voilà quatre Chênes d'Amérique, plantés en 1820, avec d'autres essences. Le Chêne rouge mesurait 2^{m} 35, le 1er décembre 1884.

On parlera des autres dans la description des espèces.

Si, quittant l'argile douce et le sable limoneux, on entre dans les terres fortes, on constate immédiatement une différence considérable dans les accroissements.

Ici, nous sommes chez Mr Cox, à Cortenbosch, près de Saint-Trond. La terre est très-argileuse. Dans le bois qui se trouve derrière la propriété, on remarque 4 Chênes rouges sur le bord du fossé; celui qui les planta, en 1828, vit encore.

Au mois de décembre 1884, je les ai mesurés.

Ils ont: 1,31; 1,25; 1,54; 1,13.

Le plus élevé, avait 24 mètres 70 centimètres de hauteur.

Nous voilà, maintenant, chez M^{e} la B^{onne} Charles Whetnall, au château de Nieuwenhoven, près de Saint-Trond. La terre est forte, argileuse. Le bois dit: « *Cracibosch* », est un taillis sous futaie où le chêne et le frêne forment les essences principales; 7 Chênes rouges figurent parmi les réserves. Ils ont été plantés en 1833.

Le 15 décembre 1884, j'ai mesuré leurs circonférences.

Les voici: 1,43; 1,45; 1,11; 1,30; 1,30; 1,53; 1,42.

La hauteur moyenne est de 22 mètres, 77 centimètres.

Mais assez d'expériences, sans doute, sur le sable et l'argile; passons un instant sur le calcaire, le schiste et le grés.

Nous arrivons à Ponthoz, chez M^{r} le Cte Joseph van der Straten. C'est le 15 mars 1884. Un forestier y est le bien venu, car il y est reçu par un véritable amant des arbres.

Le sol est calcaire, la couche de terre est peu profonde. On rencontre sur cette propriété, dans un rayon de deux à trois hectomètres, à la fois le calcaire, le schiste et le grés. Il est facile de se rendre compte de l'accroissement des arbres.

Les premiers glands des Chênes d'Amérique furent commandés à Paris, chez Mr Vilmorin, par Mr le Cte Joseph van der Straten, en 1840.

L'année suivante, Mr le Cte Auguste van der Straten, Ministre de Belgique, à Washington, envoya au château de Pontoz un tonneau de glands de différentes espèces, achetés à New-York. C'est là que nous allons retrouver tous les arbres qui en proviennent.

Les premiers ont été plantés en 1847.

Sur le calcaire, voici dans le Parc, plantés cette année-là, 2 *Rubra* de 0,96 et de 0,90 centimètres. Un peu plus loin, un massif de 20 sujets dont la circonférence moyenne est de 0,72 à 0,73 centimètres; plus loin encore, un autre massif de 57 arbres formant avec les essences indigènes un taillis sous futaie: la circonférence est de 0,60 à 0,65 centimètres. Mais arrive le schiste: les arbres atteignent des circonférences de 0,85 à 0,86 et de 0,72 centimètres.

Voilà le grès. Devant nous apparaissent de superbes allées.

C'est l'avenue du « *Tige Vert* », plantée pendant les années 1868, 1870 et 1871.

Les arbres ont une circonférence moyenne de 85 à 90 centimètres. Tout à côté, c'est l'avenue de « *Bande à Vervoz* », plantée en 1871. Les arbres ont une circonférence de 0,60 à 0,65 centimètres.

Les plantations de Chênes d'Amérique ont continué de 1847 à 1871, à Ponthoz.

Le lecteur me permettra de le conduire un instant en Famenne, près de Marche, chez M[r] le B[on] van der Straten. On est à Waillet, chez un amateur de forêts, qui fait de la sylviculture scientifique; il compte, chaque année, à jour fixe, le grossissement des arbres, il en tient note et un jour, on trouvera là des renseignements très-précieux sur l'accroissement des différentes espèces.

Le schiste est presque à jour, une faible couche de terre le recouvre.

Dans les plis de terrains, l'accroissement des Chênes rouges est considérable.

Près du château, j'ai mesuré le 24 février 1885, un Chêne de 1[m] 38, planté en 1847. Les arbres de Waillet ont été élevés à Ponthoz; c'est de là qu'ils sont venus, et leur âge est le même.

« *L'avenue Vanderstraten* » est créée dans la roche schisteuse.

Le terrain est en pente. La couche de terre végétale est insignifiante.

Des *Rubra* et des *Coccinea* la bordent; des deux côtés une zône de taillis sous futaie où le chêne ordinaire et le charme forment les essences principales.

Le 24 février 1885, j'ai mesuré les arbres de cette avenue, plantés en 1852. Leur circonférence est de: 0,67; 0,98; 0,80; 0,65; 0,70; 0,79; 0,78; 0,72; 0,64 centimètres.

Il me paraît inutile de citer d'autres exemples.

J'ai visité, partout où j'ai pu les rencontrer, les Chênes d'Amérique, et partout, les expériences ont confirmé ce que celles que je viens de faire connaître ont démontré.

Il en résulte que les Chênes d'Amérique, en général, et le Chêne rouge en particulier, sont des essences silicoles.

Le Chêne rouge demande une terre divisée, profonde; un certain degré de fraîcheur lui est favorable. Il pousse avec une prodigieuse activité dans les terres remuées; le sable limoneux est le terrain où il prend le plus fort accroissement.

Il vient mal dans les terrains fortement argileux, pousse activement dans les terrains schisteux qui ont de la profondeur et de la division et qui, dans ces conditions, possèdent toujours une certaine fraîcheur. Il croît médiocrement dans les sols calcaires, dans les grès en pente. Dans les grès, en plaine, où il y a un peu de fraîcheur toujours, il prospère mieux. C'est un arbre des plaines.

Si, en Amérique, le Chêne rouge atteint jusqu'à 27 mètres de hauteur et un mètre de diamètre, il arrive, sur notre sol, au moins aux mêmes dimensions.

Celui que j'ai mesuré à Hamal, près de Tongres, chez Mr le Cte de Grünne, le 13 février 1885, avait déjà 3 mètres 31 centimètres, à un mètre du sol. Il a un siècle seulement et ils ne sont pas rares les Chênes rouges d'un âge beaucoup moindre, mesurant 24 et 25 mètres de hauteur.

Le Chêne rouge a, dans certaines conditions et surtout dans les sables, ai-je dit, une croissance extraordinaire.

Il paraissait intéressant de le comparer à d'autres essences prises dans les mêmes sols, ayant les mêmes âges et réunissant les mêmes conditions.

J'ai fait, à ce sujet, de nombreuses expériences. Je ne puis les rapporter toutes; force est de m'en tenir aux principales.

Me voici sur le sable un peu limoneux, à Kermpt, à 6 1/2 kilomètres de Hasselt.

A côté de la route de Kermpt à Curange, au sortir du village de Kermpt, se trouve la propriété de Me Vilain XIIII.

Les Chênes rouges que l'on y rencontre ont été plantés en 1841 ; les arbres de la route datent de 1835.

Les ormes et les hêtres, qui sont des deux côtés de la route, dans l'endroit le meilleur, ont donné les circonférences suivantes, le 4 juillet 1884 :

Arbres de la route.

	Côté droit.			Côté gauche.			
Ormes	2,04;	Hêtres	1,51; Ormes	2,17;	Hêtres	1,31	Jardin
	2,17		1,60	1,67		1,31	haie en
	2,14		1,31	1,45		1,35	charme.

Ici, les champs des deux côtés.

	Côté gauche. De Kermpt à Curange.			Côté droit.		
Ormes	2,27;	Hêtres	1,61; Ormes	2,40;	Hêtres	1,60
	1,59		1,65	1,45		1,54
	1,40			2,16		1,41

Le Chêne rouge de la propriété a 1m 90 centimètres. J'ai fait figurer dans cette expérience les conditions dans lesquelles se trouvent les arbres, afin de montrer l'influence que peut avoir, au point de vue de l'accroissement des arbres, une haie vive de un mètre de hauteur.

La circonférence moyenne des hêtres est de 1,47, celle des ormes est de 1,77.

Les arbres de la route ont été plantés 6 ans avant les Chênes rouges.

Je retourne à Rothem, chez Mr de Moreau de Bellaing. Les Chênes rouges qui sont devant moi ont été plantés en allée, en 1850, le long d'un chemin creux. C'est le 27 juin 1884. Le sol est sablonneux et, à vingt mètres de là, passe le canal de

Maestricht à Bois-le-Duc. Il a été planté, en 1836, de Chênes ordinaires.

Voici les circonférences trouvées :

Chênes rouges.	Distance entre les arbres.	Chênes ordin[res] du canal.	Distance entre les arbres.
1,74	8 mètres.	0,80	de 6,50 et 10 mètres.
1,46		0,83	
1,50		0,79	
1,85		0,97	
1,46		0,93	
1,38		0,87	
1,37		1,30	
1,40		0,80	
1,10		0,80	
1,53		1,00	
1,60		0,80	
1,41		0,72	
0,92	arbre malade.	1,04	
1,15		0,82	
1,20		1,09	
1,43		1,06	
1,33		1,02	
		0,97	

Les Chênes d'Amérique ont une hauteur de 20 mètres ; leur valeur actuelle est de 25 à 30 francs, pièce.

Les chênes ordinaires du canal avaient une hauteur de 12 m. 80 centimètres et une valeur de 5 à 6 francs.

J'ai aussi comparé l'accroissement du Chêne rouge à celui du mélèze.

Le 24 mars 1884, au pied de « *l'Abbaye d'Averbode* », près de

Sichem, (Brabant), j'ai mesuré les arbres de l'allée, plantés en 1858.

Des mélèzes alternent avec des Chênes rouges. Le sol est sablonneux.

Voici le résultat de l'expérience :

Côté du Sud-Est.

1re ligne.		2e ligne.	
Chênes rouges.	Mélèzes.	Chênes rouges.	Mélèzes.
0,70	0,50	0,65	0,91
0,95	0,83	1,03	0,81
0,80	0,80	0,80	0,61
0,55	0,68	0,80	0,81
0,72	1,00	0,83	0,65
0,85	0,81	0,85	0,65

Côté du Nord.

3e ligne.		4e ligne.	
Chênes rouges.	Mélèzes.	Chênes rouges.	Mélèzes.
0,66	0,79	0,90	0,82
0,63	0,55	0,69	0,89
0,79	0,74	1,00	0,85
0,83	0,69	0,67	0,80
0,75	0,90	0,90	0,95
0,66	0,90	0,82	0,79
		0,75	0,62

La circonférence moyenne est de 0,77 centimètres pour les uns comme pour les autres, et la hauteur est égale; pour l'ensemble de toute l'avenue, les chênes ont une moyenne plus élevée.

J'ai aussi comparé l'accroissement du Chêne rouge à celui du Chêne indigène sur les sables secs et sur les sables frais.

Le 24 mars 1881, dans la propriété de Mr le Cte de Mérode-Westerloo, non loin de l'Abbaye d'Averbode, en lieu dit: « *Vrouwenklooster* », j'ai mesuré les arbres de l'allée, plantés en 1858. Ici, le sol est sablonneux et sec. Voici le résultat:

	Nord.		Sud-Ouest.		
	Chênes rouges.	Chênes ordinres.	Chênes rouges.	Chênes ordinres.	
Taillis de chênes ordinaires.	0,68	0,61	0,56	0,56	Taillis d'aulnes et au delà massif de sylvestre.
	0,71	0,59	0,64	0,59	
	0,75	0,58	0,43	0,43	
	0,72	0,59	0,45	0,55	
	0,55	0,57	0,58	0,49	
	0,66	0,55		0,53	
				0,53	

La circonférence moyenne des chênes ordinaires est de 0,55 centimètres; celle des Chênes rouges est de 0,61 centimètres.

La hauteur des Chênes rouges est considérablement plus grande.

Un peu plus loin, toujours dans la même allée, le terrain devient un peu humide.

Voici le résultat de l'expérience, faite le 24 mars 1884:

	Sud-Ouest.		Nord.		
	Chênes rouges.	Chênes ordinres.	Chênes rouges.	Chênes ordinres.	
Dégarnie.	0,65	0,59	0,52	0,47	Dégarnie.
	0,80	0,52	0,70	0,58	
	0,68	0,52	0,60	0,41	
	0,64	0,52	0,68	0,59	
	0,72	0,41	0,68		

La circonférence moyenne des Chênes d'Amérique est de 0,67 centimètres; celles des chênes ordinaires de 0,51 centimètres. La hauteur n'est plus comparable. J'ai mesuré un Chêne rouge de 14 mètres, 79 centimètres.

J'ai aussi comparé le Chêne rouge au Pin Sylvestre et au chêne ordinaire, au point de vue de l'accroissement: J'ai pris sur le bord de l'allée les pins sylvestres les plus forts et du même âge. Voici les circonférences:

Sylvestres.	Chênes rouges.	Chênes ordinaires.
0,43	0,68	0,43
0,43	0,49	0,43
0,40	0,67	0,39
0,51	0,54	
0,58		
0,44		
0,52		

La circonférence moyenne est: pour les Chênes rouges de de 0,59 centimètres, pour les Pins Sylvestres de 0,47 centimètres, et pour les Chênes ordinaires, de 0,41 centimètres.

J'ai encore comparé le Chêne rouge au Hêtre, sur un sable sec.

Voici les circonférences que j'ai trouvées dans l'allée en face de « *l'Abbaye d'Averbode* », plantée en 1858, le 24 février 1885.

Chênes rouges.	Hêtres.
0,59	0,73
0,73	0,70
0,71	0,69
0,63	0,49
0,68	0,72
0,71	0,65
0,62	0,72
0,65	0,54

La circonférence moyenne des Chênes rouges est de 66 1/2 centimètres et celles des Hêtres de 65 1/2. Les hauteurs des arbres sont égales.

J'ai donné cette expérience afin de pouvoir un jour constater les différences d'accroissement à un âge plus avancé.

Enfin, j'ai mesuré l'accroissement du Chêne rouge et celui du Pin du Lord Weymouth.

Le 26 mars 1885, au Mick, près de Brasschaet, (Anvers), j'ai mesuré des Chênes rouges et des Weymouth, plantés en allée en 1845. Voici leurs circonférences :

Chênes rouges.	Weymouth.
1,10	1,12
1,03	1,20
1,18	1,12
1,23	1,06
1,35	1,36
1,30	1,30
	1,33

Le sol est sablonneux.

La circonférence moyenne des Chênes rouges est de 1,20; celle de Weymouth de 1,21.

Il résulte de ces différentes expériences que l'accroissement du Chêne rouge est supérieur à presque toutes les essences sur tous les sols. Dans les sables frais son accroissement est extraordinaire; dans le sable limoneux, il est prodigieux.

Écorces

Le lecteur a vu plus haut l'appréciation de Michaux sur l'écorce du Chêne rouge; d'autres auteurs lui reconnaissent des qualités exceptionnelles.

Il y a de part et d'autre exagération.

J'ai fait les expériences suivantes :

1° Dans un taillis de cinq années de recroissance, à Eelen, près de Maeseyck, propriété de Mr le Cte d'Alcantara, sur le sable, j'ai coupé des rejets de Chênes rouges et de chênes ordinaires, de manière à être dans des conditions tout-à-fait identiques; le bois a été écorcé immédiatement, et l'écorce séchée à l'air libre, a été portée le 27 novembre 1884, au laboratoire agricole de Hasselt.

Voici le résultat du bulletin de Mr Mercier, Directeur:

Ecorce de chêne ordinaire recueillie le 26 août 1884, pesant à l'état vert 630 grammes, taillis de 5 ans. Le 3 janvier 1885, ces écorces pèsent 354 grammes et renferment 886 % de tannin.

Ecorce de chêne d'Amérique recueillie le 26 août 1884, pesant à l'état vert 630 grammes, taillis de 5 ans. Le 3 janvier 1885, ces écorces pèsent 330 grammes et renferment 6,117 % de tannin.

Le Directeur, (signé) MERCIER.

Une expérience ne suffisait pas. L'écorcement avait été fait trop tard.

J'ai fait ensuite l'expérience suivante:

Au mois de mars 1885, j'ai pris dans une pépinière de Mr de Moreau de Bellaing, à Eelen, sol sablonneux, des pieds de Chênes rouges et des pieds de chênes ordinaires, âgés de six ans.

Ils ont été écorcés à la vapeur. Mr Lecart, professeur à l'Université de Louvain, a fait l'analyse, qui a donné les résultats suivants:

Chêne ordinaire: Tannin, 7 %.
» Pouvoir calorifique: 3542 calories.

Chêne rouge: Tannin, 7 %.
» Pouvoir calorifique: 3746 calories.

Le même jour, j'ai pris des branches sur des arbres plantés en 1871, à Eelen, Maeseyck, chez Mr d'Alcantara; ils ont été écorcés à la vapeur.

L'analyse faite par Mr Lecart, a donné les résultats suivants:

Chêne rouge : Tannin, 6 %.

» Valeur calorifique: 3320 calories.

Chêne ordinaire : Tannin, 5 %.

» Pouvoir calorifique: 4480 calories.

Le 8 mai 1885, j'ai pris des branches de Chênes rouges et de chênes ordinaires, au château de Mombeeck, chez Mr de Donéa, plantés en 1852, en sol sable-limoneux. L'analyse, faite par Mr Lecart, a donné les résultats suivants:

Chêne rouge: Tannin, 6,8 %.

» Pouvoir calorifique: 3233 calories.

Chêne ordinaire: Tannin, 9,7 %.

» Pouvoir calorifique: 3247 calories.

Enfin, le 1er mai 1885, j'ai fait une expérience tout à fait décisive dans un taillis de Chênes rouges et de chênes ordinaires, soumis, depuis longtemps, au traitement du taillis.

Les deux dernières exploitations ont eu lieu en 1867 et en 1875.

Le taillis a donc 10 ans. Nous sommes au Ry de Morbeux, à peu près à la même côte que les hauteurs de Fays, sur la carte de l'état-major à la côte 350.

C'est sur le terrain Ardennais et le grès. L'écorcement a été fait sur place.

L'analyse faite par Mr Lecart, a donné les résultats suivants :

Chêne rouge. Extrémité des tiges : Tannin, 6,5 %.
» » pieds : » 6,9 %.
Chêne ordinaire. Extrémité des tiges : » 7,4 %.
» » pieds : » 10,5 %.

Confondant dans une même analyse les pieds et les tiges, on a obtenu ensuite le résultat suivant :

Chêne rouge. Tannin : 6,8 %.
» Pouvoir calorifique : 3054 calories.
Chêne ordinaire. Tannin : 10,5 %.
» Pouvoir calorifique : 3178 calories.

J'ai soumis aussi, au laboratoire agricole de Hasselt, une partie de l'écorce du Ry de Morbeux.

Voici le résultat de l'analyse, faite le 19 juin 1885 :

Ecorces de chêne ordinaire, provenant de Ry de Morbeux, propriété de Mr Armand Dresse.

Terrain Ardennais, taillis âgé de onze ans.

Poids de l'échantillon : 836,5 grammes.

Eau hygroscopique : 13,66 %.

Tannin : 11,46 %.

Ecorces de Chêne d'Amérique, *(Quercus Rubra)*, mêmes marques que ci-dessus.

Poids de l'échantillon : 970,6 grammes.

Eau hygroscopique : 12,95 %.

Tannin : 8,19 %.

Le Directeur du laboratoire,
(Signé) MERCIER.

Les titres constatés par ces deux analyses sont donc parfaitement concordants.

Il résulte de ces différentes expériences, faites avec une grande exactitude, sur des sujets dont l'âge était parfaitement connu et au moyen d'échantillons tous pris par moi sur place, que l'écorce du Chêne rouge est inférieure à celle du chêne ordinaire.

Les tanneurs qui achètent les écorces de Chênes d'Amérique, sans distinguer les espèces, sont assurés d'avoir de grands mécomptes. Ils payent, souvent, de 120 à 150 francs les mille kilogrammes d'écorce de Chênes d'Amérique, tandis qu'ils achètent à 80 ou 90 francs les écorces du chêne ordinaire.

Pour apprécier la valeur de l'écorce, ils font usage du pèse-tannin qui n'est, en somme, qu'un densimètre. L'instrument leur indique la densité, mais nullement la quantité de tannin, car il peut se trouver en abondance de l'acide gallique qui, au contraire, est anti-tannique. C'est ce qui arrive pour le châtaignier, par exemple. Les expériences ci-dessus donnent donc la *quantité* de tannin. Jusqu'à présent les tanneurs n'avaient fait aucune différence entre le Chêne rouge et le chêne ordinaire.

Le propriétaire et le marchand doivent savoir à quoi s'en tenir. J'ai tenu à faire des expériences complètes pour que l'écorce soit appréciée à sa valeur véritable suivant les sujets.

Reste cependant un point à déterminer et que j'établirai prochainement. C'est la valeur du tannin des deux espèces. Pour cela, des expériences en grand, dans les tanneries, sont nécessaires. Combien et en combien de temps un kilogramme de tan peut-il tanner de kilogrammes de peau et quel tan tanne le mieux ? Telle est la question posée et à résoudre.

Dans le Chêne rouge, l'épiderme est très-mince et le tissu cellulaire très-épais. Il se forme peu ou point de rhytidome.

Le tannin pourrait avoir une force astringente plus considérable chez l'un que chez l'autre. Tous les échantillons de bois soumis aux analyses ont été mesurés et pesés.

Rassemblant toutes les expériences, il en résulte que le mètre cube de bois de Chêne d'Amérique donne 32 1/2 kilogr. d'écorces tandis que le chêne ordinaire en donne 91 1/2 kilogr.; 50 kilogrammes 2/10 de bois de Chênes rouges, fraîchement écorcés, ont donné 8 kilogrammes d'écorces; 22 kilogr. 3/4 de chênes ordinaires, fraîchement écorcés ont donné 6 kilogr. 9/10.

L'expérience démontre encore, que chez les arbres d'une certaine dimension, l'écorce du chêne ordinaire renferme moins de tannin, le rhytidome se formant de bonne heure. Il en sera autrement chez le Chêne rouge, qui ne forme que peu de rhytidome, à un âge avancé. L'écorce dite, *grosse écorce*, comprenant celle des baliveaux, des modernes et surtout des anciens, aura une valeur égale à peu près dans les deux espèces.

Dans les sols sablonneux, le chêne ordinaire forme de très-bonne heure son rhytidome; le Chêne rouge y conserve son écorce lisse. La différence de la valeur de l'écorce sera donc moindre, *pour le taillis*, comme l'a démontré l'expérience faite sur des Chênes pris en pépinière ; pour les arbres proprement dits, l'écorce du Chêne rouge sera souvent égale, parfois supérieure. Ce point devrait être établi pour l'avenir.

De ces expériences résulte encore la question de savoir dans quels sols la culture du Chêne rouge est préférable à celle du chêne ordinaire. Dans les sols argileux, calcaires ou schisteux, sans profondeur, l'acroissement du chêne ordinaire est moindre, sans doute, mais l'écorce est plus riche en tannin.

Sur le grès, comme au Ry de Morbeux, la différence doit être faible. Il ne me paraît pas préférable, cependant, de substituer le Chêne rouge au chêne ordinaire. L'accroissement du taillis augmente à peu près dans la proportion de l'infériorité de l'écorce.

Le taillis de Chêne, au Ry de Morbeux, sur lequel ont été faites les expériences, a 10 ans.

Il est exploitable pour le Chêne d'Amérique, pour l'autre point. L'essartage a été pratiqué sans inconvénient sur l'un comme sur l'autre. Le taillis paraît peut-être un peu moins garni dans le fond de la cépée, chez le Chêne rouge. Les rejets, au lieu d'être *trainants,* comme dans le chêne ordinaire, sont *montants*, dans le Chêne rouge. J'ai compté 5, 7, 8, 15 rejets sur une cépée. Le taillis est bien formé. La sève est en mouvement 5 à 6 jours plustôt au printemps chez le Chêne rouge que chez le chêne ordinaire. La différence n'est pas suffisante pour empêcher l'exploitation mélangée des deux essences.

Chauffage

Les expériences ont demontré la valeur calorifique du Chêne rouge comparée à celle du Chêne indigène. La différence est faible, souvent presque nulle. Le Chêne rouge brule avec une flamme sensiblement plus claire. Il sera préféré pour certains usages spéciaux.

Bois d'œuvre

Je ne sais si le Chêne rouge modifie ses qualités sur le sol belge, mais il m'est impossible d'admettre l'opinion des auteurs et, en particulier, celle de MICHAUX. Je ne veux point prétendre que le Chêne rouge soit préférable à nos chênes ordinaires, mais s'il a des défauts, il a aussi des qualités et, pour certains usages, il aura toujours la préférence. Il est plus flexible. On a fait, à Hasselt, des arcs avec des Chênes rouges, provenant des bois de Herckenrode. Il se fend et se travaille facilement. Il servira particulièrement à la fabrication du merrain, et lorsque MICHAUX dit que c'est ce à quoi il sert, je crois qu'il sert à cet usage, précisément parce qu'il y convient le mieux.

L'ébénisterie en tirera grand profit pour la fabrication des meubles: il est doux au rabot et bien lustré. On se fonde, quelquefois, sur le toucher pour parler de la qualité: erreur profonde. S'il est doux au toucher, est-il moins dense pour cela? est il moins dur? Absolument pas.

Lorsque l'on examine à la loupe ou au microscope les couches du bois de Chêne rouge, on remarque combien est épaisse la couche des accroissements annuels. Or la texture du bois de chêne, d'après Mr MATHIEU et autres auteurs, *est d'autant meilleure sous le rapport de la force, de la ténacité et de la durée, que les couches annuelles sont plus développées.* On remarque encore combien la couche du bois de printemps, suivant Mr PARADE, *composée presque exclusivement de vaisseaux, présente un tissu lâche, peu résistant et plus accessible à la décomposition, tandis que le bois d'automne, essentiellement fibreux, constitue la masse solide du bois.*

« *Les chênes qui ont les couches annuelles épaisses,* dit Mr Mathieu, *présentent un bois compact, lourd et nerveux dans lequel la zône poreuse interne est à peine plus large que chez les précédents, où domine, au contraire, dans une proportion d'autant plus grande que les accroissements sont plus forts, le tissu fibreux ou les petits vaisseaux de la zône interne.* »

Mr Parade, ajoute :

« *Plus la croissance de l'arbre sera active, plus le sol et le climat seront propices, le traitement bien entendu et bien suivi, plus le grain du bois aura de qualité pour les emplois de la marine et des grandes constructions en général, et vice-versa.* »

Lorsque l'on examine attentivement, à la loupe ou au microscope le Chêne rouge sur notre sol et qu'on le compare au chêne ordinaire, on est bien loin de trouver les pores larges dont parle Michaux. Il paraît surtout s'être basé sur les usages auxquels on l'emploie.

J'ai poussé plus loin mes recherches. J'ai comparé le Chêne rouge coupé dans le pays à d'autres chênes de provenance exotique, au point de vue de la densité.

J'ai à cet effet fait scier et raboter des échantillons de 29 centimètres 7 millimètres de long, sur 7 1/2 centimètres de large, et 2 centimètres 3 millimètres d'épaisseur.

Voici les poids :

Chêne rouge, grandi à Eelen, (Limbourg), coupé depuis 15 ans, et en magasin . . . 391 grammes.

Chêne de Hongrie, depuis 2 ans en magasin, à Hasselt . . . . 379 »

Chênes du pays, depuis 3 ans en magasin . 377 »

Le 19 mars 1885, j'ai fait raboter et peser 4 échantillons dus à l'obligeance de Mr le Bon de Lamberts, à Munsterbilsen, aux dimensions ci-dessus.

Les arbres ont été coupés dans le même terrain.

Voici le résultat:

Planche d'un tronc de Chêne rouge, coupé en 1877 . . . . 379 grammes.

Planche d'un autre Chêne rouge plus jeune, coupé en 1877 . . . . 340 »

Planche d'une branche de Chêne rouge, coupé en 1877 . . . . 372 »

Planche d'un tronc de Chêne ordinaire, coupé en 1882 . . . . 365 »

Le 1er mars 1885, j'ai pesé 4 échantillons des mêmes dimensions, provenant de différentes sources:

Un échantillon de Chêne rouge, depuis 3 ans en magasin, provenant de Mr Moffart, (Limbourg). . . . 388 grammes.

Un échantillon de Chêne venant d'Amé-que, depuis 2 ans en magasin . . . . 358 »

Un échantillon de Chêne ordinaire de Diepenbeek, (Limb.), depuis 5 ans en magasin 341 »

Un échantillon de Chêne venant d'Amérique, dit Chêne noir depuis 2 ans en magasin. 375 »

J'estime qu'il faut en rabattre de toutes ces appréciations qui ne reposent point sur des expériences directes faites par des hommes compétents.

Parlant du Chêne rouge, Michaux dit: *Il est reconnu pour avoir de la force, mais comme susceptible de pourir*; *C'est* (parlant des Chênes) *le dernier qu'on emploie dans les constructions.* » Cela ne me paraît pas conciliable, au moins pour notre pays, et je me demande pourquoi le Chêne rouge, qui a des couches de bois d'automne si épaisses, serait sujet à la pourriture.

Mais enfin, c'est possible: c'est un point à vérifier avant de le placer sous eau. Cela ne diminuerait en rien les autres qualités.

Ou MICHAUX a exagéré singulièrement, ou il s'est placé à un point de vue spécial, ou le Chêne rouge se modifie sur notre sol, ce qui pourrait être vrai puisque le Weymouth perd bien ses qualités.

Le 23 juin 1884, j'ai visité, à Eelen, (Limbourg), une construction dans laquelle était entré un Chêne rouge coupé chez Mr d'Alcantara. Le menuisier Pouysack, qui a travaillé le bois, m'a remis un échantillon conservé. J'ai visité les portes et les fenêtres exposées à l'air libre, placées depuis 15 ans. Pas la moindre altération; l'on a fait des dents de herse du restant de l'arbre, et le bois a été trouvé très-dur.

Il est possible, qu'en terre ou sous eau, il soit plus sujet à pourir que le chêne ordinaire. Je n'ai pas expérimenté ce fait qui demande du temps, mais j'ai visité un plancher à Munsterbilsen fait depuis plusieurs années, je n'ai pas remarqué la moindre altération; cependant le bois n'avait pas grandi dans des conditions avantageuses au point de vue de la qualité du bois.

Les expériences auxquelles je me suis livré ne confirment pas l'appréciation de MICHAUX, FILS. Il se peut, je tiens à le répéter, que sur nos sables le Chêne rouge améliore son bois.

C'est là, je crois, qu'il a toutes ses qualités.

Cest un point qui devait être établi et que j'ai cherché à établir.

Je n'ai pas prétendu et je n'ai pas voulu prétendre que le Chêne rouge soit supérieur à notre chêne ordinaire. Je dis qu'il convient à des usages spéciaux mieux que le chêne ordinaire; qu'il vient après notre chêne rouvre et notre chêne pédonculé, parmi les essences précieuses; qu'il acquiert sur nos sables où il croît si activement, de la force, de la dureté, des qualités, enfin; que c'est une essence de grand avenir pour nos terrains sablonneux. Si, en Amérique, c'est le dernier des chênes, c'est *un chêne,* qui a de *la force* déjà là bas et qui tient ici le premier rang pour sa croissance.

Climat

J'ai vu croître le Chêne rouge en Belgique, depuis les Flandres, jusque chez M^r^ le Cte de Limburg, à St-Jean, (Les Tailles, Luxembourg), à 610 mètres au-dessus du niveau de la mer; depuis les hauteurs du Ry de Morbeux, (Trooz), province de Liége, à 325 mètres, jusqu'à Arbrefontaine, (Liége), à 453 mètres d'altitude. Partout, il résiste aux gelées.

En Amérique, il est un des arbres qui s'avance le plus au Nord.

Les feuilles apparaissent avec le développement des feuilles dans les derniers jours d'avril. Le 24 avril 1884, j'ai vu à Eelen, près de Maeseyck, des Chênes rouges en feuilles, quand les bourgeons des chênes ordinaires n'étaient pas ouverts. On peut compter une différence de 8 jours, qui suffirait, toutefois, pour leur faire subir l'influence des gelées printanières. Au Ry de Morbeux, je n'ai constaté aucunement l'influence de la gelée; il en a été ainsi à Eelen. Cependant, cette année, les plantes des Chênes rouges, ont paru plus sensibles dans les premières gelées du mois d'avril, sur les sols calcaires principalement, où leur végétation était plus active. Un abri, sans lui être nécessaire, lui est utile dans les premières années.

A tout âge, cet abri est salutaire. Mais ce qui est vrai pour le Chêne rouge est vrai pour les autres essences.

A Munsterbilsen, chez Mr le Bon de Lamberts, les premiers Chênes rouges plantés, formant limite de la propriété, quand la terre aujourd'hui boisée était déserte, ont eu une végétation moins active.

Au Mick, près de Brasschaet, les plantations de tous les Chênes d'Amérique ont réussi quand les premiers abris furent créés.

Le Chêne rouge, sans doute, se ressent du souffle des vents du Nord comme je l'ai remarqué dans les avenues et sur les routes, dans certaines conditions déterminées, mais il est dans ces conditions comme les autres essences qui s'accomodent mieux d'un léger abri.

Exploitabilité

L'exploitabilité est soumise à des conditions et à des causes locales. Elle est variable suivant les propriétaires et les usages auxquels on destine les arbres. La croissance des taillis est très-active et dès l'âge de 11 ans le propriétaire peut en tirer profit. Il sera avantageux, dans les sols sablonneux, où l'exploitation se fait à un âge peu avancé, de faire usage de l'écorce et de laisser atteindre au bois un âge convenable.

Je pense que l'âge de 15 ans conviendrait pour l'exploitation des taillis, comme chauffage et comme écorce : ce serait le moment de son exploitabilité commerciale. Celle des arbres paraît être vers l'âge de 100 à 125 ans.

Recommandations particulières

Je recommande tout particulièrement l'élagage rez-tronc des jeunes sujets. L'accroissement rapide de cet arbre commande un élagage utile partout, en forêt comme dans les avenues. La plante fléchit sous le poids de sa végétation luxuriante.

Il n'y a pas même de comparaison entre l'arbre élagué dans son jeune âge et celui qui n'a pas été soumis à cette opération. Il est nécessaire de renouveler l'élagage tous les ans ou tous les deux ans, jusqu'à ce que l'arbre ait une circonférence de 60 à 80 centimètres.

Nul arbre mieux que lui ne supporte cette opération.

Les jeunes arbres que le lecteur a trouvés dessinés en lisant ces pages, sont des sujets élagués. Si l'élagage, chez certaines essences, surtout chez celles dont la végétation est lente, produit un triste effet, le contraire a lieu pour le Chêne rouge dont on fait des arbres que l'on élève aussi haut que l'on veut en commençant dans le jeune âge et continuant intelligemment l'opération, d'année en année.

L'écorce est adhérente au bois ; les rejets ne naissent point le long du tronc comme dans la plupart des arbres ; l'écorce reste lisse et le tronc conserve toute sa beauté.

Les eaux croupissantes et les mares lui sont contraires. Au moyen de fossés il faut, autant que possible, maintenir les

QUERCUS RUBRA. (chêne rouge) mesuré le 1er juillet 1884.

Circonf. à 1 m. du sol : 0,49 c. Hauteur à la 1e branche : 3 m. 60 c. Hauteur totale : 11 m. 68 c.
Planté en 1871. Sol sablonneux.

EELEN, propriété de Mr le Comte d'ALCANTARA.

eaux d'hiver 0,50 ou à 0,60 centimètres en-dessous du niveau du sol.

Partout où il est placé, le Chêne rouge est un bel arbre que l'on admire et qui semble être venu pour féconder nos terrains de sables.

QUERCUS AMBIGUA (MICHAUX FILS)

Chêne Ambigua. — Chêne Gris. (Grey Oak.)

Tant de choses ont été écrites sur ce Chêne que le moment me paraît arrivé d'en faire le classement définitif.

Spach, entre autres, dans les *(suites à Buffon, histoire des végétaux phanérogames, volume 2, page 165)*, dit que Michaux Fils, a décrit le *Quercus Coccinea*, sous ce nom.

C'est une erreur profonde. Alphonse de Candolle, donne d'autres caractères à la variété qu'il crée du *Rubra*, sous le nom de « *Runcinata.* » Le docteur Koch est dans l'erreur lorsqu'il dit « *que le* Quercus Tinctoria Angulosa *et le* Sinuosa, *dont parle* Michaux, *dans son histoire des Chênes de l'Amérique du Nord, appartiennent au Rubra* ». Les erreurs proviennent d'une seule cause.

On l'a classé, au moyen de mauvais échantillons, pris sur des pieds n'ayant pas acquis tout leur développement ou croissant dans des situations exceptionnelles.

La confusion n'est plus possible lorsque l'on a devant soi, au lieu des échantillons, les sujets mêmes, d'un âge convenable,

se trouvant dans des conditions identiques et permettant aux différents organes un égal développement.

Les arbres qui m'ont servi à déterminer les deux espèces et à confirmer complètement ce qu'avait avancé MICHAUX FILS, dans son *Histoire des arbres de l'Amérique Septentrionale*, sont au Mick, près d'Anvers, chez Mr Della Faille, en lieu dit: « *Le Talus*. »

Ces arbres sont âgés de 55 ans; ils proviennent des sujets plantés en 1812 et greffés. Mr le Bon Stier d'Artselaer, rapporta les greffes d'Amérique, après l'émigration.

Les caractères sont constants, immuables. Il n'est pas possible de les confondre. Assez bien défini par MICHAUX FILS, l'*Ambigu* peut l'être d'une façon bien plus précise encore.

Si, dans les jeunes sujets, les feuilles ont beaucoup de ressemblance avec celles du Chêne rouge, dans les arbres plus âgés au contraire, il y a des différences très-grandes qui le font facilement reconnaître. Les fruits diffèrent absolument et le bois, surtout, a des propriétés si distinctes que le moindre menuisier ne s'y tromperait point.

Le nom de *Chêne Ambigu* a été donné par MICHAUX FILS, parceque les glands ressemblent assez à ceux du *Coccinea*, tandis que les feuilles offrent une très-grande ressemblance avec celles du *Quercus Rubra*.

Pourquoi ne pas lui conserver le nom de Chêne gris comme les Américains?

C'est celui que je lui donnerai tout en laissant le nom latin d'*Ambigua* créé par MICHAUX FILS. C'est à lui que revient l'honneur de la détermination, car avant lui, botanistes et autres, l'avaient confondu avec le *Quercus Rubra*.

Les bourgeons, les feuilles et les fruits que contient la planche qui accompagne le livre ont été choisis par moi, au Mick, près d'Anvers, le 14 juin 1885. J'ai placé les bourgeons et les fruits naissants à côté des fruits arrivés à maturité.

Le Chêne gris a les feuilles sinuées, lisses au-dessus et en-dessous, les lobes à angles droits, dentés-subulés comme chez le Rubra, profonds; épiderme glabre, le limbe est aigu à sa naissance et se confond dans le pétiole; fruit de grosseur moyenne, subsessile; cupule turbinée, conique à la base, à écailles ovales, enveloppant le gland jusqu'au tiers et parfois jusqu'à la moitié de la hauteur; fruits tombant 15 jours avant ceux du Rubra.

Bien que dans le jeune âge le Chêne gris ait des lobes plus profonds et à angles plus droits que le Chêne rouge, le limbe cependant, à sa naissance, diffère fort peu et se confond en pointe aigue avec le pétiole. Chez les adultes, au contraire, le Chêne rouge a des feuilles très-caractéristiques: à la naissance du limbe, la feuille possède déjà la largeur qu'elle aura à la naissance du tiers supérieur.

Chez l'*Ambigua,* le limbe se confond en pointe aigue dans le pétiole, à tout âge de l'arbre.

Le Chêne gris conserve une écorce plus lisse, plus grisâtre, plus semblable à celle du Hêtre, et le rhytidome se forme plus tard que chez le *Rubra*. La feuille est aussi d'un vert un peu plus sombre.

Il est très important que ces deux espèces ne soient point confondues, parceque, à mon avis, elles ont des propriétés complètement distinctes.

Examinant au microscope deux échantillons de Chêne rouge et de Chêne gris, on constate une grande différence. La trame est plus serrée chez le Chêne gris et, contrairement à ce que l'on pourrait penser, la coloration du Chêne rouge est moins accentuée: le rouge est plus terne. Le bois, rouge encore, paraît avec une teinte grisâtre.

Si le bois du Chêne gris est plus rouge, il est encore plus agréablement lustré, plus dur. Le Chêne rouge, plus tendre, est plus doux au rabot. La densité est loin d'être égale. Le Chêne gris est beaucoup plus dense.

Deux échantillons pris sur deux branches, de grosseur égale, travaillés et pesés le même jour, ont donné:

Chêne rouge: 367 grammes.
» gris: 380 »

Les échantillons avaient 342 millimètres × 53 × 22.

La densité étant en proportion directe avec la puissance calorifique, le Chêne gris devait être meilleur bois de chauffage.

L'analyse, faite par Mr Lecart, l'a prouvé en donnant:

Chêne gris: 3100 calories.
» rouge: 2958 »

Le tannin aussi est plus abondant. L'analyse faite par Mr Lecart, l'a prouvé.

L'écorce des branches a donné:

Chêne gris: 6,9 %.
» rouge: 5 %.

Le Chêne gris a donc une très-bonne écorce, de qualité beaucoup supérieure à celle du Chêne rouge, car si l'on rapproche ce que l'écorce des branches du chêne ordinaire a produit, il reste acquis que le Chêne gris a une écorce peut-être supérieure à celle du chêne ordinaire, pour les troncs des arbres. MICHAUX, FILS, dit que de tous les Chênes d'Amérique c'est celui qui s'avance le plus au Nord, où il s'élève moins.

Il ajoute que sur les rives du St-Laurent, entre Quebec et la Malbaie, latitude 47°,50', les glands mettent trois ou quatre ans pour arriver à maturité.

Notre climat lui est, sans doute, plus favorable car il fructifie tous les ans au Mick. Tout porte à croire qu'il est dans notre pays dans des conditions très-favorables à son développement.

J'engage donc les pépiniéristes à faire recueillir les glands de ces deux espèces, séparément, afin de pouvoir livrer aux particuliers les espèces qu'ils commanderont. N'est-il pas triste de ne pouvoir obtenir, soit du Chêne rouvre, soit du Chêne pédonculé, chez nos pépiniéristes? La même chose arrivera avec le Chêne rouge et le Chêne gris et c'est pour cela que je mets les acheteurs au courant. Les pépiniéristes sauront ainsi se procurer des Chênes gris dans l'avenir.

MICHAUX, peu enthousiaste du Chêne rouge, se montre un peu moins sévère pour le Chêne gris.

Je lui opposerai les mêmes raisons et je le citerai pour le réfuter.

« *Le bois du* Quercus Ambigua *offre absolument la même nature que celui des autres espèces de chênes dits* Rouges; *le grain en est grossier et les pores en sont entièrement vides, ce qui ne le rend propre qu'à en faire des caisses ou des tonneaux destinés à contenir des marchandises sèches.* »

« *Mais dans les contrées où il croît, le bois de chêne étant assez rare, on recherche celui des espèces les plus médiocres et qui sont les moins appréciées. Dans les pays situés au midi, on le préfère à ceux de Bouleau, de Hêtre, de Pins, c'est pour cela que dans ces contrées, on emploie le bois de Chêne gris pour genoux dans les constructions des vaisseaux. Pour le charronnage, on le regarde comme bien supérieur*

QUERCUS RUBRA (Chêne rouge).

pour les usages à celui du vrai Chêne rouge parce qu'il est plus fort et plus durable. »

« *Tels sont,* ajoute-t-il, *les renseignements que j'ai été à même de recueillir sur cette espèce de chêne, tant à Halifax que dans le district du Maine. Elle tombe dans la classe de celle qui, sous le rapport de leur utilité ne peuvent intéresser ni les Européens, ni même les habitants des contrées où elle croît, parceque ces contrées produisent des bois bien préférables comme le* Quercus Alba, *le* Quercus Bicolor *et le* Quercus Prinus Monticola. »

Si le Chêne gris était assez rare à l'époque où MICHAUX visita l'Amérique du Nord, il doit être à peu près introuvable. C'est peut-être la raison pour laquelle les botanistes modernes n'en font pas mention et pensent que MICHAUX FILS a confondu. Si les Américains ont suivi le conseil de MICHAUX, tant pis pour eux. Je doute fort que le *Quercus Prinus Bicolor*, le *Quercus Alba* et le *Quercus Prinus Monticola,* aient rendu au 47° 50' les services du Chêne gris.

J'ai fait déjà connaître, à propos du Chêne rouge, comment se sont réalisées les prévisions de MICHAUX. Il en sera de même pour l'*Ambigua*. Déjà, en Amérique, supérieur au Chêne rouge, il le sera encore sous notre climat. L'*Ambigua* viendra immédiatement après notre Chêne ordinaire pour tous les usages. En Amérique il est employé pour les roues de voitures et les constructions civiles avec le Chêne blanc.

Il servira aux mêmes usages que notre Chêne indigène: l'ébénisterie, la tonnellerie, la menuiserie et la tannerie en tireront grand profit.

Les caractères d'un arbre se modifient par la naturalisation. MICHAUX s'est trompé pour le Chêne rouge, car il prospère activement sur nos sables et il y acquiert des qualités.

N'arrive-t-il pas la même chose pour le *Juglans*, principalement pour le *Juglans Tomentosa*, l'*Hickery*, en américain, que nos métiers appellent « *Licori* »? Le dernier carrossier venu ne sait-il pas que, sur notre sol, il est beaucoup plus dense?

Il en est de même pour les Chênes. Et les métiers qui font venir d'Amérique des chênes sciés, pensant avoir des qualités supérieures, versent dans une erreur complète.

Il faut faire des expériences directes pour s'en convaincre.

Le Chêne gris paraît avoir un accroissement moins considérable.

De trois arbres mesurés au Mick et plantés en même temps, l'*Ambigua* avait le 14 juin 1885, 1 mètre 58 centimètres de circonférence, et les *Rubra* 1 mètre 85 centimètres et 2 mètres 08 centimètres.

Ce fait isolé n'est pas suffisant, sans doute, pour conclure, mais d'autres expériences auxquelles je me suis livré ont donné des résultats qui, sans être aussi concluants, suffisent, cependant, pour pouvoir l'affirmer.

Il vient dans les mêmes sols et demande les mêmes soins que le Chêne rouge.

C'est une essence à propager et à ne pas confondre; elle est à recommander surtout pour les altitudes élevées et pour les endroits fortement exposés aux influences des gelées intenses.

QUERCUS PALUSTRIS. (chene de marais).
Propriété de M. STELLINGWERFF, à Lummen.
Age : Planté en 1829. Circonf. à 1 m. du sol : 2 m. 40 c. Hauteur : 25 m. 32 c.
Nature du terrain : Sable ferrugineux. Mesure le 10 juin 1884.

QUERCUS PALUSTRIS. (DU ROI)

CHÊNES DES MARAIS. — CHÊNES A ÉPINGLES. — (PINE OAK.)

Cette espèce n'est pas contestée. DU ROI l'a décrite en 1772 dans son *Horbkwil Baumx.*

MARSHAL, en 1785, dans ses « *Arbres de l'Amérique* » l'a décrite aussi, sous le nom de « *Rubra ramosissima.* »

En 1783, LAMARK, dans son « *Dictionnaire* », en parle sous le nom de *Rubra dissecta.*

ALPH. DE CANDOLE dans son « *Prodrôme* » lui conserve le nom de *Palustris;* les autres auteurs font de même.

Le nom de Chêne de Marais, *(Quercus Palustris)* donné par DU ROI est resté.

Aux États-Unis, on lui donne le nom de *Pine Oak,* ce qui veut dire Chêne à Épingles; dans certaines contrées de l'Amérique du Nord, on le désigne sous le nom de *Swamp Spanist Oak,* Chêne d'Espagne des Marais.

En Belgique, ce Chêne est connu sous le nom de « *Chêne Turc, Chêne Espagnol* », dénominations qui paraissent avoir été apportées par les propriétaires à leur retour d'Amérique ou qui sont arrivées chez les gardes par la lecture du livre de MICHAUX fils. Le nom de Pine Oak, des Américains, est assez juste.

Les branches sont, en effet mêlées entre elles dans la cîme, des jeunes sujets surtout, comme des épingles dans une pelotte. Les branches inférieures sont, dans le jeune âge, dures et fines. On peut donc lui conserver son nom de Chêne des Marais, terme qui le désignera toujours très-clairement. D'autres Chênes d'Amérique, cependant, viennent aussi très-activement dans les Marais et le nom de Chêne à Épingles le désignerait tout particulièrement. Il est bon, dans le langage habituel, toutefois, de donner les noms véritables: celui de Chêne des Marais, dès lors, paraît devoir être adopté; c'est celui dont je me servirai.

Le Chêne des Marais a été introduit en Belgique vers 1785.

Chez le Quercus Palustris, les rameaux jeunes, sont glabrescents; les feuilles longuement pétiolées, à base obtuse ou aigue, elliptiques ou oblongues, profondément lobées, pinnatifides; lobes ovales, aigus ou acuminés, celui du sommet et les latéraux dentés, subulés, les jeunes couverts d'un duvet caduc, les autres glabres, verts; fruits solitaires, ou géminés, petits ovoïdes, ellipsoïdes, entourés à la base d'une cupule très-unie finissant dans un pédoncule, couvert d'écailles apprimées, ovales et glabrescentes.

La feuille, en automne, se colore d'un beau rouge, couleur carmin; au printemps, aux aisselles de la nervure médiane on distingue de gros paquets de poils. Elle est rude au toucher, très-mince, très-coriace et comme translucide. Ces derniers caractères permettront de ne pas la confondre avec celles des Rubra, des Coccinéa, des Tinctoria, qui sont beaucoup plus grandes et les deux dernières mates et comme vernissées.

Au premier printemps, la feuille paraît sensiblement la

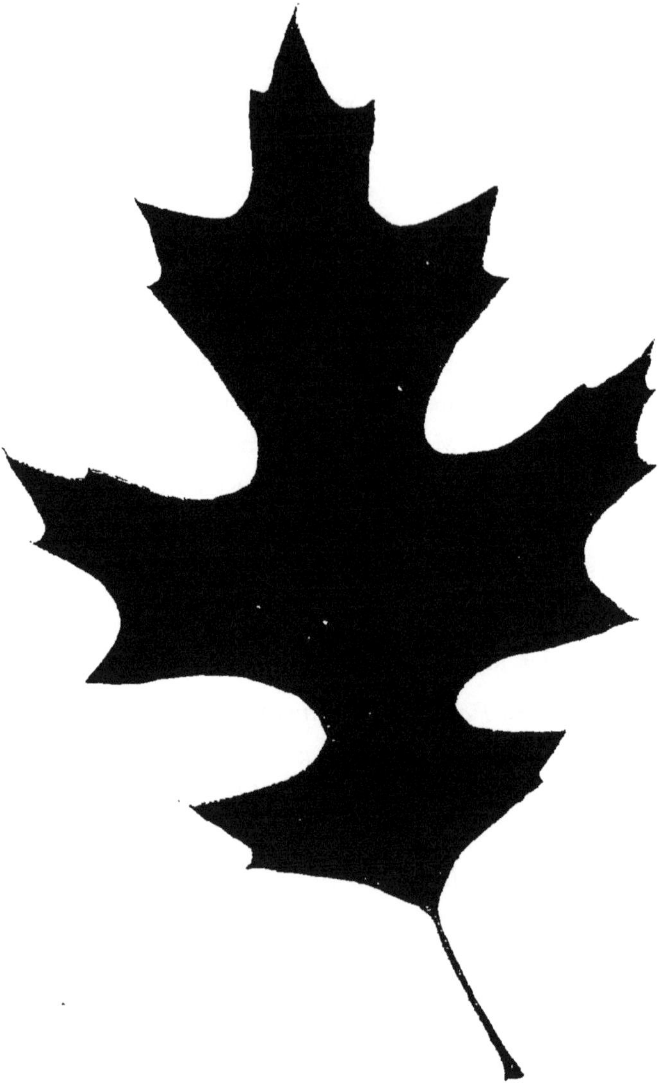

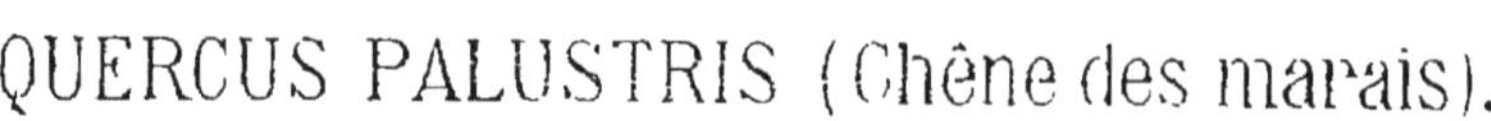

QUERCUS PALUSTRIS (Chêne des marais).

M. CEYSENS, Hasselt — reproduction [illegible] feuilles [illegible]

même que celle du *Coccinéa,* sauf les particularités que je viens d'énumérer, mais au fur et à mesure de leurs développements, la dissemblance s'accentue, la feuille du *Coccinéa* prend une teinte jaunâtre, sous le vert foncé et atteint de grandes proportions; chez le *Palustris,* la feuille reste très-verte, glabre, très-rude au toucher.

Bien des choses ont été écrites sur cet arbre. MICHAUX parle bien de son élévation, mais nullement de sa croissance et les auteurs, venus après lui, ne parlent guère des qualités de son bois.

C'est donc une essence nouvelle en quelque sorte.

En classant les Chênes d'Amérique au point de vue de leur importance, j'ai mis le Chêne des Marais au troisième rang; peut-être aurait-il dû occuper le premier. Le chêne rouge et le chêne ambigu semblent devoir servir à des usages plus nombreux et plus se multiplier : C'est l'unique raison de l'ordre de leur description.

En effet, le Chêne des Marais est appelé à un grand avenir sur notre sol. Son bois, comme celui du chêne rouge, a été apprécié de différentes manières.

Si MICHAUX a pu faire autorité pour certaines essences, s'il s'est trompé dans ses prévisions de naturalisation, il a eu au moins la réserve de ne pas demander l'introduction dans nos forêts ou l'exclusion de nos bois du Chêne des Marais.

En parlant des qualités de ce bois, voici ce qu'il dit:

« *L'écorce qui couvre le tronc, même dans les plus vieux arbres est à peine fendillée et composée presque entièrement d'un tissu cellulaire très-épais. Le bois est rougeâtre, d'une texture très-grossière et les pores en sont entièrement vides, et d'une capicité même plus grande que ceux du Quercus Coccinéa et du Quercus Rubra* ».

« *Comme celui de ces deux espèces, il est très-peu estimé sous le rapport de la durée quoique, cependant, on lui ait reconnu plus de force et de ténacité. Voilà pourquoi on s'en sert depuis quelque temps, pour faire des arbres de moulins, lorsqu'on ne peut se procurer des Chênes blancs d'assez forte dimension* ».

« *On le débite aussi quelques fois en merrain dit de Chêne rouge, mais cela arrive rarement, car cet arbre est très-peu abondant, comparativement au Chêne écarlate, au Chêne rouge et au Chêne noir* ».

Michaux connaissait très-peu le Chêne des Marais. Il connaissait un pied de sept mètres dans le jardin d'un amateur près d'Anvers à l'époque de la publication de son ouvrage sur les arbres de l'Amérique septentrionale; le Chêne des Marais venait seulement alors de faire son apparition en France, il était peu abondant où il l'a rencontré.

On me permettra de rencontrer une contradiction dans le langage de Michaux fils.

« *Il est très-peu estimé sous le rapport de la force et de la durée et on lui reconnaît plus de force et plus de ténacité qu'au Rubra et à l'Ambigua, et on s'en sert depuis quelques temps pour faire des arbres de moulins !!!* »

Cela n'est guère conciliable.

L'administration des forêts françaises l'apprécie autrement dans le *Catalogue du Domaine des Barres* pour l'exposition universelle de 1878.

Elle s'exprime ainsi : « *Son bois est de bonne qualité; il est dur et tenace, propre aux constructions, mais non à la confection du merrain. Cet arbre serait une bonne acquisition pour des forêts basses et à sol humide, où avec quelques soins il pourrait peut-être se reproduire naturellement* ».

QUERCUS PALUSTRIS (Chêne des marais).

Je n'étais pas en possession de l'ouvrage de MICHAUX quand j'ai commencé l'étude de cet arbre. Une petite observation m'avait frappé. Le Chêne des Marais a une feuille extrêmement coriace; il est difficile de la déchirer. Il élève une flèche très-mince qui résiste à tout: pour cela il faut une dureté et une ténacité extraordinaires. J'ai donc fait monter les ouvriers sur les arbres; la coupe de ces branches était si difficile qu'au château de Mombeeck, près de Hasselt, chez Mr de Donea-Van Nes, le garde me les a désignés sous le nom Wallon « *d'Ab di fier, (arbre de fer)* ». C'est bien son nom, et si on ne désignait pas par le nom de Chêne des Marais notre Palustris, on pourrait l'appeler : « *l'arbre de fer.* » Cela ne suffisait pas.

J'ai alors demandé l'exploitation d'un Chêne des Marais de l'âge de 50 à 60 ans au Mick, près d'Anvers.

Mr Jean Della Faille l'a fait abattre et je l'ai soumis aux métiers. Je ne crains pas d'affirmer que le Chêne des Marais, au moins sur nos sols sablonneux, est d'une dureté extraordinaire et d'une rare ténacité. Je lui constate des qualités exceptionnelles et je le range parmi nos meilleurs Chênes. Son bois, comme le faisait supposer l'organisation de sa feuille, est très-coriace; les lamelles les plus minces sont très-résistantes, très-fibreuses, très-coriaces; coupé fraîchement, son bois parfait paraît noir à côté de l'aubier très-blanc.

Lorsqu'il est scié depuis quelques jours, son bois gris est du plus joli effet; il est plus dur au rabot que le Chêne ordinaire, mais il a un beau poli et il est agréablement et finement lustré. Le bois a de la force, du nerf, et il travaille assez fortement. Il est propre à la construction et à tous les ouvrages qui demandent de la solidité. Si, en Amérique, il servait déjà à faire des arbres de moulins, à plus forte raison, dans notre pays, il conviendra à cet usage. Dans certains terrains il a une couche d'aubier assez considérable, mais dans le sol sablonneux cette couche, moins grande, ne dépasse guère celle des Chênes ordinaires. Il est tellement dur, qu'il se fend avec beaucoup de difficulté et sert peu pour le merrain.

Comme le Chêne rouge, il demande les terres légères, profondes et surtout fraîches, bien que les sables secs ne lui soient pas absolument contraires. Cet arbre atteint en Amérique jusqu'à 27 mètres de hauteur. Il s'élèvera plus haut encore sur notre sol.

Voici un Chêne des Marais planté en 1801 à Vogelsanck, Zolder, Limbourg, chez M[r] le baron de Villenfagne. Il mesurait le 9 novembre 1884, 2 mètres 31 centimètres de circonférence et 22 mètres 38 centimètres de hauteur; il est greffé.

Les auteurs qui ont donné au tronc une épaisseur de 1 mètre à 1 mètre 30 centimètres n'ont pas exagéré. Le Chêne des Marais de Vogelsanck est un des plus anciens qui existent sur notre sol. Il n'est pas le plus élevé ni le plus gros.

J'ai hâte de montrer cet arbre sur tous les terrains.

Voici Lummen (Limbourg). Le sol est un sable-ferrugineux, assez frais. Dans la propriété de Mr Stellingwerff, on voit derrière le château, un Chêne des Marais planté en 1829. Il est de toute beauté. Le 10 juin 1884 je l'ai mesuré. Mr Djef Anten l'a dessiné; il avait 2 mètres 40 centimètres de circonférence et plus de 20 mètres de hauteur.

Ici c'est le château de Lasengrie, commune de Munsterbilsen, appartenant à M[r] le baron de Lamberts. Voici un massif de Chênes des Marais et d'autres essences plantés en 1853.

Les Chênes des Marais ont 1,20; 1,20; 1,14 et 1,52. Le sol est sablonneux assez frais. J'en ai mesuré un de 22 mètres 49 centimètres de hauteur.

Plus loin, c'est Eelen près de Maeseyck, (Limbourg). Sur la pelouse près du château, un Chêne des Marais a été planté en 1839, il mesurait 2 mètres 05 centimètres de circonférence le 31 mars 1885.

Voilà un autre planté en massif en 1839; il mesurait, le même jour, 1 mètre 50 centimètres de circonférence. Le sol est sablonneux, assez frais.

Là bas, près de Brasschaet (Anvers) c'est le Mick. Le sol est un sable blanc. Dans *Le Talus,* propriété de Mr Della Faille, se trouvent deux Chênes des Marais, plantés en 1836. Le 17 mars 1885 je les ai mesurés. Ils avaient 1,45 et 1,30 de circonférence. Tout près, c'est Brasschaet, même sol, mais un peu plus frais. J'ai mesuré le 27 mars chez Mr Reusens lieu dit: « *La glacière* » un Chêne des Marais de 1 mètre 98 centimètres, planté en 1822.

Je retourne dans le Limbourg. C'est à Herck-la-Ville. Le sol est un sable limoneux. On est chez Mr de Pierpont-Vandenhove, devant toute une collection de Chênes d'Amérique plantés en 1812. Un Chêne des Marais est seul; d'autres essences sont plus rapprochées les unes des autres. Le 15 avril 1885 je l'ai mesuré: sa circonférence était de 2 mètres 60 centimètres et sa hauteur de 26 mètres 26 centimètres. Mr Anten l'a dessiné le même jour. Il est greffé et c'est encore un des plus beaux arbres que l'on puisse rêver! On lui a conservé à peu près toutes ses branches pendantes presque jusqu'à terre, et son fût élevé. Tel il devait être dans les forêts vierges de l'Amérique. Ceux qui plantent le Chêne des Marais dans le sol qui convient pourront voir ce que devient cet arbre portant avec lui la force, la grâce et la beauté.

Tout à côté, en lieu dit : *Peerdsweide,* voici une ligne de Chênes des Marais plantés en 1847.

Le 15 avril 1885, je les ai mesurés. Voici leurs circonférences. 1,40; 1,10 ; 1,25 ; 1,20 ; 1,10 : Voici Kermpt, près de Hasselt, un Chêne des Marais a été planté en 1841, chez Me Vilain XIIII. Le 2 juillet 1884 il mesurait 1 mètre 60 centimètres de circonférence.

Voilà Zeelhem, près de Diest. Là, est le château de Mont-St-Jean, près de Diest, appartenant à Mr Thibaut; la terre est forte, argilleuse, et le terrain est en pente; le Chêne des Marais perd toute sa grâce, toute sa beauté et son accroissement est tellement inférieur, qu'il faut connaître les exigences de l'arbre, pour pouvoir s'expliquer une telle différence.

Le 18 juin 1885, j'ai mesuré les Chênes des Marais qui s'y trouvent. Ils ont été plantés en 1840 et mesurent 1,05 et 1,10.

Voici une terre moins forte, argileuse encore cependant, mais avec plus d'humidité et sans pente. C'est le château de Wideux, à 3 kilomètres de Hasselt, appartenant à M[r] le Comte de Brigode. Il y a là un massif de Chênes des Marais et autres, plantés en 1839; ils mesurent 1,52; 1,42; 1,60, 1,30; 1,25; 1,32. La moyenne est de 1,40.

Voici près de Hasselt, sur la route de Hasselt à Tongres, la maison de campagne de Mr Nys-Van Hese, lieu dit: « *Petite Hollande* » près du hameau : « *l'Enfer* », encore un Chêne des Marais.

Il a été planté en 1850. Ce sol est un sable limoneux.

QUERCUS PALUSTRIS. (chêne des marais) mesuré le 15 avril 1885.
Circonf. 2 m. 60. Hauteur 26 m. 26. Sol : sabloneux. Planté en 1809.
Propriété de Mr DE PIERPONT-VANDEN HOVE, à HERCK-LA-VILLE.

Je l'ai mesuré le 20 juin 1884. Il avait 1 mètre 50 centimètres de circonférence.

Voici encore sur la route de Hasselt à Maestricht en allant à Bockryck, 3 Chênes des Marais plantés en 1852, dans un terrain appartenant à M. Vanvinckeroy. Le 10 décembre 1884 je les ai mesurés, ils avaient : 1,20; 0,92; et 1,20 de circonférence.

Je vois là-bas, à Runxt, près de Hasselt, le château de Mr Michel Nys, sur le sable limoneux.

En 1820, on a planté un Chêne des Marais au milieu d'autres essences. Le 4 décembre 1884 je l'ai mesuré: il avait une circonférence de 2 mètres 05 centimètres et une hauteur de 24 mètres. Le dessin représente cet arbre de toute beauté et qui serait plus beau encore si les Hêtres qui l'entourent pouvaient disparaître. Il n'y faut pas songer !

Toutes ces expériences et tant d'autres que je passe, montrent l'accroissement de ces arbres sur les sols sablonneux, marécageux et sur les terrains secs.

Il s'agit cependant de comparer cet accroissement à celui des autres essences.

J'ai montré celui du Chêne rouge en le comparant à celui des arbres de la route de Kermpt à Curange.

Le Chêne rouge avait 1 mètre 90; celui-ci, planté en même temps, avait 1 mètre 60 centimètres, les Hêtres 1 mètre 47 centimètres, les ormes 1 mètre 77 centimètres.

Voici, à côté, des Chênes ordinaires. Les arbres ci-dessous sont à Munsterbilsen, château de Lasengrie chez Mr le Baron de Lamberts, en lieu dit: « *Dieperstieg* ».

Ils ont été plantés en 1846. En 1849 la création d'une avenue a nécessité leur déplacement. Ils ont été plantés en pleine forêt, sur un sable qui n'est nullement frais et comme bordure d'un chemin creux; les Chênes ordinaires alternent avec les Chênes des Marais.

Le 2 février 1885, je les ai mesurés. Voici leurs circonférences :

Chênes ordinaires: 1,00; 0,80; 0,82; 0,90; 1,02; 1,00; 1,01; 0,79.

Chênes des Marais: 1,30; 1,33; 1,04; 1,34; 1,65; 1,20; 1,18; 1,40; 1,30.

La circonférence moyenne est de 0,92 centimètres pour les Chênes ordinaires, et de 1,30 pour les Chênes des Marais. La hauteur des arbres n'est pas comparable. Les Chênes d'Amérique dépassent de 2 et 3 mètres au moins, en moyenne, les Chênes ordinaires.

Dans le sable ferrugineux, chez Mr Stellingwerff à Lummen, les Chênes ordinaires de la circonférence du *Palustris* de 2,40 ont plus d'un siècle et demi. J'ai comparé l'accroissement du *Palustris* dans un terrain frais et sablonneux avec différentes autres essences. C'est au Mick, chez Mr Della Faille, le 26 mars 1885.

Voici les arbres du « *Chemin cronc* » plantés en 1840. Une eau coule dans un fossé le long du chemin.

D'abord un massif:

Tinctoria: 0,95; 0,90; 1,80.
Rubra: 1,07; 1,10.
Palustris: 1,10.
Phellos: 1,08; 0,80.

QUERCUS PALUSTRIS. (chêne des marais) mesuré le 15 juillet 1884.

Circonf. à 1 m. du sol : 2 m. 05. Hauteur à la 1e branche : 8 m. 84 c. Hauteur totale : 24 m. 65.
Sol sablo-limoneux. Planté en 1820.

Propriété de Mr Michel Nys, à Runxt (Hasselt).

Après, une allée :

Palustris : 1,03 ; 1.10.
Epicea : 1,09.
Phellos : 1,12 ; 1,22 ; 0,96.
Abies pectinata : 1,00 ; 0,95 ; 0,85 ; 0,95.
Rubra : 8,85 ; 0,86.

On voit que le Chêne des Marais lutte avec les autres essences, même avec le *Rubra* dont l'accroissement est si grand et qui l'emporte sur les autres dans tous les sols.

Plus loin, le terrain devient plus sec, les circonférences sont inférieures.

Chênes des Marais : 0,85 ; 0,70 ; 0,90 ; 1,11 ; 1,08 ; 1,15.
Rubra : 0.90 ; 90.
Phellos : 0,95.
Tinctoria : 0,90 ; 0,60 ; 0,71.
Abies pectinata : 0,82 ; 1,08.

Si l'accroissement des arbres du « *Chemin cronc* » n'est pas plus considérable cela tient à l'espacement qui n'est pas suffisant pour leur développement normal : il est, entre les arbres, de 3 mètres seulement.

Voici encore un massif d'arbres plantés en 1860, à Munsterbilsen, chez Mr le Baron de Lamberts en lieu dit : *Molendijk.*

Rubra : 1,30 ; 0,90.
Palustris : 0,80 ; 0,82.
Ordinaire : 0,60.
Tinctoria : 0,85 ; 0,90 ; 0,85.

On voit les services que peut rendre, le Chêne des Marais, dans nos sols sablonneux, marécageux ou secs, car dans ces derniers encore il pousse vigoureusement et se montre moins exigeant sous le rapport de la fraîcheur que beaucoup d'autres essences.

L'écorce du Chêne des Marais est assez riche en tanin : celle du Chêne ordinaire l'est cependant davantage.

J'ai fait l'expérience suivante :

Le 17 mars 1885, j'ai pris sur des arbres du même âge et dans les mêmes conditions, à Munsterbilsen, chez Mr le Baron de Lamberts, des branches qui ont été décortiquées à la vapeur.

Mr Lecart, professeur à l'Université de Louvain, en a fait l'analyse.

Voici le résultat :

Chêne ordinaire : Tanin, 8,54 %.
" Pouvoir calorifique : 3217 calories.
Chêne des Marais : Tanin, 6,4 %.
" Pouvoir calorifique : 3100.

Les arbres, sur lesquels ont été prises les branches, ont été plantés en 1849 et 1853.

D'autres expériences auraient donné un résultat identiquement proportionnel.

Le Chêne des Marais a donc une écorce supérieure à celle du Chêne rouge. Dans le Chêne rouge l'écorce des branches à cet âge a donné en effet, un résultat moindre ; ce n'est que sur des sujets de 6 ans, pris en pépinière, qu'il a donné 7 %, à l'analyse ; au Ry de Morbeux, en taillis, il n'a donné que 7 %.

L'écorce des arbres proprement dits, les balivaux, les anciens, les modernes, qui conservent leur écorce lisse et un rhytidome peu développé, contiendra donc relativement une grande quantité de tannin, égale et quelquefois supérieure, à celle de nos Chênes ordinaires.

La quantité d'écorce est relativement considérable ; elle peut être évaluée à 1/10 du volume et à 1/5 du poids de l'arbre.

Le pouvoir calorifique est un peu moindre que celui du Chêne ordinaire, du moins pour les vieux arbres, mais des expériences faites sur les sujets de tout âge auraient donné le même résultat, que pour les Chênes rouges.

Un mètre cube donne 24 kilogrammes d'écorces.

Il èst à remarquer, et les expériences l'ont prouvé, que les Chênes d'Amérique atteignent plutôt que nos Chênes ordinaires, le maximum de leur pouvoir calorifique de sorte qu'à l'exploitation des taillis des Chênes d'Amérique le pouvoir calorifique du bois est égal à celui du Chêne ordinaire.

Climat

Il est toujours très-important, lorsque l'on s'occupe de la naturalisation des végétaux, de connaître les conditions dans lesquelles croît la plante dans son pays d'origine. Les montagnes, par exemple, exercent une influence considérable.

Aux États-Unis, on rencontre le Chêne des marais dans l'État des Massachussets, l'Ohio, le Missouri, le Texas, la Georgie, l'État de New-York, le Neuw-Jersey, la Pensylvanie, les Monts Alleghanis, l'Illinois et probablement dans d'autres lieux encore.

L'écorce des jeunes sujets est lisse, plus ou moins, suivant les sols; elle se crevasse plus tôt dans les sables secs.

Elle reste très-unie et d'un blanc grisâtre ou argenté, sur la plupart des terrains, dans les arbres d'un certain âge; généralement, elle ressemble à l'écorce du Hêtre ou à celle du Pin du lord Weymouth. Mais, parfois, aussi elle a une teinte plus brune. Le rhytidome, dans la plupart des cas, ne se forme qu'au pied ou à une faible hauteur; dans les sables secs, il est plus épais.

La naturalisation devait être possible en Belgique; elle est faite, en effet. J'ai pris note de tous les sujets que j'ai rencontrés atteints par la gelée de l'hiver 1879-1880. Ce n'est que dans des conditions entièrement désavantageuses que j'ai trouvé quelques pieds gelés. Au château de Wideux, près de Hasselt, chez M^r^ le Cte de Brigode, deux ou trois arbres plantés en 1839, ont été atteints par la gelée.

Ils sont près d'un étang, dans un endroit exposé. A Diepenbeek, (Limbourg), quelques jeunes sujets ont péri; mais dans l'une et l'autre de ces deux localités, les chênes indigènes de très-fortes dimensions ont été atteints.

Bien qu'ils soient plantés souvent dans des conditions fort désavantageuses au bord des étangs, le long des fossés ou près des mares, ils ont résisté partout.

A l'altitude où j'ai rencontré les arbres, la naturalisation est complète dans notre pays.

Jeunes Plantes

Le Chêne des marais subit le même traitement en pépinière que le Chêne rouge. Il résiste parfaitement aux gelées du printemps. Ceux que j'ai élevés à l'air libre, n'ont souffert ni des gelées du printemps ni de celles de l'hiver.

QUERCUS PALUSTRIS (Chêne des marais

La souris est moins avide du gland que de celui du Chêne rouge ; les oiseaux et les animaux n'en paraissent pas aussi friands.

Le gland est très-petit; l'arbre adulte de notre pays en donne de 350 à 400 par litre.

Le Chêne des marais fructifie à un âge plus avancé que le Chêne rouge.

A Munsterbilsen, (Limbourg), chez Mr le Bon de Lamberts, ceux qui furent plantés en 1853 ont donné leurs premiers glands en 1884.

A Herck-la-Ville, chez Mr de Pierpont-Vanden Hove, ceux plantés en 1847 ont donné leurs premiers glands en 1881. Le Chêne des marais donne donc des glands en Belgique, vers l'âge de 40 ans. Cette année, époque de glandée, des sujets plus jeunes donneront des fruits. Les premières années ils sont peu abondants, beaucoup sont vides. A un âge plus avancé, les fruits sont généralement bien conformés et 80 %, en moyenne, suivant les années, sont en parfait état de germination.

Les glands nous sont arrivés, jusqu'à présent, par la même voie que ceux du Chêne rouge ; il y aura lieu, pour l'avenir, de s'adresser aux sources que j'ai indiquées.

Les arbres d'un certain âge sont, cette année, couverts de glands. A Herck-la-Ville, (Limbourg), et au Mick, (Anvers), ils seront abondants.

Les feuilles naissent avec le développement des feuilles au premier printemps. C'est un des Chênes d'Amérique dont les feuilles apparaissent les premières. C'est aussi un des arbres qui les gardent le plus longtemps. Le 15 avril 1885, à Herck-la-Ville, paraissaient les premières feuilles; le *Phellos* avait précédé le Chêne des marais.

Le 24 décembre 1884, au château de Mombeeck, près de Hasselt, chez Mr de Donéa, je n'ai pu trouver sur le sol une feuille de *Palustris ;* elles étaient toutes encore sur l'arbre.

Dans le bois de Herckenrode, appartenant à Mr Claes-Duvivier, un Chêne des marais montrait encore son beau feuillage couleur carmin un peu terne quand les autres arbres étaient déjà complètement dépouillés. C'était du plus joli effet.

Le jeune plant doit recevoir, en pépinière, les mêmes soins que le Chêne rouge. Il a besoin aussi d'être conduit; ses branches plus longues que celles du Chêne rouge, prennent vite des proportions énormes. Une fois que l'arbre est plié, il se redresse plus difficilement, car il est moins flexible.

La plantation d'automne est préférable; cependant, il souffre moins que le Chêne rouge de la transplantation au printemps. Il supporte parfaitement l'élagage.

L'écorce est très-adhérente au bois et l'écorcement est assez difficile. Les bourgeons qui naissent sous l'écorce, passent difficilement de l'État *adventif* à l'État *proventif* sous l'influence de la chaleur. Il en résulte un tronc toujours lisse, une écorce très-unie, sur laquelle on ne voit point les traces d'élagage.

L'élagage doit, autant que possible, se répéter d'année en année, dans le jeune âge; les branches prennent un grand développement, mais elles sont grêles, de sorte que l'on peut retarder l'opération en raccourcissant les branches.

Lorsque le jeune plant est propre à être mis en place, la pousse de la dernière année est parfois si forte, qu'elle doit être considérablement raccourcie pour maintenir l'équilibre des sujets. Il serait préférable de former en pépinière un plant bien conditionné. L'arbre élagué est de toute beauté.

QUERCUS PALUSTRIS. (chêne des marais) mesuré le 10 juillet 1884.

Hauteur de l'arbre : 16 mètres. Circonf. à 1 m. du sol : 80 c. Terrain sablo-limoneux. Planté en 1852.

Propriété de Mr DE PONÉA-VANNES, Château de MOMBEECK (Hasselt).

Le dessin montre un jeune *Palustris* élagué, au château de Mombeeck, près de Hasselt. Garni, dans le jeune âge, de ses branches longues et grêles, il a un aspect étrange.

Exploitabilité

L'exploitation du Chêne des marais en taillis, n'a pas encore été faite. Le nettoiement serait obligatoire s'il pouvait être traité de cette façon et je ne sais pas pourquoi il ne le serait pas. Il me paraît être plutôt un arbre de futaie et de bordures. Il peut atteindre un âge assez avancé, si on en juge par les plus anciens que nous possédons. Il paraît exploitable vers l'âge de 100 à 125 ans. Dans les *sables secs*, il semble être affecté d'une maladie qui n'est due qu'au terrain. Il s'échauffe, dit-on; cela veut dire: « *Il est roulé.* »

On se demande comment un arbre, comme le *Palustris*, qui a sa place toute indiquée dans nos marais, dans nos sols humides, dans nos sables ferrugineux et même dans nos sables secs, n'est pas plus cultivé en Belgique à l'heure actuelle.

Cela tiént à différentes causes.

Il porte fruits à un âge assez avancé.

L'ouvrage de Michaux n'en parle qu'en termes très-réservés. Peu de personnes savent où sont les premiers introduits et qu'on n'a pas encore livrés à l'exploitation.

Lorsque le propriétaire voit tomber des glands de cet arbre, il semble rêver et se demande comment un arbre pareil peut donner de tels glands ou plutôt, comment un tel gland peut donner un pareil arbre. Il pense que ces glands sont des avortons et c'est une observation qui m'a souvent été faite.

Lorsque le gland tombe sur le sol, il germe rarement, il se propage donc peu.

Et cependant, ce petit gland donne bien ce grand arbre qui prend sur notre sol des proportions gigantesques.

C'est bien lui qui produit l'arbre par excellence de nos marais, de nos sols pauvres, de nos sables humides.

Aucun arbre n'est plus majestueux et c'est pour le montrer tel qu'il est, que le *Palustris* a été dessiné tel qu'il existe, dans les lieux où je l'ai renseigné. C'est un arbre de pelouse; c'est encore un arbre précieux pour les plantations de nos routes où sa place est toute indiquée pour la richesse de son feuillage, la forme de son tronc presque toujours lisse, son écorce blanche ou grisâtre, comme celle du Weymouth, la beauté de son port, la translucidité de ses organes foliacés qui lui donnent un caractère particulièrement léger. Dans le jeune âge, il élève une flèche fine et rude, qui semble défier les éléments.

QUERCUS TINCTORIA, (chêne des teinturiers) mesuré le 9 novembre 1884.

Circonf. 2 m. 80. Hauteur : 21 m. 25. Sol : sabloneux. Planté en 1801.

Propriété de Mr le Baron de Villenfagne de Vogelsang, à Zolder (Hasselt.)

QUERCUS TINCTORIA

Chêne des Teinturiers — Chêne Quercitron
Black Oak

Le Chêne des Teinturiers a été décrit par les botanistes sous bien des dénominations.

Lamark, en 1783, l'a décrit sous le nom de *Quercus Velutina;* Bartman, en 1791, sous celui de *Quercus Tinctoria;* Wildenow, en 1801, sous celui de *Quercus Discolor;* Marshal, en 1785, sous celui de *Nigra;* de Candolle, en 1864, sous celui de *Tinctoria*, variété du *Coccinea.* Le docteur Koch, en 1870, lui rend son nom primitif de *Velutina.* Michaux Père, avait distingué deux variétés: Le *Tinctoria Angulosa* et le *Tinctoria Sinuosa.* Michaux Fils, au contraire, n'a décrit qu'une espèce, le *Quercus Tinctoria.* Mr Alphonse de Candolle, dans son *Prodrome,* forme du *Nigrescens*, du *Tinctoria* et du *Rugelie,* trois variétés du *Coccinea.*

Je ne me rangerai, en ce qui me concerne, ni à l'une, ni à l'autre de ces classifications.

L'écorce du *Tinctoria* a une propriété particulière: elle teint en jaune. De là, le nom de Chêne des Teinturiers, ou Chêne Quercitron.

Michaux, Fils, et Koch en ont fait une espèce parfaitement distincte. Je serai de leur avis et j'ajouterai, à cette espèce, la variété que Mr de Candolle a décrite sous le nom de *Nigrescens* et que j'ai rencontrée en Belgique.

Chez le Quercus Tinctoria, *les bourgeons sont gros, coniques, arrondis au sommet. Les feuilles munies de pétioles longs de 7 à 10 centimètres, profondément pinnatifides, conservant à peu près la même forme à toutes les époques de leur existence; sinus très-ouverts, 3 à 5 lobes terminés par de longs mucrons; se colorant en automne d'un rouge-brun; plus épaisses que chez le* Rubra *et l'*Ambigua, *molles comme de l'empeigne, finement velues à la face inférieure dans la jeunesse, munies de paquets de poils aux aisseilles de la nervure médiane, longues de 15 à 20 centimètres, mates et comme vernissées à la face supérieure d'un vert foncé. Nervure médiane et latérale très-saillantes, jaunes ou d'un rouge terne chez les jeunes sujets, jaunâtre chez les adultes, les bords du limbe jaunâtre; fruits ovoïdes, bruns; cupule couverte d'écailles, munies d'un tomentum grisâtre, enveloppant le fruit jusqu'à la moitié et parfois plus, finissant dans le pédoncule en forme de cône; chair du fruit jaunâtre; écorce amère donnant une teinture jaunâtre à la salive, profondément crevassée; branches fortes, même dans le jeune âge, et assez rares chez les adultes.*

Le Chêne des Teinturiers est très abondant dans les États-Unis du Nord et du Centre de l'Amérique. On le trouve aussi dans la plupart des États de l'Est et de Ouest. Il est surtout abondant dans les montagnes de la Virginie, de la Caroline, de la Pensylvanie.

QUERCUS TINCTORIA (Chêne quercitron).

Croissance

Le Chêne des Teinturiers a une croissance prodigieuse. En Amérique, il s'élève jusqu'à 27 à 30 mètres de hauteur et il atteint 2 mètres et plus de diamètre. Son introduction dans nos forêts avait été considérée comme une bonne fortune.

MICHAUX, FILS, lui avait prédit un brillant avenir en France. Les espérances se sont-elles réalisées?

La croissance est restée active dans nos sols de moyenne qualité.

Le 9 décembre 1884, j'ai mesuré à Vogelsanck, chez M^r^ le Bon de Villenfagne, un *Tinctoria* de 2,80 planté en 1801. Il a 21 mètres 25 centimètres de hauteur. Le dessin le représente. C'est un arbre de pelouse superbe.

Il demande une terre divisée, profonde, fraîche; sa croissance est singulièrement ralentie dans les sols secs et son bois y perd de sa qualité.

Il s'accomode moins des sables de qualités médiocres que le Chêne rouge ou le Chêne des marais et les eaux stagnantes lui sont absolument contraires.

Dans les sols de qualité moyenne, dans les terrains divisés et frais, il a une croissance presque aussi active que les essences qui précèdent.

Les expériences auxquelles je me suis livré le démontrent.

Au Mick, près d'Anvers, propriété de Mr Jean Della Faille, j'ai mesuré, plantés en taillis sous futaie, lieu dit: *Petit Pont*, au milieu d'autres essences, plusieurs *Tinctoria* plantés en 1840. Le terrain est un sable blanc de mauvaise qualité.

Voici les circonférences: 0,56; 0,57; 0,64 centimètres. Voyez plus loin, en lieu dit: « *Pont en bois et Chemin cronc* », deux *Tinctoria* qui ont: 0,96; 0,90 centimètres; ils ont été plantés en 1840 également, mais dans un sol un peu humide.

Ici, c'est Munsterbilsen; le sol est un sable plus frais de meilleure qualité, un peu argileux. Un massif d'arbres a été planté en 1853 en lieu dit: « *Molendijk* ».

J'ai mesuré, en mars 1885, deux Chênes des Teinturiers qui ont 1,10 et 1,45; les Chênes des marais tout à côté et plantés en même temps ont: 1,20; 1,20; 1,00; 1,40; 1,12.

Un autre massif a été planté en 1860, comme taillis sous futaie, composé d'essences mélangées. Les Chênes des Teinturiers ont 0,85; 0,90; 0,85 centimètres; un Chêne du pays a 0,60 centim.; deux Chênes rouges ont: 1,30, et 0,98 centim.

Nous voici à Runxt, près de Hasselt, en sable limoneux. Deux Chênes d'Amérique ont été plantés en 1820; ils ont 1,95 et 2 mètres de circonférence.

Voici, dans la province d'Anvers, près de Brasschaet, une belle allée de Chênes des Teinturiers, chez Mr le Cte Anatole de Baillet. J'ai mesuré les circonférences de cette allée le 27 mars 1885.

Les voici:

1,70	1,55
1,42	1,35
1,10	1,00
1,05	1,45
0,95	1,30
1,12	1,10
1,30	1,25

QUERCUS TINCTORIA (Chêne quercitron

Ces arbres ont été plantés en 1842. Ils sont situés près du château; le sol est frais et de qualité moyenne. Si l'on revient dans les terres fortes, on constate un tout autre résultat.

Au château de Mont-St-Jean, à Zeelhem près de Diest, la terre est forte, très-argileuse, le terrain est en pente. Un massif de Chênes d'Amérique a été planté en 1840. Voici les circonférences du *Tinctoria,* prises le 24 juin 1885: 0,84 et 1,14 centimètres.

Près du Camp de Beverloo, est le village de Heppen.

En 1850, un *Tinctoria* a été planté chez M[r] le Bourgmestre Hendrikx; le 11 décembre 1884, il mesurait 14 mètres de hauteur et 0,86 centimètres de circonférence; il a été planté en 1850; le sol est sablonneux.

En voilà un autre à côté, planté en 1850 qui, le même jour, mesurait 0,69 centimètres de circonférence et 10 mètres 50 centimètres de hauteur; enfin, un troisième, de 0,55 centimètres et 12 mètres de hauteur, planté en 1873.

Ces trois Chênes des Teinturiers sont tres-beaux et bien-venants dans un sol de qualité médiocre.

Connait-on déjà Curange?

C'est près de Hasselt, à deux kilomètres du chef-lieu de la province du Limbourg, en allant vers Diest. Derrière l'église du village, dans une prairie appartenant à Mr Bamps, en face de la tour en ruines, croît un jeune *Tinctoria.*

Le 10 décembre 1884, je l'ai mesuré. Il avait 60 centimètres de circonférence. Il est planté depuis 15 ans.

Assez et probablement trop de citations:

Comparons.

Le lecteur a-t-il oublié « *l'Abbaye d'Averbode* », près de Sichem?

J'y retourne sans décrire et je vais droit à cette allée d'*Erke Drève,* où j'ai comparé les Chênes rouges et les Hêtres plantés en 1852.

J'y trouve des Chênes des Teinturiers et des Hêtres.

En voici quelques-uns avec leurs circonférences:

Chênes des Teinturiers.	Chênes rouges.	Hêtres.
0,45	0,47	0,39
0,40	0,32	0,46
0,43	0,39	0,32
0,48	0,56	0,43
0,59	0,57	0,51
0,58	0,46	0,67
		0,52
		0,37
		0,61
		0,62

On voit donc que le Chêne des Teinturiers a un accroissement très-considérable sur les sols de bonne qualité. Il vient bien dans les sables de qualités moyennes; son accroissement diminue considérablement dans les sables secs. Il pousse mal dans les terres fortement argileuses et se comporte comme le Chêne rouge dans les terrains schisteux ou calcaires. On peut dire que le terrain qui convient au Chêne rouge est aussi celui qui convient au Chêne des Teinturiers; toutefois il s'accomode moins facilement des terrains de dernière qualité. Il exige un peu plus d'humidité, de fraîcheur dans le sol, sans aller aux préférences du Chêne des marais.

Le moment est arrivé de dire toute ma pensée sur cet arbre.

Je ne le crois pas appelé au même avenir sur notre sol que les essences qui précèdent et si je le mets au troisième rang, c'est plutôt en raison de sa multiplication actuelle que de son avenir probable dans les forêts.

Les plus brillantes espérances ont été fondées sur cet arbre.

MICHAUX, si froid dans les pays du Nord de l'Amérique, en parle avec enthousiasme.

Mais comme MICHAUX s'est trompé souvent, il est permis de ne pas être de son avis : Raison de plus pour le citer.

« *Quoique le bois du* Quercus Tinctoria *soit de meilleure qualité que celui des* Quercus Coccinea, Quercus Falcata, Quercus Rubra, Quercus Palustris, Quercus Phellos, Quercus Aquatica, *connus sous le nom de Chênes rouges, il est néanmoins très-inférieur à celui que fournit le Chêne d'Europe ; mais la haute élévation à laquelle il parvient, la facilité avec laquelle il prend un grand et profond accroissement même dans un mauvais sol et dans les pays les plus froids, la propriété précieuse de son écorce pour la teinture, tous ces titres doivent le recommander auprès des forestiers européens.* »

« *Ce sont les conditions qui pendant mon séjour dans l'Amérique septentrionale m'ont déterminé à envoyer en France beaucoup de glands de cette espèce. Il en existe actuellement dans la pépinière de l'administration impériale des eaux et forêts plus de vingt mille jeunes plantes dont la brillante végétation peut faire considérer sa propagation dans les forêts de l'Empire, comme certaine.* »

Eh bien ! Cet avis, je ne le partage pas du tout. Je considère le Chêne rouge, le Chêne ambigu et le Chêne des marais bien supérieurs, comme bois et comme accroissement, dans la plupart de nos sols.

Dans notre pays, comme en Amérique, il fournira certainement un bon bois de *merrain;* sa croissance active dans les bons sols et dans les sols médiocres lui fera donner la préférence aux essences de second ordre, mais je doute fort que l'ébénisterie, la menuiserie et les autres métiers travaillant le bois, lui fassent l'acceuil qu'ils font au Chêne rouge ou au Chêne des marais. Il est moins élastique que le premier et moins dur que le second.

C'est, il est vrai, un arbre superbe; son fût s'élève à une hauteur que n'atteignent pas les autres essences. Son feuillage, d'un vert sombre en été, est riche. Le limbe profondément découpé atteint de grandes proportions; vert et comme vernissé au printemps, il s'épaissit avec l'avancement de la saison et quand, en automne, la feuille a toute son ampleur, elle se colore en rouge, avec une teinte jaunâtre du plus bel effet. Il tient la tête parmi les arbres d'ornement.

L'écorce du tronc, chez les sujets de tout âge, est noire. Dans les jeunes plantes, c'est le pied qui commence et qui se crevasse de très-bonne heure. Peu à peu, cette teinte noire s'élève graduellement pour apparaître sur tout le tronc. Dans le chêne écarlate, le pied se crevasse mais moins profondément, l'écorce est moins noire et ne s'étend pas sur tout le corps de l'arbre. Suivant les sols, elle reste même lisse, grisâtre, presque semblable à celle du Hêtre. Les branches du Chêne des Teinturiers prennent dans les premières années un fort grossissement; elles sont rares dans les sujets âgés, longues, décharnées et fortes. Dans le chêne écarlate, les branches plus fines sont plus nombreuses; chez les jeunes sujets, elles se croissent entre elles dans la cîme, un peu comme dans le Chêne des marais. Ces caractères feront toujours reconnaître facilement, même en hiver, ces deux Chênes.

Dans le Chêne des Teinturiers, les feuilles naissantes apparaissent toutes avec une teinte jaunâtre. Dans le *Coccinea* les feuilles naissantes sont bien jaunâtres aussi, mais pas toutes comme dans le Chêne des Teinturiers.

Chez le Chêne des Teinturiers les feuilles ont la même forme et les mêmes découpures à toutes les phases de leur existence. C'est là un caractère essentiel pour le distinguer. Chez le *Coccinea,* elles ressemblent en partie aux feuilles du *Palustris* dans le jeune âge, aux feuilles du *Quercus Rubra* et aux feuilles du *Tinctoria.* On trouve, sur le même arbre, des feuilles ayant ces trois formes. J'ai assisté, pendant des journées entières, au développement de ces feuilles.

Les caractères autres que les feuilles étant constants comme chez le *Coccinea,* pourquoi comme M[r] DE CANDOLLE et d'autres auteurs, en faire une variété du *Coccinea* chez lequel la feuille varie à l'infini? Le contraire devait être vrai et s'il faut une variété dans les deux, je demande que le *Coccinea* soit la variété et le *Tinctoria* l'espèce.

Cela dit, mes expériences ne sont pas assez nombreuses pour pouvoir émettre en parfaite connaissance de cause un jugement sur la qualité du bois. Pour celles auxquelles je me suis livré, dans la comparaison avec le Chêne rouge et le Chêne des marais, le résultat est à l'avantage de ces derniers.

Soyons réservé. C'est un *Chêne* et il a une croissance active: c'est beaucoup. Il vient bien dans nos sables qui ne sont pas trop secs: c'est important. Il est beau, et son écorce renferme le *Quercitron,* substance spéciale avec laquelle on teint en jaune la laine, la soie et les papiers à teinture.

L'écorce du Chêne des Teinturiers est tres-riche en tannin, et le bois est très-bon pour le chauffage.

J'ai coupé, en mars 1885, des branches de Chênes des Teinturiers plantés en 1853, à Munsterbilsen, chez Mr le Bon de Lamberts. Elles ont été écorcées à la vapeur. L'analyse a été faite au laboratoire agronomique de Louvain, par Mr Lecart, professeur d'agriculture.

Elle a donné :

Tannin : 8 %.

Pouvoir calorifique : 3130 calories.

Au mois de mai 1885, j'ai coupé des branches de Chênes des Teinturiers plantés en 1852, chez Mr de Donéa-Van Nes, au château de Mombeeck.

L'analyse, faite par Mr Lecart, a donné :

Tannin : 10 %.

Pouvoir calorifique : 3243 calories.

Le Chêne des Teinturiers donne donc un tannin très-abondant et un bon bois de chauffage.

Le tannin donne au cuir, paraît-il, une couleur jaunâtre que l'on enlève facilement par des procédés connus des tanneurs.

Il ne faut donc pas le juger à la légère.

Il a droit encore à notre protection. Sans vouloir en recommander la propagation dans nos forêts aujourd'hui, il y a lieu de lui faire faire ses preuves complètes.

Voici ce qu'on en dit au Domaine des Barres :

« *Il ne paraît pas justifier les espérances qu'on avait fondées sur son introduction. Il végète, il est vrai avec une grande vigueur, il donne des glands qui se resèment naturellement, mais son bois a peu de nerf, beaucoup d'aubier et semble peu durable.* »

MICHAUX au contraire écrit:

Le bois du Quercus Tinctoria *est rougeâtre, le grain en est grossier et les pores en sont entièrement vides; c'est néanmoins de tous les chênes à fructification bisannuelle, le chêne vert excepté, celui dont le bois est le plus estimé parce qu'il a le plus de force et qu'il résiste plus longtemps à la pourriture: c'est à cause de cela qu'à Philadelphie on l'emploie au défaut de chêne blanc dans la bâtise des maisons et que dans les Etats du Nord, les fermiers qui par une économie mal entendue ne veulent pas se servir de pieux de chêne blanc pour enclore leurs champs, emploient ceux de chêne noir qui coûtent moitié moins.*

Si l'on jugeait un arbre par son écorce, son port, ses branches fortes, on attribuerait la force et la dureté au Chêne des Teinturiers. La couleur exerce peut-être une certaine influence sur nos impressions, mais c'est une appréciation fausse qùi disparaît devant les expériences directes.

Elle était contre le *Palustris;* elle est pour le Chêne des Teinturiers.

Fausse pour les deux.

Le Chêne des Teinturiers porte fruits dans notre pays vers l'âge de 35 à 40 ans. Cette année, au château de Mombeeck, près de Hasselt, un *Tinctoria* planté en 1853 porte glands.

Les glands sont peu nombreux, de grosseur moyenne et généralement de bonne qualité. Si le Chêne rouge donne en moyenne 80 à 90 % de glands en bon état de germination, le Chêne des Teinturiers ne s'écarte que peu de cette proportion.

Le fruit se ressème naturellement sur le sol. Il diffère en cela du Chêne des marais en-dessous duquel on voit bien rarement germer les glands tombés de l'arbre.

Dans les pépinières, le Chêne des Teinturiers est l'objet des mêmes soins que les précédents. Il maintient plus facilement l'équilibre nécessaire pour sa mise en place. Ses branches croissent assez activement chez les jeunes plants. L'élagage est nécessaire les premières années mais moins nécessaire, toutefois, que chez le Chêne rouge et le Chêne des marais. Le point d'attache de la branche au tronc, s'élargit davantage; la plaie est plus grande et se recouvre plus difficilement à cause du rhytidôme qui se forme plus tôt.

En pleine forêt, il se comporte assez bien. Toutefois, il paraît exiger beaucoup d'espace. Maintenir cet arbre dans un état de végétation serrée, c'est nuire considérablement à son accroissement.

C'est ce que j'ai observé au Mick, près d'Anvers, et à Munsterbilsen où croissent en pleine forêt des Chênes des Teinturiers dans des conditions différentes.

Le Chêne des Teinturiers est naturalisé en Belgique.

J'ai bien trouvé quelques arbres gelés pendant l'hiver de 1879-1880, mais les chênes indigènes, dans de meilleures conditions, ont été également atteints.

Je n'ai pourtant pas rencontré le Chêne des Teinturiers aux mêmes altitudes que le Chêne rouge, uniquement, parce qu'il n'a pas encore été introduit. Il supporte parfaitement la température des couches sablonneuses ou limoneuses où il est appelé à prendre place et je ne pense pas qu'il succombe à nos plus hautes altitudes où il ne serait introduit qu'accessoirement et protégé.

Là, il ira peut-être étaler ses branches énormes dans quelque ravin. Ailleurs, c'est sur les pelousses qu'il va développer son ample cîme et exposer la munificence de ses appareils foliacés; dans le sable frais, c'est dans les drèves qu'il va montrer la puissance de son accroisssement; sur les routes, dans le sable frais ou limoneux, il élèvera une cîme puissante; enfin dans les forêts, il aura aussi une petite place, car s'il n'a pas répondu à toutes les espérances c'est qu'on s'est montré trop exigeant. Il est resté un chêne, il a gardé l'activité de sa végétation, et ces deux qualités lui assureront toujours une place que d'autres arbres d'une végétation moins active et d'une qualité moindre ne peuvent pas tenir.

QUERCUS NIGRESCENS

Block Oak — Chêne Noiratre

Cette variété du *Tinctoria* a été décrite pour la première fois, sous ce nom, par M. Alphonse de Candolle, dans son *Prodrôme,* en 1864.

Michaux Père, avait distingué le *Tinctoria Angulosa et le Tinctoria Sinuosa.* Michaux Fils, n'a décrit qu'une espèce et c'est probablement cette variété que Wildenow décrit sous le nom de *Quercus Discolor.*

Le nom de Chêne noirâtre est, en effet, très-caractéristique ; c'est celui que je conserve et c'est probablement celui qui restera.

Afin de permettre aux botanistes de décrire cette variété, je leur indique les places où l'on peut la rencontrer, en Belgique.

Au Mick, près d'Anvers, chez M. Della Faille, en lieu dit : « *Le chemin cronc* », il existe, dans l'allée, un seul pied.

A Munsterbilsen, chez M^r^ le Bon de Lamberts, on trouve encore un pied, dans un massif, planté en 1860.

QUERCUS NIGRESCENS
(Chêne des teinturiers à grandes feuilles)

M. GYSENS, Hasselt — Reproduction des feuilles naturelles, système breveté

Chez le Nigrescens *les feuilles sont plus courtement pétiolées, le limbe est plus ample, moins profondément lobé; les feuilles persistant plus longtemps sur l'arbre, passent à l'automne à la couleur pourpre noirâtre ou d'un rouge plus ou moins jaunâtre; les feuilles apparaissent avec une couleur rougeâtre un peu jaunâtre et tachetées, tandis que chez le* Tinctoria *elles naissent toutes avec une teinte jaunâtre et finissent de même. Chez le* Tinctoria *les feuilles ont la même forme à toutes les phases de leur existence; chez le* Nigrescens *la feuille finit en pointe aigue dans le pétiole et va s'élargissant pour arriver à son plus grand développement au dernier tiers de sa largeur; elle est au* Tinctoria *ce que l'*Ambigua *est au* Rubra; *le feuillage semble plus épais parce que les lobes sont moins profonds, les découpures moins fortes; les feuilles sont toutes moins souples que chez le* Tinctoria.

Il ne paraît pas exister de différence bien sensible dans l'accroissement de ces deux variétés. Cependant, le *Nigrescens* à en juger par les pieds que j'ai rencontrés, a plutôt un accroissement un peu plus faible, mais qui est très-considérable encore. C'est une variété qui a sa valeur pour l'ampleur de ses feuilles, sa coloration multiple et son grand accroissement dans les sables et dans le limon. L'écorce de cet arbre est peut-être plus profondément crevassée que chez le *Tinctoria* chez les sujets de même âge; entre les gerçures de l'écorce dans les jeunes sujets on distingue un liber rouge jaunâtre; c'est plutôt chez les arbres adultes que cela arrive pour le *Tinctoria.* L'aspect du tronc est moins noir, vu à une certaine distance. Le vert des feuilles est moins foncé. C'est la feuille elle même, détachée de l'arbre, que le lecteur trouvera sur la planche; elle provient d'un sujet planté en 1840. Mr DE CANDOLLE a très-bien défini cette variété; j'ai vu les arbres, je ne doute plus, et à celui qui doute, je lui réponds: le *Tinctoria* a des feuilles qui ont la même forme à toutes les phases de leur existence et ce n'est pas cette forme là.

Que ceux qui doutent encore m'adressent une feuille, prise sur un *Tinctoria* de 40 ans ayant ces caractères et je me rends : Avant point.

Je recommande donc cette variété aux amateurs, non comme bois, mais comme variété ayant un feuillage à utiliser dans l'ornementation.

Pour les forestiers c'est un arbre qui croît vite, dans des sols médiocres, et c'est un Chêne qui servira à des usages déterminés.

Pour les routes et les drèves, c'est une variété de plus.

En Amérique, on l'a trouvé en Géorgie dans l'Arkansas, le Maine, les monts Alleghanis. J'ai vu, en pépinières, des feuilles qui ont ces caractères. Le lecteur sait où il se trouve des arbres, où l'on observe les espèces, et il fera le reste.

J'ai fait ma part.

QUERCUS COCCINEA

Scarlate Oak — Chêne Écarlate

Le Chêne écarlate a été décrit pour la première fois, sous le nom de *Quercus Coccinea*, par Wangenham, en 1787. Linnée l'avait décrit comme une variété du *Rubra*, en 1753. Michaux Père, dans son *Histoire de chênes de l'Amérique du Nord*, lui conserve le nom de Chêne écarlate. Michaux Fils, en forme une espèce sous le nom de Chêne écarlate, et c'est à tort que des auteurs ont prétendu qu'il l'a décrit sous le nom de Chêne Ambigu.

Son Chêne Ambigu, est une espèce parfaitement distincte, que les auteurs modernes ont classée parmi les variétés.

Mr Alphonse de Candolle, dans son *Prodrôme*, fait du *Coccinea* une espèce et du *Tinctoria* une variété de celui-ci.

J'ai fait connaître les raisons par lesquelles je ne me suis pas rangé à cette manière de voir.

Cet arbre croît principalement aux États-Unis, dans la Floride, le Texas, le Missouri, les Massachussets, le New-Jersey, la Pensylvanie, la Haute Georgie. Il fut introduit en Europe en 1691.

En Belgique, il paraît être d'introduction assez récente car les sujets que j'ai rencontrés ne dépassent guère 70 ans.

Qui n'a entendu parler de l'Abbaye de Herckenrode?

C'est au-delà de Curange, en allant de Hasselt vers Diest, à 3 kilomètres du chef-lieu de la province de Limbourg.

Mr Télémaque Claes, est propriétaire actuellement de cette propriété. Il y a là, derrière le château, un Chêne qui a été planté vers 1820. Je l'ai mesuré au mois de juin 1884. Il avait 2 mètres 10 centimètres de circonférence.

C'est un *Quercus Coccinea*.

Le sol ne lui convient sans doute pas. A-t-il trouvé une couche de sable boulant? La cîme était déjà morte.

On a rajeuni cet arbre, au printemps, en faisant un têtard. Il n'aura pas, pour cela, les honneurs du dessin. L'artiste qui, cependant, recherche les arbres creux, de lisières ou tortueux, a reculé d'horreur.

Notre plus vieux *Coccinea* ne sera pas dessiné! Je maudis l'élagueur.

Le Coccinea *a des feuilles très-variables, depuis le commencement de leur développement jusqu'à leur chute. Chez le* Tinctoria, *avec lequel il pourrait être confondu, les feuilles ont la même forme dans toutes les phases de leur existence; elles sont pinnatifides, glabres, contrairement à celles du chêne des Teinturiers, qui sont mates et molles, rudes au toucher pour les petites, les plus grandes souples et sensiblement les mêmes que celles du* Tinctoria, *mais moins grandes à l'automne; tantôt longues et profondément découpées, tantôt beaucoup moins, et ressemblant à celles du* Palustris, *avec des lobes se rapprochant moins de la nervure médiane; lobes mucronés ainsi que leurs*

QUERCUS COCCINEA (Chêne écarlate)

divisions, moins épaisses que chez le Tinctoria, *plus coriaces, un peu velues dans la jeunesse; nervure médiane saillante, bourgeons arrondis au sommet; se colorant en rouge vif à l'automne après le pétiole et la nervure médiane; fruits ovoïdes à écailles glabres, solitaires ou géminés, subsessiles, enveloppés jusqu'à la moitié; chair du fruit, blanche, contrairement à celle du chêne des Teinturiers qui est jaune; glands de grosseur moyenne, 150 à 180 par litre, dans notre pays.*

Bien des auteurs ont confondu les deux espèces; j'espère qu'avec les caractères que j'ai donnés, la confusion sera impossible.

Aux pieds des sujets, si dans leur jeune âge l'écorce est noire sur tous les sols, celle du Chêne écarlate, au contraire, est grise à une certaine hauteur, souvent lisse et blanchâtre.

Les branches sont moins fortes, plus nombreuses et entre-croisées dans la cîme, surtout dans le jeune âge, comme chez le Chêne des marais.

Chez le Chêne des Teinturiers, l'écorce est non seulement plus noire, mais plus profondément crevassée; les branches sont plus fortes. La tête est plus conique chez l'écarlate et elle s'étend davantage chez le Chêne des Teinturiers. Un Écarlate élagué ressemble assez dans le jeune âge, à un Chêne des marais.

En Amérique, dit Michaux, on confond le Chêne rouge avec le vrai Chêne d'Espagne qui est le *Falcata,* ce qui fait que dans les États du Nord, il est connu des habitants sous le nom de Chêne rouge, et dans ceux du milieu et du Sud à partir de Philadelphie, sous celui de Chêne d'Espagne.

En conservant le nom de Chêne écarlate on évitera la confusion.

Le Chêne écarlate est un bel arbre, au port à la fois agréable et majestueux, qui atteint de 25 à 30 mètres de hauteur en Amérique et s'élèvera jusque là, en Belgique.

Il est de première grandeur. On peut le classer parmi les hauts et les élégants.

Le Chêne écarlate a une assez mauvaise réputation comme bois : je pense qu'on l'a exagérée.

« *Le bois du chêne écarlate, dit* MICHAUX, *est rougeâtre d'une teinture très-grossière et ses pores sont entièrement vides. Comme il pourrit beaucoup plus vite que celui du chêne blanc, on s'en sert le moins que l'on peut dans la bâtise des maisons ainsi que dans le charronnage et on ne l'emploie qu'à défaut de ce dernier et par esprit d'économie. Il est également peu estimé comme bois de chauffage. Son principal usage dans les États du Nord et du milieu consiste en merrain dit de chêne rouge, et comme cet arbre est très-abondant dans les États du milieu, il doit fournir une bonne partie de celui de cette espèce que l'on consomme dans le pays ou que l'on importe aux colonies des Indes Occidentales.* »

Le catalogue du *Domaine des Barres*, en 1878, ne fait pas non plus un grand éloge de cet arbre.

Voici ce qu'on y lit :

« *Si son bois était de meilleure qualité le Chêne écarlate serait un arbre de premier ordre.* »

En Amérique, il atteint près de 30 mètres de hauteur; en Europe, il réussit bien, végète avec vigueur et fructifie abondamment.

Je ne sais si le Chêne écarlate a sur notre sol les qualités qu'il possède en Amérique, mais ce qui est certain, c'est qu'il

QUERCUS [illegible]

est meilleur et plus dur que le Chêne des Teinturiers. Les échantillons que j'ai reçus ne laissent absolument aucun doute à cet égard.

Si on examine à la loupe ou au microscope l'organisation du bois, on constate que les pores de la couche du bois de printemps sont beaucoup plus petits que chez le Chêne des Teinturiers, le Chêne des marais et le chêne ordinaire même, qui a grandi dans le sable.

La couche du bois d'automne est considérable. Il me semble difficile d'accepter le jugement porté sur son compte. J'ai tout lieu de penser qu'il a surtout ses qualités sur les sables frais et il me semble que c'est là qu'on devrait le prendre pour le juger comme il convient. De tous les échantillons de *Rubra*, de *Palustris*, de *Coccinea* et de chênes ordinaires soumis aux menuisiers et ébénistes, c'est celui du *Coccinea* qui a été le meilleur bois et pourtant l'arbre ne dépassait pas 70 ans; c'est aussi celui dont la coupe microscopique donne les pores les moins larges. Je demande donc sur les sables frais, pour cet arbre, une grande réserve. La qualité de son bois doit être très-variable suivant les sols. C'est un Chêne, bien lustré, agréablement veiné et dont les métiers tireront grand profit.

En Amérique, il sert à la charpente et surtout à la fabrication du merrain. Il servira aux mêmes usages ici. La rapidité de sa croissance mérite qu'on lui assigne une place dans nos terrains sablonneux, principalement. Dans l'ornementation, il n'est pas à remplacer.

Son feuillage, si varié, au printemps, et d'un beau vert un peu tendre, se colore en pourpre en automne. Quand on le place dans un sol qui lui convient, sur un sable frais de bonne qualité, il est de toute beauté. Il paraît moins exigeant sous le rapport de la qualité du sol que le Chêne des Teinturiers. On le trouve encore bien venant dans les sables secs.

Le lecteur veut-il bien retourner un instant au Mick, près d'Anvers, chez Mr Della Faille? Il y a là près « *de la maison des ouvriers* » un *Coccinea* de 1 mètre 18 centimètres, mesuré le 14 juin 1885; il fut planté en 1845.

Un peu plus loin, en pleine forêt, près de la « *Grande allée* », on voit un massif d'abres plantés en 1850.

Voici leurs circonférences au mois de juin 1885 :

Ferrugnica 0 mètre 31 centimètres; *Tinctoria* 0 mètre 85 centimètres; *Rubra* 0 mètre 79 centimètres; *Coccinea* 0 mètre 71 centimètres; *Palustris* 0 mètre 89 centimètres.

Près du « *Petit Pont* », encore un massif en pleine forêt de *Tinctoria*, *Coccinea* et *Phellos*, plantés en 1840.

Les *Tinctoria* ont 0 mètre 56 centimètres; 0 mètre 57 centimètres et 0 mètre 64 centimètres; les *Coccinea* ont 0 mètre 63 centimètres et 0 mètre 67 centimètres; le *Phellos* a 1 mètre.

Que peut devenir le Chêne écarlate à Eelen, en sable frais par exemple? En voici un chez Mr le Cte d'Alcantara, planté au milieu d'un massif en 1852; il mesurait le 26 juin 1884, 71 centimètres de circonférence.

Que devient-il sur le schiste et le grès?

Pour le savoir, retournons à Waillet et à Ponthoz.

Le 14 juin 1885, j'ai mesuré, à Waillet, un Chêne écarlate, planté en 1847, de 0 mètre 80 centimètres de circonférence. Les noyers d'Amérique avaient un accroissement supérieur.

Dans l'*Avenue Vanderstraten*, les Chênes rouges ont des circonférences de 0 mètre 64 centimètres à 0 mètre 90 centimètres; les Écarlates de 0 mètre 57 centimètres à 0 mètre 65 centimètres, et les chênes ordinaires de 0 mètre 50 centimètres à 0 mètre 65 centimètres. Le Chêne écarlate n'est pas là dans son élément et on le voit. A Ponthoz, sur le grès, chez Mr le Comte Vanderstraten, l'accroissement est plus considérable et augmente avec la fraîcheur, la division et la profondeur surtout qui excercent sur l'accroissement une influence plus grande que sur les chênes ordinaires.

Dans un sable sec, de qualité médiocre, chez Mr de Winter, à Brasschaet, château dit *Hertogt*, le 25 mars 1885, j'ai mesuré un Chêne écarlate de 1 mètre 03 centimètres de circonférence qui est très-bien venant mais qui doit être déjà d'un certain âge.

A l'*Abbaye d'Averbode*, dans un sable un peu frais, les *Coccinea* plantés dans l'allée *Luiksche drève*, ont de 60 à 75 centimètres. Les Chênes rouges ont de 75 centimètres à un mètre; ils ont été plantés tous en 1852. De toutes ces expériences, et d'autres que je passe en grand nombre il est permis de conclure que le Chêne écarlate a les mêmes exigences que le Chêne des Teinturiers. Il vient moins bien dans les sables secs que le Chêne rouge, moins bien dans les endroits marécageux que le Chêne des marais; il prospère convenablement sur le grès qui a de la division et de la fraîcheur; il est moins exigeant sur la qualité du sol que le Chêne des Teinturiers, il l'est plus que le Chêne rouge.

Son bois comme chauffage est de qualité moindre que les essences qui précèdent; le tannin contenu dans l'écorce est assez abondant.

J'ai pris, en juin 1885, des branches sur les sujets plantés en 1852, à Averbode. Les écorces et les bois ont été soumis à l'analyse.

L'écorce a donné:

	Coccinea	9,4	de tannin.
Celle du	Tinctoria	9,3	
» »	Chêne ordinaire	10,3	
	Chêne rouge	6,3	

Le Chêne écarlate est un arbre très-rustique. J'ai vu peu de chênes gelés pendant l'hiver de 1879-1880. C'est un arbre parfaitement naturalisé. Il supporte nos plus grands froids. Il porte vers l'âge de 35 ans des fruits qui se ressèment naturellement.

On compte 80 % propres à la germination. Ils sont abondants cette année. Beaucoup de sujets plantés en Belgique portent des fruits. En forêt, il soutient parfaitement la lutte contre les essences indigènes; il a besoin d'un moins grand espace pour son développement que le Chêne des Teinturiers.

L'écorce du tronc reste lisse la plupart du temps, et ce n'est qu'au pied qu'elle est crevassée; les branches sont plus fortes que chez les Chênes des marais, l'élagage laisse une plaie plus large qui se recouvre néamoins facilement.

Peu de rejets se développent sous l'écorce, le tronc reste lisse et la plaie se cicatrice vite.

Le jeune plant maintient mieux son équilibre que chez les essences qui précèdent.

Le Chêne écarlate a surtout sa place marquée dans les jardins d'agrément, dans les avenues. Il fournira, pour les plantations des routes, un arbre superbe. Il entrera peu,

QUERCUS COCCINEA (Chêne écarlate).

comme le Chêne des Teinturiers, dans nos forêts. L'on dirait, véritablement, que la beauté est une cause d'exclusion dans certaines conditions et pour certains propriétaires. Le Hêtre à feuilles pourpres, dont l'accroissement est plus fort et le bois de meilleur qualité, a-t-il déjà pris place sur nos routes ou dans nos forêts? Partout on le trouve dans les avenues et dans les bois de particuliers; au Mick on paye 20 centimes en plus un plant de haute tige. Et, pourtant, quelle différence pour l'ornementation! Le Chêne écarlate pourra être utilisé avec le Chêne des Teinturiers. C'est un chêne dont la beauté du feuillage et du tronc n'est point dépassée. Il s'élève à une grande hauteur; son feuillage écarlate est du plus joli effet. Rien n'est plus beau en automne, que ce feuillage d'un rouge vif, à côté du vert tendre de nos feuillus, ou du vert sombre des résineux. On rencontre au Mick, chez Mr Della Faille, à Westerloo, chez Mgr le duc de Mérode, à Ponthoz, chez Mr le Cte Vanderstraten, à Waillet, chez Mr le Bon Vanderstraten et ailleurs des allées d'essences variées dans lesquelles entrent le *Coccinea* et qui sont d'un aspect féerique. Si j'étais poëte, c'est sous un Chêne écarlate que je voudrais aller rêver!

QUERCUS PHELLOS

Chêne a Feuilles de Saule — Willow Oak

Ce Chêne a été décrit par Linnée, pour la premiere fois, en 1753. C'est une espèce parfaitement déterminée sur laquelle les botanistes sont d'accord. Koch critique la dénomination grecque de *Phellos*, qui veut dire: *« bouchon liége »*. Il a parfaitement raison. Le Chêne à feuilles de saule a, au contraire, une écorce très-fine et pas de liége du tout.

Le nom français de Chêne à feuilles de saules est mieux choisi et il doit être maintenu. Les feuilles, en effet, ressemblent à s'y méprendre à celles de certains de nos saules. Il m'est arrivé, plus d'une fois, de faire comprendre avec peine, que ce Chêne n'est pas un Saule. Bien des propriétaires refusent de l'admettre.

Michaux Père, dans son *Histoire des Chênes de l'Amérique du Nord,* lui donne le nom de *Phellos Sylvatica*, le distinguant de l'*Imbricaria* dont il fait du *Phellos* une variété, sous le nom de *Phellos Imbricaria* et qui n'est autre que l'*Imbricaria* dont je parlerai.

QUERCUS PHELLOS. (chêne Phellos) mesuré le 15 juillet 1884.

Circonf. à 1 m. du sol : 2 m. 50 c. Hauteur totale de l'abre : 25 m. 20. Sol sablo-limoneux. Planté en 1820.

Propriété de Mr MICHEL NYS, à RUNXT, (Hasselt).

Michaux Fils, dans son *Histoire des arbres de l'Amérique septentrionale,* le décrit sous le nom de *Phellos* tout court; les autres auteurs en font autant. Pourquoi ne-ferais je pas de même?

Duchartre, dans sa *Flore des jardins,* crée du *Phellos* des variétés avec l'*Imbricaria* et le *Cinerea.*

Spach, dans des *Suites à Buffon,* fait du *Phellos* plusieurs variétés.

L'*Imbricaria,* le *Cinerea,* le *Pumila de Walton,* qui n'est que le *Quercus Phellos Pumila* de Michaux Père et le *Quercus Cinercea de Wildenow,* deviennent des variétés.

Mr Alphonse de Candolle, fait uniquement du *Phellos* une variété assez douteuse avec le *Phellos Subimbricaria.*

Bartman, a fait lui aussi, une variété dite *Dentata,* probablement parce qu'il arrive dans le jeune âge sur les feuilles naissantes de notre *Phellos* d'avoir des dents, et Wildenow, crée une variété dite *Nana,* dont Mr de Candolle fait une variété du *Cinerea.*

Chapman, décrit du *Phellos* une dégénérescence sous le nom d'*Arenaria.*

La classification de Mr de Candolle, est-elle définitive?

En attendant des caractères botaniques invariables, je ferai pour ma part une seule espèce, sans variété.

Peut-être quelques botanistes me donneront-ils tort. Quelques uns seront de mon avis et tous les forestiers me donneront raison.

Le Chêne à feuilles de saules sont petites, variables toutefois quant à la longueur et à la largeur chez les sujets, généralement plus petites chez les adultes; elles atteignent 7 à 8 centimètres de long et 12 millimètres de large; très-brièvement pétiolées, lancéolées, linéaires, marquées de fines nervures, pennées, entières chez les adultes mais quelquefois dentées sur les jeunes pieds, aigues et terminées par une pointe cétacée; d'un vert foncé et luisant, généralement, en-dessus, plus pâle en-dessous; nervure saillante, les latérales peu saillantes; velues dans leur jeunesse, plus tard glabres en-dessus et en-dessous; glands petits, presque globuleux, avec une pointe terminale, presque sessiles, solitaires, cupule à écailles imbriquées fort petites, haute de 6 à 7 millimètres.

Le Chêne à feuilles de saules est un arbre de première grandeur qui joint la grâce à la légèreté.

En Amérique on le trouve dans les lieux humides et inondés de la Louisiane, en Géorgie, dans la Caroline, à Philadelphie, dans le long Bland, l'Arkansas et le Texas.

Je ne l'ai point observé, dit MICHAUX, au-delà des monts Alleghanys, dans ceux du Kentuky et du Ténessée.

Le *Phellos* est une plante forestière qui a une façon de croître fort étrange. Je pourrais la ranger parmi les capricieuses. C'est la jeune fille que l'on trouve, ici drapée dans des allures mâles et fières et qui reparaît un peu plus loin, parée de toute la grâce de sa séduisante coquetterie. Tout est étrange en elle: son feuillage, son écorce, son bois. C'est une séductrice.

C'est le mancenillier moins son poison.

Les librettistes qui me liront voudront voir ces arbres et les décorateurs peuvent se mettre à l'étude.

Tantôt, la plante montre une cîme conique et élancée, tantôt l'arbre se partage, à 7 ou 8 mètres de hauteur, en plusieurs bifurcations puissantes, élevant ainsi, comme si à un moment donné on avait raccourci l'arbre, ses branches fortes et longues.

QUERCUS PHELLOS (Chêne saule)

M. CEYSENS, Hasselt. – Reproduction des feuilles naturelles. Système breveté

Chez les autres espèces, le même fait s'observe parfois, mais cela tient au sol ou à des causes déterminées; ici, c'est le fait du caprice. Sur un sol sablonneux, par exemple, on trouve les uns à côté des autres, des arbres qui se bifurquent, ou qui, au contraire, forment des troncs élevés. Ceux qui, comme Spach, ont écrit que le *Phellos* a le tronc grêle, ont vu une seule forme de l'arbre, et ceux qui, comme Duchartre, ont affirmé qu'il ne dépasse pas 60 à 65 centimètres de diamètre, ont vu des sujets malingres ou n'ont pas fait usage de leur décamètre.

C'est pour rectifier ces erreurs que deux des plus beaux *Phellos* que j'ai rencontrés, non pas en Amérique, mais ici dans le Limbourg, près de Hasselt, ont été dessinés. Ces derniers montrent les formes dans lesquelles on rencontre le plus souvent ces arbres. Les légendes qui accompagnent les dessins indiquent les circonférences et les âges.

L'écorce, d'abord très-verte dans les jeunes sujets, devient ensuite blanchâtre. Tout est douteux en lui. Le vert du jeune âge n'est pas un vert naturel comme chez les autres Chênes; c'est un vert qui peut devenir foncé ou gris, et c'est par cette teinte qu'il finit par passer. L'écorce est très-fine chez les jeunes arbres; elle s'épaissit dans les arbres plus âgés sans former de rhytidòme ou ne formant qu'un rhytidôme faible.

L'écorce est généralement lisse, très-adhérente au bois.

Parfois, le tronc a aussi des ruguosités. On dirait un arbre qui travaille avant d'être coupé et qui se fend à l'intérieur.

Le Maronnier d'Indé et le Charme offrent, dans la plupart des sujets, cette particularité.

Un arbre aussi capricieux devait être diversément apprécié au point de vue de la qualité de son bois. Les feuilles qui rappellent le Saule indiqueraient un bois tendre; son tronc parfois rugueux, dénote de la dureté. Aussi, il est curieux de lire ce qu'on en dit.

Michaux, semble l'avoir rencontré moins souvent que les autres espèces du genre; l'étude qu'il a faite de son bois est-elle complète?

C'est ce qu'on prouvera peut-être, mais ce ne sera pas moi.

Le bois du Quercus Phellos, *dit* Michaux Fils, *est rougeâtre, le grain en est grossier et les pores en sont très-ouverts; c'est ce qui fait que le merrain qui en provient ne peut convenir que pour faire des barriques ou tonneaux destinés à contenir des liqueurs spiritueuses, même des vins: aussi en Amérique est-il classé parmi le merrain de Chêne rouge et employé aux mêmes usages. Au surplus, la quantité qui s'en exploite sous ce rapport se réduit à peu de chose: car cet arbre confiné dans certaines localités, est réellement peu abondant, comparativement à une foule d'autres et j'oserais même avancer que tout ce qui en existe, dans les États-Unis, ne suffirait pas si on l'employait seul pour subvenir aux besoins du pays et du commerce pendant le cours de deux années.*

Dans quelques cantons de la Basse-Virginie, et notamment dans le comté d'York, l'expérience paraît avoir appris que ce bois du Quercus Phellos *est doué de beaucoup de force et de ténacité et qu'il est moins sujet à se fendre que celui du Chêne blanc, et c'est à cause de cette propriété qu'après l'avoir d'abord bien laissé sécher, on s'en sert pour faire des jantes de roues de charettes et de cabriolets. Cet usage et celui que j'ai indiqué plus haut, est le seul auquel j'ai trouvé que ce bois fut adopté et je ne puis croire même qu'il y soit aussi propre que des morceaux bien choisis de* Quercus Obtusiloba *ou de* Fraxinus discolor. *Cependant, j'ai encore vu les champs de plusieurs habitations dans les environs de Augusta, en Géorgie, dont les clôtures étaient faites en partie de bois de Chêne saule; mais elles durent huit à neuf ans au plus, tandis que celles faites en* Quercus Prinus Palustris, *résistent pendant quatorze ou quinze.*

Le Quercus Phellos *ne fournit même qu'un mauvais bois de chauffage; et quand on l'exploite dans cette vue, il est toujours rangé dans la classe de ceux qui se vendent au prix le plus bas.*

D'après ce qui précède on peut juger que cet arbre, considéré sous le rapport des avantages qu'il peut offrir aux arts et au commerce, est d'un faible intérêt pour les Européens et même pour les habitants des États-Unis qui, dans les défrichements, ne doivent avoir aucun égard à sa conservation.

Voilà l'opinion de Michaux, et certes, elle n'est pas très-favorable; heureusement que l'étrange *Phellos* devait trouver des défenseurs; il finira peut-être par rencontrer des admirateurs.

Au *Domaines des Barres* croissent des *Phellos.*

Le bois des Chênes *Phellos des Barres,* écrit-on, est *un bon bois de travail, il est doux et facile à travailler; il a cependant le défaut de se gercer facilement en se desséchant, mais ses gerçures sont courtes et peu étendues.*

Franchement n'est-ce pas un arbre capricieux?

J'ai dit qu'il trouverait peut-être des admirateurs.

En voici un qui arrive.

J'ai déjà dit et prouvé que le bois, principalement celui des arbres exotiques, se modifie considérablement suivant les milieux.

Pour juger des qualités de son bois, il faut le prendre où il se développe bien. C'est là qu'il a ses caractères propres;

ailleurs, suivant les circonstances, ils sont modifiés complètement.

Le *Phellos* aura donc ses propriétés spéciales, ses qualités, en un mot, dans les terrains profonds, divisés, frais ou humides. Ce n'est pas même au *Domaine des Barres*, sur un terrain sec, qu'il faut l'apprécier. Là, si le bois est parfois très-bon, il pourrait ne pas l'être toujours; mais si on prend le *Phellos* ici, dans le Limbourg, sur un sable frais, il est un bon bois et cet arbre mérite toute l'attention des forestiers. Je ne sais si MICHAUX a vu écorcer le *Phellos* en Amérique, mais je me suis livré à des expériences sur la valeur calorifique de son bois et sur la richesse en tannin de son écorce que je m'empresse de faire connaître.

Dans les premiers jours de mai 1885 j'ai coupé, à Herck-la-Ville, des branches sur un *Phellos* d'un certain âge.

Mr LECART a soumis à l'analyse le bois et les écorces.

Elle a donné:

Tanin 9.5.

Pouvoir calorifique : 3000 calories.

Cette expérience confirme donc ce que dit MICHAUX sur le pouvoir calorifique: le *Phellos* est inférieur, comme chauffage, à tous les autres Chênes. Mais les branches jeunes ont donné une quantité de tannin, à peu près égale aux meilleures espèces qui sont le Chêne des Teinturiers, le chêne ordinaire, le Chêne Chataignier, et supérieure aux autres.

L'écorce dans les arbres de fortes dimensions, reste lisse, le rhytidôme se forme peu, ou fait complètement défaut. Il en résulte que pour les *baliveaux*, les *modernes*, les *anciens*, l'écorce sera supérieure à celle de presque toutes les essences: elle correspond, au moment de l'écorcement, au cinquième du poids du bois écorcé, chez les jeunes sujets.

Dans le Chêne des Teinturiers, au contraire 104 grammes de bois des branches écorcées ont donné 41 grammes d'écorce, de sorte que le poids de l'écorce est au poids du bois dans le rapport de un est à trois et le plus souvent dans le rapport de un est à quatre.

Je n'ai pu soumettre aux métiers, faute d'échantillons suffisants, le bois du *Phellos*. Ceux qui m'ont été fournis et les expériences faites sur les sujets, me permettent de dire, que c'est un bois dur et qui a été mal apprécié.

Il est doux au rabot et prend un beau poli. Il sera donc recherché par les métiers et la menuiserie en tirera grand profit. Comme je le disais pour le *Coccinea*, il faut se défier de ses impressions dans l'appréciation de la qualité d'un arbre et l'expérience directe, seule, peut et doit parler.

Le *Phellos* a tout à gagner à subir l'expérience que d'autres redouteraient. Son accroissement prodigieux lui assurera dans les forêts de nos terrains sablonneux et frais une place que ne lui enlèveront ni ceux qui l'ont mal jugé ni ceux qui lui sont restés indifférents ou qui l'ont dénigré.

Dans les sables secs comme dans les sables frais, il se développe avec une rapidité étonnante. Il est étrange encore ici. Si les Chênes d'Amérique prennent un accroissement considérable dans les sables frais, cet accroissement diminue d'une façon extraordinaire dans les sables secs et il s'en trouve qui y végètent misérablement.

Le Chêne saule est arrivé un des premiers en Belgique.

C'est seulement en 1789 qu'il fut introduit en France et en 1803 le voilà à Herck-la-Ville. L'arbre est dans un parc sur un sol sablonneux, d'assez bonne qualité. Je l'ai mesuré le 17 avril 1885; il avait 2 mètres 50 centimètres à un mètre du sol et une hauteur de 28 mètres.

Pour faire une connaissance complète de cet arbre, qui vaut la peine qu'on l'étudie, il faut le voir en sable limoneux, en terrain calcaire et schisteux.

C'est ici Runxt, près de Hasselt, propriété de Mr Michel Nys.

Voyez-vous ce massif planté en 1820?

Il y a des arbres que j'ai mesurés au mois de février 1885: un *Rubra* de 2 mètres 35 centimètres; un *Palustris* de 2 mètres 05 centimètres; deux *Tinctoria* de 2 mètres et 1 mètre 75 centimètres.

Sur la même ligne, là-bas, en allant de Hasselt à St-Trond, voyez-vous Hils?

C'est la propriété de M^r^ le Docteur Bamps de Hasselt, un amateur de botanique. Le 24 juin 1884, j'ai mesuré le *Phellos* qui se trouve à l'entrée: il avait 1 mètre 50 centimètres de circonférence et il a été planté en 1850. Que serait-il sur le calcaire?

J'ai mesuré à Ponthoz, le 15 mars 1885, deux *Phellos* plantés en massif en 1847 et qui avaient seulement 47 centimètres de circonférence !!!

Qu'est-il en argile forte? Je vais le dire, au château de Mont-St-Jean, près de Zeelhem. J'ai mesuré au mois de juin 1885, deux *Phellos*, plantés en massif, qui avaient 1 mètre 05 centimètres et qu'on a plantés en 1840.

On ne reconnaît plus le beau *Phellos*.

Allons l'admirer dans un sable sec.

Voici un massif d'arbres plantés en 1855, en lieu dit: *Le Talus* chez Mr Della Faille, au Mick. J'ai pris les mesures le 26 mars 1885. Il y a des *Palustris* de 1 mètre 45 centimètres et 1 mètre 38 centimètres; un *Phellos* de 1 mètre 72 centimètres et deux *Palustris* de 1 mètre 30 centimètres et 1 mètre 40 centimètres.

En voici trois, au « *Petit-Pont* », plantés en 1840.

Le 26 mars 1885, leurs circonférences étaient: *Tinctoria* 57 et 64 centimètres; *Coccinea* 63 et 67 centimètres; *Phellos* 1 mètre.

Encore un autre massif en lieu dit : « *Chemin Cronc* », sable pur, un peu plus frais.

Le 26 mars 1885, j'ai mesuré les circonférences suivantes:

Rubra: 1 mètre 80 centimètres; 1 mètre 07 centimètres; 1 mètre 10 centimètres.

Palustris: 1 mètre 10 centimètres.

Phellos: 1 mètre 08 centimètres et 0 mètre 80 centimètres.

Ici, c'est toujours le « *Chemin Cronc* »; les arbres sont en allée, un filet d'eau coule dans un fossé.

Voici les circonférences des arbres mesurés le 26 mars 1885:

Phellos: 1 mètre 12 centimètres; 1 mètre 22 centimètres; 0 mètre 96 centimètres.

Épicéas: 1 mètre 09 centimètres.

Palustris: 1 mètre 03 centimètres; 1 mètre 10 centimètres.

Sapins argentés: 1 mètre 95 centimètres; 0 mètre 85 centimètres; 0 mètre 95 centimètres.

Rubra: 0 mètre 85 centimètres; 0 mètre 86 centimètres.

L'accroissement du *Phellos*, dans les terres qui lui conviennent, est réellement prodigieux et surpasse celui de toutes les essences. Il croit très-bien comme le *Rubra*, dans les terres légères, profondes, divisées et fraîches. C'est dans les sables frais et dans les sables limoneux qu'il prend le plus fort grossissement. Il vient bien dans les sables secs. Il a une végétation très-lente dans les terrains schisteux ou calcaires; les argiles fortes lui sont absolument contraires, il y perd toute sa grâce et toute sa beauté. C'est un arbre des plaines.

Le Chêne à feuilles de saule est celui dont les fleurs apparaissent les premières; le 15 avril 1885, un *Phellos*, à Herck-la-Ville, montrait ses premières feuilles. Les fleurs apparaissent avec le développement des feuilles au premier printemps.

L'arbre fructifie assez rarement dans notre pays et donne peu de fruits. Les glands sont généralement bons et petits, on en compte en moyenne, 350 par litre. On trouve le *Phellos* dans les grandes pépinières que j'ai désignées, mais il est encore peu cultivé en Belgique et il mériterait de l'être davantage.

J'espère que la monographie que j'ai faite contribuera à sa propagation.

Le jeune plant est robuste; il se cultive sans abri dans les pépinières. Il a des branches assez grêles et peu nombreuses qui ne nécessitent point un élagage fréquent. L'écorce est lisse, l'élagage n'offre pas d'inconvénient et l'arbre a un accroissement considérable qui ferme la plaie immédiatement.

Le terme d'exploitabilité pourrait être vers l'âge de 100 ans si j'en juge par les sujets que j'ai rencontrés.

Cependant ceux plantés en 1803 et en 1812, à Herck-la-Ville, sont encore en parfait état de végétation.

La naturalisation du Chêne à feuilles de saule me paraît

assurée. Je n'ai rencontré que deux ou trois pieds qui ont été atteints par les gelés de 1879-1880.

L'un, chez Mr Goetsbloets à Curange, est pourtant abrité; un autre, à Herck-la-Ville, le long d'une mare d'eau, mais, je dois le dire, les autres arbres ont été aussi atteints.

Je pense donc qu'on peut planter, sans inconvénient le *Phellos* dans les parties sablonneuses, sèches et fraîches, où il me paraît surtout appelé. A des altitudes élevés, je n'en répondrais pas. S'il ne doit pas constituer à lui seul des forêts entières, il convient de lui donner une place raisonnable au milieu d'autres essences. Il soutiendra avantageusement la lutte ; il se comporte très-bien en mélange avec ses congénères. Son tempérament est robuste, son feuillage est léger. Il aura donc sa place au milieu des réserves, au bord des sapinières et en forêt. Il est à recommander dans les terrains sablonneux. Dans les avenues et les plantations des routes son avenir sera moins brillant.

Il y aura lieu pourtant, bien que son feuillage soit très-léger, de le mettre comme contraste à côté d'autres essences: la variété ne déplait point et ne l'oublions pas, il vient bien dans les sables secs!

Il a sa place marquée dans les massifs des parcs et sur les pelousses. Pourquoi ne s'y trouve-t-il pas plus? Est-il inconnu, est-il féerique ?

Peut-être pour ces deux causes.

C'est un arbre étrange. C'est un fascinateur.

Et si un jour au détour d'un chemin, au coin d'un massif du parc, on voit s'épancher des aveux, c'est le Chêne à feuilles de saules qui aura été choisi pour le muet confident des doux entretiens.

QUERCUS HETEROPHYLLA.

Chêne Hétérophylle — Bartram Oak

Ce Chêne est en quelque sorte mystérieux et je soupçonne fort Michaux d'avoir employé, pour le propager, le procédé qui avait si bien réussi à Parmentier pour la pomme de terre. Les botanistes qui ont parcouru l'Amérique du Nord, n'ont, paraît-il, trouvé qu'un seul pied à quatre milles de Philadelphie sur le bord de Schuyllkill, dans un champ dépendant de la ferme de Mr Bartram.

Les auteurs venus après les deux Michaux ont raconté comme eux l'histoire de l'hétérophylle, et le nom de Mr Bartram se trouve dans tous les ouvrages parlant des arbres de l'Amérique septentrionale.

La description que fait de cet arbre Michaux, Fils, est assez incomplète, au point de vue botanique et elle n'apprend rien aux forestiers. C'est peut-être un bien, il n'y aura pas d'erreur à dissiper.

QUERCUS HETEROPHYLLA (Chêne Hétérophylle).

M. CEYSENS, Hasselt. - Reproduction des feuilles naturelles Système breveté

Je laisse donc parler MICHAUX.

« *Ce Chêne a environ 65 centimètres de diamètre et 30 pieds d'élévation. Il est d'une belle venue et paraît devoir arriver encore à une beaucoup plus grande hauteur* ».

« *Les feuilles sont ovales, allongées et garnies irrégulièrement de larges dents; elles sont lisses en-dessus et en-desssous, et d'un vert sombre. Les glands de médiocre grosseur et arrondis sont contenus dans des cupules peu profondes et légèrement écailleuses* ».

MICHAUX explique d'une façon assez fantaisiste l'histoire de cet arbre devenu légendaire. Car enfin tout homme raisonnant un peu, a dû se dire : « mais cet arbre de 65 centimètres de diamètre qui est là seul et comme perdu dans le champ de Mr BARTRAM, bien venant et de franc pied, doit provenir d'un gland et ce gland doit provenir lui-même d'un arbre, Mr BARTRAM ne l'a pas créé. »

« *Les voyageurs*, dit MICHAUX, *qui ont parcouru les deux parties du Nord pour en étudier les productions naturelles, les botanistes qui se sont livrés d'une manière particulière à l'étude des végétaux et qui ont publié la flore des pays qu'ils ont visités, ont remarqué qu'il existait des plantes et des arbres, appartenant à des espèces si peu multipliées, qu'elles semblaient faire prévoir leur prochaine disparition de la surface du globe. Le Chêne dont je donne la description paraît devoir être rangé dans cette classe, car plusieurs botanistes, Américains et Anglais qui, comme mon père et moi, n'ont cessé pendant bien des années de parcourir les États-Unis dans toutes sortes de directions et qui, très-obligeamment, nous ont communiqué pour le progrès de la science le résultat de leurs observations n'ont, ainsi que nous, rencontré nulle part plus aucun autre* Quercus Heterophylla ».

On pourrait se demander si les botanistes ou les savants séduits par l'hospitalité généreuse de Mr BARTRAM ne se sont pas arrêtés surtout dans les environs de Philadelphie et si Mr Bartram ne les à pas induits en erreur en leur présentant cet arbre comme unique cachant mystérieusement sa provenance. Cet arbre n'était-il pas une variété d'un autre arbre?

A cela Michaux répond:

« *J'avais d'abord pensé que cet arbre pourrait être une variété du* Quercus Laurifolia, *avec lequel il a le plus de rapport; mais je me suis assuré du contraire car dans aucun cas jamais les feuilles de cette dernière espèce ne sont dentées; d'une autre part il n'y a point de* Quercus Laurifolia *à plus de 50 milles de celui qui fait l'objet de cet article* ».

Michaux, frappé du feuillage extra-ordinaire, voulut savoir ce que cet arbre deviendrait en France. Il s'adressa à Mr Bartram qui lui en remit quelques jeunes plantes.

Je possède, dit Michaux, *quelques jeunes plantes du* Quercus Heterophylla, *que je dois à l'obligeance de Mr Bartram; ils viennent très-bien en pleine terre. Je me propose de les planter dans quelques jardins publics pour assurer leur conservation d'une manière certaine*».

Le lecteur vient de lire dans les citations, tout ce que Michaux Fils écrit de cet arbre. Depuis 1812, les parcs publics de la France possèdent donc des Hétérophylles qui ont dû donner des glands, lesquels ont donné des arbres.

La greffe a accompli sa mission et l'on retrouve souvent, sans en connaître la provenance, des Hétérophylles dont on admire le feuillage et que l'on doit à Mr Bartram.

Un doute cependant s'est élevé. Cet Hétérophylle est-il bien une espèce?

La plante, aux États-Unis, comme en Europe, n'est pas toujours, paraît-il, d'une fidélité absolue.

Le serment qu'avaient fait les espèces de ne s'unir qu'entre elles a été souvent rompu et l'on attribue même, sans oser l'écrire, à Mr BARTRAM le crime d'avoir favorisé un jour de coupables liaisons dans une forêt de l'Illinois.

Les savants, qui ne se payent pas de vains mots, ont des moyens de se venger; ils jurèrent de trouver la retraite où l'*Imbricaria,* le *Coccinea,* le *Tinctoria*, pouvaient s'être donné rendez-vous. CHATEAUBRIAND avait bien découvert la retraite du père Aubry, et c'est sur les rives de Meschacébé qu'Atala et Chactas, un jour d'orage, oublièrent qu'un serment interdisait leur union.

On résolut de battre tous les coins de l'Illinois et voici qu'un auteur Américain, Mr NUTT, découvre la plante cherchée, à laquelle il donne le nom de *Leana,* et que Mr ALPHONSE DE CANDOLLE, le plus grand botaniste du siècle, décrit comme suit:

Ramis junioribus glabris, foliis e basi plerumque obtusa oblongis vel ovato-oblongis vel rarius obovato oblongis acutis margine ondulatis vel irregulariter pauci lobatis apice et extremitate laborum mucronato. Setaceis coriaceis adultis supra globiis suptus stellato pilosis demum glabris amentis fructibus in pedunculo brevissimo solitarius geminisve, cupula hemisphiericâ in stipitem brevem squamosum abrupte angustatâ squamis adpressis ovatis obtusis subsericcis glande cupulâ duplo triplove majore ellipsoidea. Rara forsam hybrida. Propre Cincinati.

Les savants traduiront, et les autres n'ont pas besoin de savoir ce que cela veut dire.

ENGELMAN avait laissé un échantillon dans son herbier. MÉAD a trouvé la plante dans l'Illinois.

Pour ENGELMAN, c'est une hybride de l'*Imbricaria* et du *Tinctoria*. Mr DE CANDOLLE demande: n'est ce pas plutôt de l'*Imbricaria* et du *Coccinea ?*

Mr DE CANDOLLE dit en effet: *folia 3-6 poll. longa 1 1/2-4 poll lata, petiolo-9-15 lin longo, forma generali potius O. Imbricaria sed majora tomento caduco et frequenter lobata mucronata, ineodem ramo. Undulata vel lobata nunc uno latere tantum 1-2 lobata, lobis ovatis, sinibus parum incisis. Fructus O. Coccinea. Cupula 4 lin longa (incluso slipite.) (6-7) lin lata folia non magis variant quam in affinibus, fructus constans. Hybridita non certa.*

Mr DE CANDOLLE met en doute cette hybridité.

Et moi aussi, au moins pour l'*Imbricaria* et le *Tinctoria,* et pour cela je vais à d'autres sources; je ne me contente pas de feuilles ni de fruits.

Je vais plonger mes regards et au besoin mon microscope dans les fibres et les vaisseaux du bois même. C'est fait. Je dis que le *Coccinea*, avec son bois rouge et poreux, l'*Imbricaria* avec son bois tendre, n'ont pas pu, par de coupables liaisons, s'unir clandestinement sur les bords de l'Illinois pour produire un bois tel que l'*Heterophylla*, ce bel arbre d'un bois supérieur, qui porte bien fièrement la tête de l'enfant légitime.

D'ailleurs DE CANDOLLE, dont la compétence en cette matière n'est pas douteuse, décrit lui même l'*Heterophylla*, mais il en fait une variété de l'*Aquatica*, qu'il caractérise comme suit:

« *Foliis oblongis, acuminatus irregulariter lobatis lobis setaceo-mucronatis. Unica arbor olim in fundo Bartrami, propre Philadelphiam unde in hortos introducta, an hybrida?* »

« Est-ce une hybride » ?

Le plus grand botaniste du siècle a posé la question.

Il ne l'a pas résolue.

Et il ajoute :

« *L'hétérophylle qui figure dans l'ouvrage de* Michaux Fils, *les* Chênes de l'Amérique septentrionale, *a un pétiole de 6-7 lignes de long, un limbe de 3 à 4 pouces* (pollicem *lati.* »)

Mr de Candolle en a vu un spécimen dans l'herbier de Webb et dans celui de Desfontaine.

L'Hétérophylle de Michaux Fils, *ajoute* de Candolle, *fide herba dictum, iconi fere simile, sed foliis in eodem ramo lobatis vel integris, petiolis in altero ramo 2-7 lin longis. Similiter variant specimina hort. Herrnhausen in herb. Engelm. et meo e semidibus arboris. Bartram educata, sed in hisce folia sæpius integra. Ideo nea ferma Laurefoliæ, id est Aquaticæ.*

J'avais donc raison de dire que cet arbre est tout-à-fait mystérieux. Il n'est pas certain du tout que le *Coccinea* et l'*Imbricaria* se soient donnés rendez-vous dans un coin désert de l'Illinois pour s'y livrer à de coupables amours.

Les habitants de l'Illinois ont pu livrer à Mr Bartram cet arbre élégant dont on a voulu faire un bâtard.

Virginie se jette dans le fleuve et y périt plutôt que de s'exposer à paraître sur les bords de l'autre rive dans le costume qu'Ève portait le premier jour au jardin d'Eden.

Et c'est tout près de là, sur les rives du Meschacébé, qu'Atala, un jour d'orage, s'empoisonna dans les bras de son amant Chactas, plutôt que de briser le serment qui le liait à sa religion.

Le *Coccinea* aurait montré les dents le jour que l'*Imbricaria* aurait voulu le séduire.

Je crois en leur commune vertu et j'abandonne à NUTT son *Leana*, aux autres le soin de discuter si c'est une hybride et quelles sont les sources de croisement.

Pour moi, l'*Heterophylla*, le *Leana* et l'Hybride contesté, seront la même chose, aussi longtemps qu'on ne m'aura pas prouvé les différences.

CHATEAUBRIAND n'écrit-il pas dans les *Natchez*: « *En descendant la montagne, j'aperçus des Chênes où les génies semblaient avoir dessiné des caractères étranges ?* » C'était dans l'Illinois près de la grotte ou Chactas et Atala s'étaient abrités pendant l'orage. Ces chênes étaient sans doute des Hétérophylles.

Cela dit, voici l'Hétérophylle tel qu'il nous est arrivé dans nos jardins, dans nos parcs, par les soins de MICHAUX FILS, qui les tenait de Mr BARTRAM, des environs de Philadelphie.

Et afin qu'on ne m'accuse pas de tronquer les descriptions, je cite textuellement MICHAUX.

« *Quercus foliis longe petiolis ovala lanceolata integris vel inequalter dentatis globulosa.* »

Le lecteur a traduit en lisant, comme suit, je suppose : *Chêne à feuilles longuement pétiolées, ovales, lancéolées entières ou inégalement dentées, glands subglobuleux.* Ce n'est pas plus difficile que cela. C'est assez incomplet. Il m'est bien permis de définir aussi.

Voici ma description :

La feuille a des pétioles variant de 1 1/2 à 2 1/2 centimètres à base aigue ou ovale; lancéolée d'une largeur et d'une longueur très-variables, atteignant en automne, parfois 15 centimètres de long et 7 à 8 centimètres de large. Elles sont rarement entières, le plus souvent elles sont mucronées et lobées, à lobes très-irréguliers et généralement *très-aigus, assez fines au printemps mais s'épaississant avec la saison et, en automne, très-épaisses; glabres à la face supérieure et à la face inférieure, tandis qu'elles sont tomenteuses à la face inférieure chez l'*Imbricaria; *d'un beau vert, foncé luisant, comme vernissées, à la partie supérieure, d'un vert moins foncé, mais pas pâle à la face inférieure; nervure médiane assez saillante et jaunâtre; paquets de poils aux aisselles de la nervure médiane; fruits solitaires ou géminés subglobuleux, coniques, petits, garnis d'une pointe saillante; écailles de la cupule petites, apprimées; pédoncule assez court; cupule ne couvrant le fruit que jusqu'au tiers de la hauteur.* »

Il n'est pas possible de confondre cette espèce avec l'*Imbricaria* ou toute autre espèce et ceux qui la confondent ne l'ont pas vu croître.

Cet arbre a une écorce lisse, un peu noirâtre. Le point d'attache des branches au tronc est large; l'élagage ouvre une plaie assez étendue. Son feuillage est singulier: vu du pied de l'arbre, il offre toutes les formes, les découpures variées des feuilles lui donnent une apparence de légèreté, avec son feuillage très-épais.

C'est un élégant.

Je le place au premier rang parmi les plantes d'ornement. Il a un accroissement très-grand et une croissance très-active. Il demande une terre légère, profonde, divisée, fraîche; sans rechercher l'humidité, la fraîcheur lui est indispensable.

Il croît avec une vigueur extraordinaire dans les terrains limoneux; il vient bien dans les argiles douces. Il redoute les terres argileuses et compactes; les terrains schisteux sans profondeur et les terrains calcaires lui sont absolument contraires; il prend un bel accroissement dans les sables frais.

Il paraît être un arbre des plaines.

Le plus bel exemple du type que je connaisse est au château de Mombeek, chez Mr de Donéa-Van Nes. Il y a des arbres qui apportent en naissant comme un cachet mystérieux.

Combien de fois ne me suis-je pas arrêté devant cet arbre qui a fini par me livrer ses feuilles, son écorce et son bois?

D'autres s'y arrêteront encore.

Il a été planté en 1852; il mesure 1 mètre 10 centimètres de circonférence à un mètre du sol, et il a une hauteur proportionnée.

C'est un arbre d'un effet ornemental sans pareil.

Vu de loin, il paraît un peu sombre tout d'abord, ses feuilles disposées comme des lames ainsi que certaines de nos fougères, la langue de chevreuil par exemple, laissent percer un jour suffisant et il devient moins sombre quand on s'en approche.

Il reste mystérieux.

Mais s'il suffit pour devenir un arbre d'ornement d'avoir un beau tronc, une belle feuille, un beau port, il faut encore pour devenir un arbre forestier, des qualités.

L'Hétérophylle peut-il le devenir?

Les auteurs qui en ont parlé jusqu'à présent, semblent avoir voulu respecter le mystère qui plane sur son origine, car ils se sont abstenus de dire mot de la qualité de son bois.

Je serai ainsi dispensé de réfuter de grandes erreurs et l'Hétérophylle entrera dans nos parcs et nos forêts avec ses propriétés, sans avoir été précédé d'une réputation imméritée.

Tant mieux pour lui.

J'ai fait couper en mai 1885 des branches d'un Hétérophylle planté en 1852. Mr Lecart, professeur à l'Université de

Louvain, a fait les expériences au point de vue de la valeur de l'écorce et du pouvoir calorifique du bois. L'écorce a donné 9 % de tanin, et le bois 3321 calories.

Son écorce est donc de toute première qualité et il est au premier rang pour le chauffage.

Si l'on examine une coupe microscopique comparée à celle d'autres essences, on constate que les pores de la couche de bois de printemps sont moins vides, moins poreux, plus petits. Comparée à la couche du printemps, la couche d'automne est considérable.

Le bois est très-finement et très-agréablement lustré, il est doux au rabot et se travaille facilement.

Il a du nerf, de la force. Il donnera un excellent bois pour les métiers, pour l'ébénisterie en particulier.

L'élagueur prétend que, après le *Palustris* qu'il appelle *ab di fier*, c'est le plus dur des Chênes d'Amérique; c'est aussi mon avis. Placé sur les pelousses, dans les allées, les drèves, les plantations des routes, il formera un arbre superbe.

Il se comporte bien en massif; il a besoin d'un espace moindre pour se développer que le *Rubra* ou le *Tinctoria*. Sa tête est plus pyramidale, la rapidité de son accroissement lui permettra de soutenir la lutte. Il est naturalisé. Je n'ai pas trouvé de Chêne Hétérophylle gelé pendant l'hiver de 1879-1880.

Il a résisté à toutes les influences. Il porte fruits vers l'âge de 35 ans à 40 ans, mais cette année de glandée, on peut voir au square St-Joseph, à Bruxelles, un Hétérophylle chargé de ruits et qui n'a pas cet âge. Il porte peu de glands.

Dans les pépinières, son éducation est facile.

Il demande à être élagué dans le jeune âge. Il existe au *Domaine de Barres* plusieurs pieds où l'on pourrait aussi se procurer des glands.

J'ai cité le square St-Joseph, à Bruxelles.

L'Hétérophylle qui s'y trouve mesurait 0m 82 centimètres au mois de mars 1885.

J'engage ceux qui voudraient faire connaissance de cet arbre plus intimement à ne pas faire attention à ce pied qui ne se trouve pas dans son élément et a été taillé pour un square, mais à le voir chez Mr de Donea-Van Nes, au château de Mombeek, près de Hasselt.

Dans le parc de Mme la Bonne Whettnall à Zepperen, quelques sujets ont été plantés depuis quelques années. On voit que la terre argileuse où ils se trouvent ne leur convient pas.

Son avenir me paraît assuré sur notre sol. Aux amateurs de nouveautés, je recommande cet arbre; je le recommande aussi à tous ceux qui s'occupent d'arboriculture, et j'espère que les forestiers ne seront pas les derniers à l'admettre.

Il y a là pour nos routes un arbre d'un feuillage extraordinaire et pour les avenues une espèce dont tireront profit nos architectes-paysagistes.

Je demande qu'on ne le déprécie pas tout de suite en l'introduisant dans les terres fortes, argileuses ou calcaires, car si son origine est mystérieuse, ses qualités ne le sont plus pour moi et il a droit à une protection spéciale.

Je l'admire.

QUERCUS ALBA (Chêne blanc).

QUERCUS ALBA (LINNÉE)

Chêne Blanc — White Oak

Le Chêne blanc, a été décrit sous ce nom, en 1753 par Linnée. Ce nom lui a été donné surtout, à cause de l'écorce qui est blanchâtre. Son bois, en effet, est loin d'être blanc; il est un peu rougeâtre et offre beaucoup de ressemblance à celui de notre chêne pédonculé. Le chêne blanc est originaire des États-Unis.

Il a été observé dans *la Floride, le Texas, le Maine et les bords du lac Winnipey.*

Il fut introduit en Europe en 1724.

Plusieurs auteurs ont paru reconnaître dans le *Quercus Alba* différentes variétés.

Michaux, Père, en avait créé une sous le nom de *Quercus Repanda, « dont les feuilles sont irrégulièrement sinuées ou sinuées lobées. »*

de Candolle, *dans le Prodrôme,* le fait connaître sous le nom de *Quercus Alba* avec deux variétés, le *Quercus Microcarpa*, dont les fruits sont plus petits et la variété dite: *Repanda.*

L'arboretum de Pertzold la présente sous le nom de *Quercus Punoza.*

Toutes ces variétés ont été contestées et non sans raison.

Si l'on observe le chêne blanc sur des sujets jeunes ou dans des terrains qui ne lui conviennent pas, l'on constate alors « *que les coupures sont très courtes et sont séparées par des lobes larges* » ou comme ALPHONSE DE CANDOLLE, « *que les fruits sont très-petits* ». C'est surtout chez les arbres jeunes que ces particularités se rencontrent.

Lorsque les arbres sont arrivés à l'âge adulte et qu'ils ont atteint un développement normal, ces différences disparaissent.

Dans les pépinières, les feuilles de certaines espèces de Chênes d'Amérique prennent un développement extraordinaire; chez le chêne blanc, au contraire, elles restent petites dans le jeune âge du sujet, c'est ce qui a permis aux horticulteurs et aux pépiniéristes de le classer sous des noms qui n'ont rien de commun avec lui.

Je ferai à propos du *Quercus Alba,* une remarque importante faite par notre savant botaniste forestier, Mr ALFRED WESMAEL, à propos du Peuplier.

Au fur et à mesure que la science s'enrichit par une plus grande observation, le nombre des espèces se restreint.

Lorsque l'on prend des feuilles et des fruits sur des arbres pour en déterminer les espèces, il faudrait ne livrer aux spécialistes que des organes recueillis sur des sujets adultes.

Quelques chênes blancs, suivant MICHAUX, donnent des glands d'un bleu foncé, mais il paraît que ces arbres sont en très petit nombre. « Je n'ai observé, dit-il, que deux individus offrant cette variété ». Cette particularité doit tenir à des causes

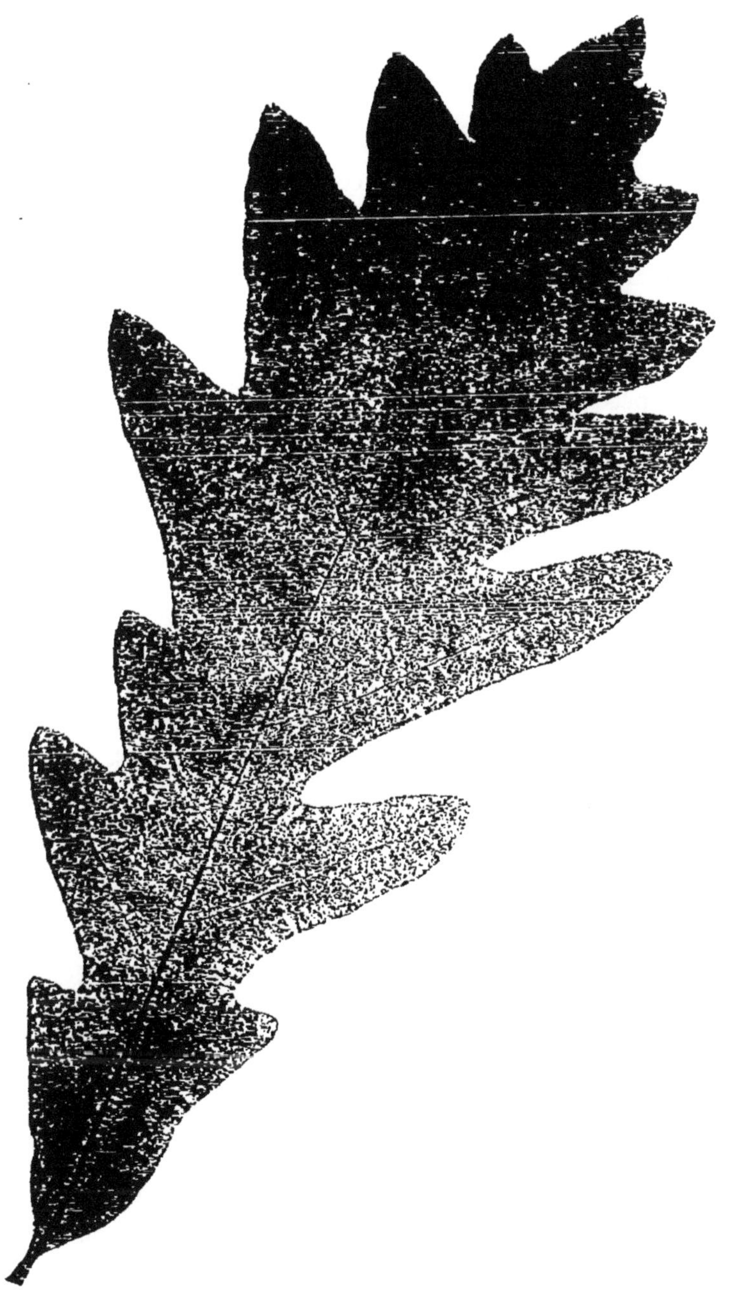

QUERCUS ALBA (Chêne blanc)

JEUNE PLANT

locales, car en ouvrant des glands de chênes blancs reçus de partout, j'ai aussi remarqué cette couleur qui n'est pas suffisante, à mon avis, pour caractériser une variété.

Les glands récoltés en Europe n'ont pas reproduit les variétés que les auteurs nous ont fait accepter, et pour ma part, jugeant par les sujets que j'ai observés, je ne puis décrire qu'une espèce sans variété.

Au surplus, le dessin représente ici les feuilles prises sur des sujets différents et dont les types se rapprochent très bien des variétés que l'on nous crée. Dans des conditions normales, ce sont ces formes que l'on rencontre.

Ainsi entendu, le chêne blanc a les rameaux glabres: les feuilles oblongues ou ovales, lobées quelquefois pinnatifides; lobes unis, obtus, avant leur développement rougeâtres au-dessus, dans la première jeunesse ordinairement velus, plus tard un peu velus, plus glabres à la face supérieure, tomenteuses légèrement en-dessous, blanchâtres ou plutôt d'un bleu clair et au-dessus d'un vert tendre; cupule blanche grisâtre, hémisphérique, cendrée; glands ellipsoïdes, ne dépassant pas le tiers de la hauteur du gland; fruits assez gros, attachés à des pédoncules plus ou moins allongés; fruits solitaires souvent géminés, rarement en trochet ; fleurit avec le dévéloppement des feuilles. Maturation annuelle.

Le chêne blanc est en Amérique un arbre de toute première grandeur et de toute première qualité. Il atteint jusqu'à 25 et 30 mètres de hauteur sur une circonférence proportionnée. Son bois sert aux constructions et son écorce est riche en tanin. Il occupe aux États-Unis le premier rang parmi les chênes. L'on a pensé que le chêne blanc pourrait être cultivé avec avantage dans nos forêts d'Europe.

MICHAUX a, à cet égard, fait des réserves que l'expérience paraît avoir confirmées.

« Je ne pense pas, dit MICHAUX, que ce soit une bonne acquisition pour l'Europe, mon opinion est basée sur les renseignements que j'ai obtenus, principalement de beaucoup de constructeurs de vaisseaux ».

« La supériorité du chêne blanc se trouverait seulement dans sa plus grande élasticité qui le rend propre, lorsqu'il est jeune, à faire des cercles ».

MICHAUX, chargé d'une mission spéciale, avait surtout en vue les bois pouvant avantageusement servir aux constructions navales. La question se présente aujourd'hui aux points de vue économique et cultural. Il s'agit, avant tout, de savoir si le chêne blanc conserve en Amérique les brillantes qualités qu'il possède dans son pays d'origine, si sa croissance est plus active, s'il se contente d'un sol moins fertile, s'il sert à des usages spéciaux.

« Dans le domaine des Barres, souvent il vient mal; il y a » fleuri pour la première fois en 1877. Son bois, qui est de bonne » qualité, est d'ailleurs inférieur à celui du chêne pédonculé. » Ce motif, joint au peu de vigueur de sa végétation, empêchera » son introduction dans nos forêts. »

Voilà ce qu'on lit dans le catalogue de l'exposition du domaine des Barres, à Paris, en 1878. Mr PISSOT, Inspecteur des forêts et Conservateur du bois de Boulogne, faisant son rapport sur les plantes et les graines forestières présentés à l'occasion de l'exposition forestière fait figurer le chêne blanc dans la liste des espèces qu'il convient d'écarter soit qu'elles n'acquièrent que de faibles dimensions, soit qu'elles donnent rarement des graines fertiles, soit que la croissance soit lente.

Avant de demander son exclusion, il faut voir s'il se comporte de la même façon en Belgique, quels sont les terrains qu'il exige et les usages spéciaux auxquels il peut servir.

L'expérience tentée au domaine des Barres ne suffit point et le bois de Boulogne ne me paraît pas dans des conditions de sol convenables à cette essence. Suivant DUCHARTRE, « *son développement est assez rapide* ». Le sol des Barres est pauvre, sec et sabloneux: c'est précisément dans ces sols que MICHAUX l'a trouvé mal venant en Amérique. « A l'Est des monts Alleghanis, dit MICHAUX FILS, le chêne blanc se trouve disséminé dans toutes sortes de terrains, et placé à toutes sortes de positions, pourvu que le sol ne soit ni trop sec, ni exposé à être longtemps submergé. Le pays est légèrement montueux, le terrain est demi argileux, la couleur jaunâtre, entremêlé de pierres calcaires. Une température trop rigoureuse, un sol trop aride ou trop aquatique ou d'une très grande fertilité, sont autant de causes qui font que pour le présent, les différents parties des États-Unis indiquées, sont peu fournies de Chênes d'Amérique ».

Le chêne blanc a donc été placé aux Barres et, probablement au bois de Boulogne, dans des conditions très défavorables et qui ne suffisent pas pour faire exclure, sans appel, une essence aussi précieuse qui serait une bonne fortune si elle pouvait acquérir un beau développement sur nos sables humides ou dans notre limon.

Il est désirable que l'expérience soit renouvelée dans des conditions régulières, dans les sables frais et limoneux, principalement dans le Limbourg, le Brabant et la Province d'Anvers; ailleurs, dans l'argile douce et le limon, où les chênes blancs me paraissent devoir arriver à un développement plus fort en végétant dans des conditions plus avantageuses.

Le chêne blanc supporte bien notre climat; nulle part je ne l'ai trouvé atteint par les gelées. Il est rustique et peut, sans danger, être naturalisé. Il semble demander la terre ferme.

C'est dans les sols argileux, dans les terres fermes sans être compactes et dans les sables gras un peu consistants qu'il prend son plus grand accroissement.

Ce chêne supporte en effet très bien la greffe. Des auteurs ont même prétendu que c'était le seul moyen de le propager.

L'on a écrit que le gland germait avant de tomber. Il ne se comporte pas de cette façon en Europe. Aux Barres, il se conduit comme les autres chênes et, partant, se multiplie par semis. Mr le garde-général Balay, m'a écrit: « Je puis affirmer que le chêne blanc ne germe pas avant de tomber ».

Un grand propriétaire, M. le Baron Van Havre, à Braeschaet, m'a dit n'avoir jamais obtenu de plantes avec les glands du chêne blanc de provenance américaine. L'essai a été répété bien des années pour obtenir le même résultat; aussi, cet amateur fait aujourd'hui venir les jeunes plantes d'Amérique et ne sème plus.

Le lecteur me saura gré de lui donner une bonne adresse due à Mr le Baron Van Havre:

Ellwanger et Barry Mount Hope Nurseries Rochester, New-York Ud. A.

M. de Vilmonin, de Paris, d'un autre côté, m'a donné ce renseignement. « Le chêne blanc germe comme les autres et se cultive de la même façon. » Ce qui me paraît vrai, c'est que le chêne blanc perd immédiatement ses facultés germinatives. Les glands devraient être expédiés, en les stratifiant, dès leur chute. Le prix des plantes est fixé à 24 ou 25 francs le mille.

Les frais de transport, pour de faibles quantités, étant considérables les pépiniéristes ou les propriétaires pourraient s'unir. Les plantes arrivent en Belgique dans un bon état, protégées par le sphagnum. Le chêne blanc est très peu connu en Belgique; je l'ai rencontré dans un petit nombre de propriétés. Chez Mr le Baron Van Havre à Braeschaet, j'ai vu croître des chênes blancs, jeunes encore, dont l'accroissement est moindre que chez les autres espèces de Chênes d'Amérique. Bien qu'il paraisse s'accommoder moins des terres médiocres que certaines espèces, il a été trop peu planté encore, dans nos différents sols, pour qu'il puisse affirmer son utilité et ses préférences.

Ces observations confirment les réserves que j'ai cru devoir faire.

Le chêne blanc doit être ajouté à la liste des arbres propres à l'ornementation des routes, pour la qualité de son bois et la beauté de son feuillage.

Ses feuilles, rougeâtres à la naissance, deviennent plus tard d'un vert tendre; elles sont tomenteuses, bleuâtres à la face inférieure, ce qui donne un effet charmant; elles ont de l'ampleur, des lobes très profonds, surtout en terre humide, et restent longtemps sur l'arbre en hiver en se colorant d'un vert bleuâtre.

Il a sa place toute indiquée dans les propriétés particulières, pour les parcs et les avenues.

Le bois a une grande valeur; il vient immédiatement après notre chêne rouvre et notre chêne pédonculé.

Sa puissance calorifique est à peu près la même que celle de notre chêne dont il diffère peu par la quantité de tanin contenue dans l'écorce.

Au point de vue forestier, si l'on peut reprocher au chêne blanc de donner peu de glands, il faut cependant reconnaître que les inconvénients sont moindres aujourd'hui qu'autrefois avec l'entretien donné aux pépinières et aux repeuplements artificiels.

A ce point de vue, il mérite des réserves ; pour d'autres causes, il mériterait d'être beaucoup plus connu. Il a trop de qualités pour qu'on l'ignore, il faut le placer dans son sol avant de le juger définitivement. C'est le chêne par excellence aux États-Unis. Il conserve ses qualités ici et, à ce titre, il a droit à tout notre respect.

QUERCUS FALCATA. (chêne falqué, ou feuilles en forme de faulx)
mesuré le 2 déc. 1884.

Arbre de 1 m. 15 cent. Hauteur : 18 mètres. Sol : sable limoneux. Planté en 1816.

Propriété de Mr de Pierpont-Vanden Hove, à Herck-la-Ville.

QUERCUS FALCATA (MICHAUX)

Chêne Falqué — Spanish Oak

Le chêne falqué a été décrit pour la première fois sous ce nom par Michaux dans son *Histoire des Chênes de l'Amérique septentrionale, en 1801.*

Ce nom lui a été donné à cause de la forme qui rappelle celle de la faux.

Déjà l'espèce avait été décrite antérieurement sous différents noms et, depuis, l'arbre a reçu diverses dénominations qu'il serait peut-être utile dans l'intérêt de la science de rappeler ici.

En 1785, Marschal, le faisait connaître sous le nom de *Rubra Montana.*

En 1787, Wangenh le donnait sous le nom de *Quercus Cuneata.*

En 1789, il prenait le nom de *Discolor.*

En 1805, Wildenow le présentait comme *Elongata.*

En 1842, Spach dans *les suites à Buffon,* en faisait une variété du *Quercus Discolor.*

En 1862, Mr DE CANDOLLE dans *le Prodrôme,* conserve le nom de *Falcata* donné par MICHAUX, mais il crée une variété sous le nom de *Ludoviciana* et je ne vois pas pourquoi je ne ferais pas de même. L'on doit avoir des raisons sérieuses pour proposer un nom autre que celui qu'a accepté DE CANDOLLE et s'efforcer de le faire admettre par la science.

Que d'autres le fassent !

Mais où je puis bien me séparer complètement de MM. ALPH. DE CANDOLLE, MICHAUX, SPACH et autres, c'est sur la variété qu'ils ont créée.

MICHAUX PÈRE, en faisait une espèce sous le nom de *Quercus Triloba.*

MICHAUX FILS, en a fait plus qu'une variété *Falcata Variatio,* SPACH, une variété du *Quercus Discolor* sous le nom de *Triloba,* et enfin DE CANDOLLE, une variété aussi dite: *Triloba.*

MICHAUX FILS, avait bien observé cet arbre et il en a fait une description parfaite. Je ne sais pourquoi il crée une variété.

Les faits observés par MICHAUX FILS sur la transformation de la feuille dans le jeune âge, et suivant l'âge de l'arbre, ont été confirmés par des observations récentes.

L'administration forestière française dans le catalogue de l'exposition de 1878 écrit ce qui suit :

« Ces deux formes de *Quercus Falcata* ne semblent pas bien distinctes ; les jeunes feuilles du second sont décomposées comme celles du premier, mais en vieillissant leur contour change complètement, elles deviennent trilobées et presque entières. Il paraîtrait qu'à un certain âge le *Quercus Triloba* ne produit que des feuilles falquées, de telle sorte que le *Triloba* ne serait même qu'un jeune *Falcata.*

QUERCUS FALCATA (Chêne falqué).

[illegible] Reproduction des feuilles naturelles [illegible]

QUERCUS FALCATA (Chêne falqué)

M. CEYSSENS, Hasselt. – Reproduction des feuilles naturelles. Système breveté

« Ce qui est certain, c'est que l'arbre de cette espèce le plus âgé qui se trouve au Barres, a les caractères du *Falcata*, tandis que les autres sont des *Triloba* ». Cet arbre, entouré de tant demystères, devrait être étudié de plus près. C'est ce que j'ai pu faire en recherchant des arbres différents.

L'arbre que je décris est représenté par le dessin et se trouve à Herck-la-Ville, dans la propriété de Mr de Pierpont-Vandenhove. Le 2 décembre 1884, je l'ai mesuré; il avait 1 mètre 15 centimètres de circonférence, à un mètre du sol. Le sujet est greffé. Les feuilles étaient tombées. J'ai ramassé sous cet arbre un grand nombre de feuilles et c'est l'une d'elles qui est représentée par le dessin. Les unes étaient falquées, les autres trilobées dans la même proportion à peu près ; les feuilles falquées dominaient.

Dans le jardin botanique de Liège se trouve un *Falcata* dont j'ai fait connaître l'âge. Mesuré le 26 septembre 1886, il avait, 0,22 centimètres de circonférence et 5 mètres de hauteur.

Le lecteur trouvera la feuille en lisant cette monographie. Dans le jeune âge les feuilles sont plus découpées et elles n'arrivent à cette forme, qui est l'empreinte fidèle de la feuille, qu'à l'automne; enfin, j'ai cru devoir donner la forme trilobée que l'on rencontre avec la forme falquée sur les sujets du même âge. Cette feuille a été prise le même jour au pied du même arbre que la feuille falquée, et il n'y a que ce seul *Falcata* dans la propriété.

Il résulte de ces faits précis, que j'ai cités afin de pouvoir contrôler et vérifier, que cette forme de feuille qui avait parue suffisante pour créér une variété, ne peut être acceptée ; le *Falcata* est une seule espèce qui, dans le jeune âge, a les feuilles trilobées et falquées chez les sujets adultes.

Chez le Quercus Falcata, *les rameaux jeunes sont vélumeux, les feuilles sont oblongues, arguées, acuminées, grossièrement et irrégulièrement lobées, 5 lobes, le plus souvent 3 à 7, falquées, entières, mucronées, glabres supérieurement, couvertes d'un duvet blanc fauve, passant au roux à la face inférieure, surtout chez les sujets adultes; longuement pétiolées; glands petits, d'un pourpre noirâtre et arrondis, brièvement pédonculées, enchâssés dans une cupule turbinée rétrécie entièrement dans un pédoncule épais; glands dépassant la cupule de moitié, au moins; maturation bisannuelle.*

On le rencontre en Amérique dans les forêts du Texas, du New-Jersey et du Kentucky.

Il est depuis longtemps introduit en Europe et c'est un des arbres que l'on connaît le mieux. En Belgique, il semble d'introduction assez récente. Nous le trouvons à Herck-la-Ville en 1816. Les qualités de cet arbre sont très contestées.

Michaux se demande si le *Quercus Falcata* réunit assez de qualités pour être introduit dans les forêts européennes.

A celà il répond: « Je ne le pense pas, 1° parce que son bois, un peu meilleur que celui de plusieurs espèces de chênes rouges dans les États-Unis, est inférieur à tous ceux à fructification annuelle, qui eux-mêmes, le cèdent à notre *Quercus Pedunculata;* 2° parce que quand bien même son écorce égalerait en bonté celle de l'espèce européenne, ce qui n'est pas encore certain, son bois serait encore inférieur en qualité ».

« Si dans les États du Midi, ainsi que dans la Virginie et ceux du Maryland, ajoute-t-il, on vient dans la suite des temps à favoriser la croissance de certaines espèces d'arbres aux dépens de plusieurs autres qui offrent moins de ressources à la Société, on pourra passer les chênes rouges qui s'y trouvent, se restreindre au *Quercus Falcata*, parce que outre les avantages

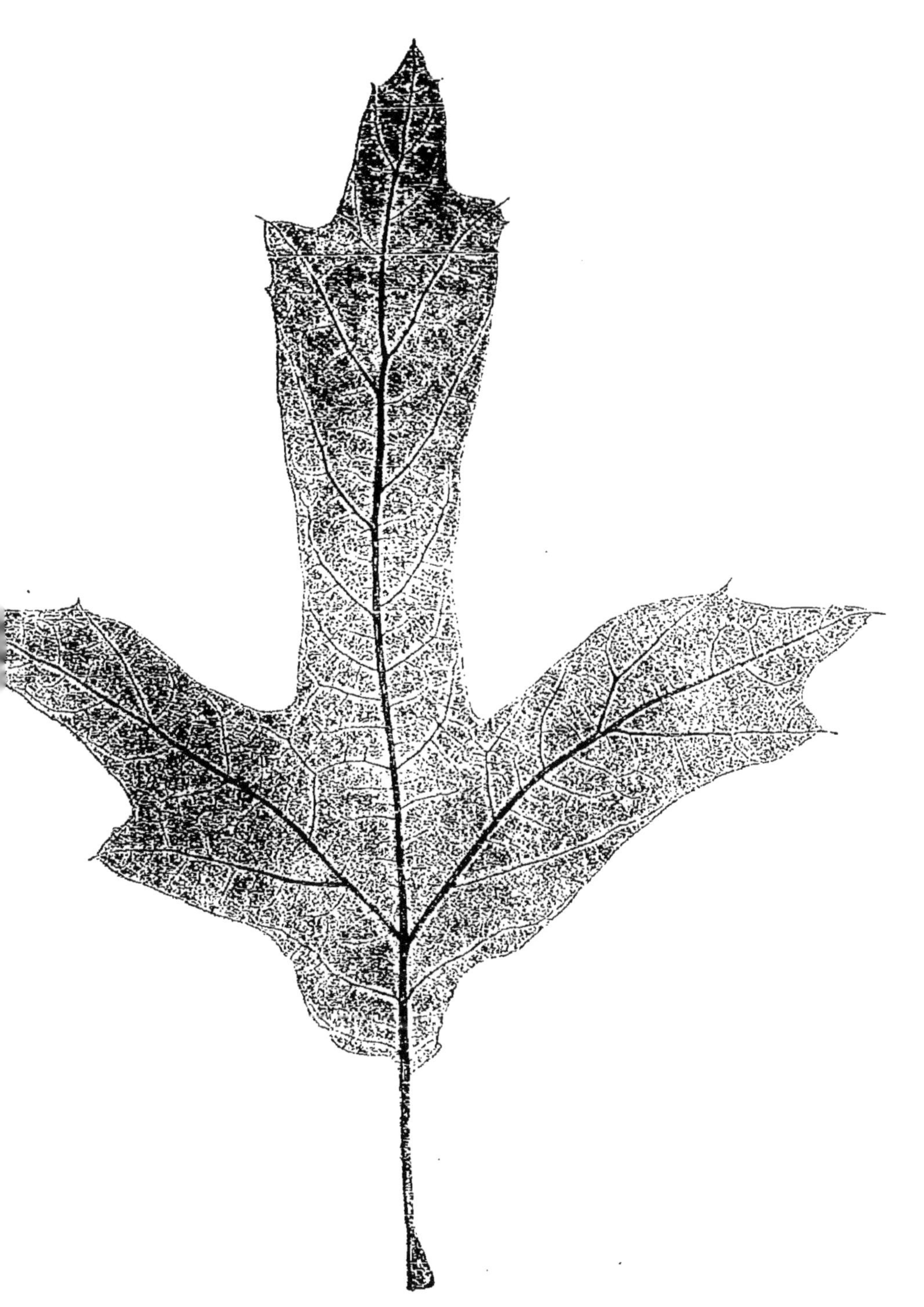

QUERCUS FALCATA (Chêne falqué)

qu'il possède sur ceux-ci, il a celui de croître assez bien dans les terrains de médiocre qualité, tel qu'il s'en trouve beaucoup dans cette partie des États-Unis ».

Ainsi que je l'ai déjà annoncé, les questions de terrain et d'accroissement sont d'une importance extrême. Si le bois est inférieur en qualité à notre chêne ordinaire, il peut rendre dans les sols secondaires des services que ne peuvent offrir ceux dont la végétation est lente.

Le bois peut gagner aussi en qualité.

C'est ce qui paraît avoir lieu.

En effet, voici comment l'administration des forêts françaises le juge au domaine des Barres :

« Si l'on juge de cet arbre d'après la manière dont il végète dans le sol pauvre des Barres, on peut conjecturer que dans les terrains riches, il deviendrait magnifique ».

« Déjà recommandable par sa beauté qui le rend propre à l'ornementation des massifs, il l'est encore davantage par la qualité de son bois. Celui-ci est un peu rougeâtre, à rayons médullaires larges et nombreux. Les couches du printemps très minces relativement à celles d'automne, renferment des vaisseaux de dimension moyenne disposés sur la section transversale en files droites et rayonnantes. Les couches d'automne qui prédominent beaucoup donnent au bois une densité considérable, supérieure à 0,890. Il se travaille facilement, et alors il est d'un joli effet. Mais il n'est pas d'une fente très-facile, et l'aubier est assez grand relativement au bois parfait. Il paraîtrait aussi qu'il n'est pas très durable. Son écorce est riche en tanin ».

« Quoiqu'il soit inférieur à nos chênes ordinaires, on voit que son introduction dans nos forêts, surtout dans celles où le sol est pauvre, ne serait pas sans avantages. Malheureusement, il ne fructifie pas très abondamment, de sorte que les jeunes plantes auraient peu de chance de vivre lorsqu'elles se trouveraient en concurrence avec nos essences et surtout avec nos morts bois indigènes ».

En présence de ces observations faites sur un arbre qui peut se contenter de nos terrains sablonneux et y prendre un bel accroissement, j'ai cru devoir soumettre à l'analyse le bois et l'écorce de cette essence d'avenir.

Cette analyse a été faite au laboratoire de l'Institut agronomique de Louvain.

Mr Thenuis, auteur d'un ouvrage remarquable sur les matières tannantes, en est le directeur.

Voici le résultat de l'analyse faite par Mr le professeur Lecart :

Pouvoir calorifique 3178 calories.

Tannin 6,5 %.

Il en résulte que le chêne falqué a un pouvoir calorifique égal à nos meilleures essences et que l'écorce contient beaucoup de tannin, bien que la quantité soit moindre, toutefois, que chez le chêne ordinaire, mais plus abondante que chez le chêne rouge.

Mais le tannin contenu dans cette écorce jouit, paraît-il, d'une propriété spéciale qui le fait rechercher et payer beaucoup plus cher que celui des autres arbres; il donne au cuir de la souplesse et de la blancheur.

Rassuré sur la valeur du bois et de l'écorce, le propriétaire peut rechercher les terrains qui conviennent à cette essence. Je suis persuadé qu'elle s'accomodera de nos terrains sabloneux et frais et son aire d'habitation, en Amérique, donne l'assurance qu'il supportera très-bien le climat. Les jeunes sujets que j'ai rencontrés ont parfaitement résisté aux gelées.

Celui que j'ai trouvé à Herck-la-Ville et représenté par le dessin, a souffert de la gelée; mais le sujet est greffé, il est le long d'un fossé rempli d'eau, et tous les arbres plus âgés à côté de celui-ci, ont été également atteints. J'ai planté dans la propriété de Mr Mélant, à Rochefort, des *Falcata* qui ont parfaitement résisté aux gelées.

Depuis quelques années, ce chêne se propage beaucoup. Il serait fâcheux qu'un arbre auquel un si bel avenir semble être réservé eût un bois peu durable.

Je demande donc que des expériences directes soient faites pour le bois, comme je les ai faites pour l'écorce et pour le chauffage, non pas sur des sujets jeunes ou mal constitués, mais sur ceux d'un âge convenable et dans les terrains qu'il préfère. J'ai pu voir, par le chêne rouge, ce qu'il en est de ces experiences. Son port, son feuillage, son pouvoir calorifique, sa densité, sont autant de caractères qui font présager un bois de bonne qualité.

L'expérience nous révèle un bois qui déjà, en Amérique, tient le premier rang parmi les essences à bois rouge et dont les qualités augmenteront encore sous notre climat dans un sol propice.

C'est dans les sables frais, sur les terrains limoneux que le *Falcata* prend en Belgique le plus bel accroissement; les terres fortement argileuses lui semblent contraires.

Les sujets pour être plantés en allées ou en bordures doivent avoir au pied, une circonférence de 0,12 centimètres au moins et conserver au milieu la moitié de celle du collet de la racine.

On est certain d'avoir un arbre bien proportionné. Le chêne falqué supporte l'élagage ; il conviendrait très bien pour les plantations des routes. La maison Looymans, à Oudenbosch (Hollande), fournit de beaux plants de cette espèce.

Le chêne falqué a donc droit à une protection spéciale puisqu'il sait se faire admirer. C'est un bel arbre, à écorce noire, profondément crevassée qui élève sa cîme jusqu'à 27 mètres de hauteur. Son port ressemble assez à celui de notre chêne pédonculé, mais sa tête est plus pyramidale.

Son feuillage fantasque attire les regards. Les feuilles d'un vert sombre, luisantes et comme vernissées à la face supérieure, sont blanchâtres et comme feutrées en-dessous. Falquées dans la cîme, elles sont plutôt lobées aux branches inférieures.

Le velouté des yeux est dangereux ; le *Falcata* serait-il aussi un charmeur? La réclame en sa faveur serait dans ce cas inutile et c'est pour cela que je termine, assez heureux de l'avoir dépouillé des variétés qui pourraient amoindrir ses charmes !

Et maintenant, *Falcata*, vas ton chemin; tu as assez en toi pour aller seul, tes protecteurs ne pourraient que te nuire !

QUERCUS NIGRA (Chêne noir)

M. CEYSENS, Hasselt. Reproduction des feuilles naturelles système breveté

QUERCUS NIGRA (LINNÉE)

Chêne Noir — Blac Jack Oak

Le chêne noir, a été décrit sous ce nom, comme une variété d'une autre essence, par Linnée en 1753.

Michaux Père, en parle comme d'une espèce sous le nom de *Quercus Nigra*.

Michaux Fils, en 1812, la reprend sous le nom de *Quercus Ferruginea*.

Wangenham, en 1787, l'a décrit aussi sous le nom de *Quercus Nigra*.

Spach, dans *les suites à Buffon*, en parle sous le nom de *Quercus Nigra;* enfin, de Candolle le mentionne sous le nom de *Nigra* et crée deux variétés *Quinquefolia* et *Tridentata*.

Les horticulteurs, comme Carrière, lui ont donné un autre nom: *Quercus Marylandica*.

Toutes ces dénominations différentes ne peuvent arriver qu'à un résultat: amener la confusion dans une espèce parfaitement caractérisée et qui ne souffre pas de contradiction. Je lui conserverai donc le nom de chêne noir qui lui a été donné tout d'abord et qui lui convient très bien. Le chêne noir a été introduit en Europe en 1739. On le trouve en Amérique au Texas, dans la Caroline méridionale, au Missouri, dans le New-Jersey et le Long-Islande.

En Belgique, on le rencontre dans un très grand nombre de propriétés, mais c'est vers 1846 seulement qu'il paraît avoir son entrée dans les parcs.

Le Quercus Nigra *a les rameaux et les jeunes feuilles qui sont en naissant, rouges-jaunâtres, tomenteuses; feuilles à base aigues ou obtuses, dont la moitié inférieure se termine en pointe dans un pétiole court, la partie supérieurement large, trilobée ou entière, épaisses, glabres supérieurement et luisantes, couvertes d'un duvet rougeâtre intérieurement et très développé aux aisselles le long des grosses nervures, feuilles tombant après les premières gelées; fruits allongés à peine pédonculés, glands enveloppés à peu près à moitié dans la cupule, solitaires ou géminées; écailles obtuses; cupule turbinée. La face inférieure des feuilles a une couleur rougeâtre restant chez les jeunes sujets, tandis que chez les autres, la face supérieure est d'un vert foncé opaque. Elles s'épaisissent en se développant et deviennent coriaces comme du cuir; à l'automne elles ont une teinte rougeâtre se rapprochant assez bien de la couleur du minerai de fer, de la rouille.*

« Le bois, suivant Michaux, est assez compacte lorsqu'il provient d'arbres qui ont plus de 0,20 centimètres de diamètre. Il n'est d'aucun usage pour les arts et le seul mérite qu'il a, c'est d'être un très-bon bois de chauffage. D'après cette description, on voit que le *Quercus Ferruginea* ne peut être d'aucune utilité réelle pour les Européens et le seul degré d'intérêt qu'il peut présenter, c'est d'attirer par son feuillage assez singulier, l'attention des amateurs de culture étrangère ».

Je suis, cette fois, d'accord avec Michaux Fils.

QUERCUS NIGRA (Chene noir)

Le chêne noir a, dans notre pays, les défauts et les qualités qu'il possède aux États-Unis. Il atteint, sous notre climat, la même hauteur et il arrive à la même circonférence.

Ce que MICHAUX n'a pas dit et que j'ajoute, c'est que sa croissance est d'une lenteur désespérante. Cette particularité suffira pour le faire rejeter des forêts et des avenues ; s'il pénètre dans les parcs, ses feuilles, seules, lui en donneront l'entrée. Mais là encore qu'y fera-t-il? Il succombera la plupart du temps sous l'influence de la gelée : il ne me paraît pas pouvoir supporter les altitudes élevées.

Ainsi, à Zepperen, près de St-Trond, chez Mr le Baron de Pitteurs, le chêne noir n'a pu résister aux gelées. Au château de Mombeek, près de Hasselt, chez Mr de Donća-Van Nes, un chêne noir placé au milieu d'arbres d'un massif a été fortement atteint.

Au Mick, au contraire, chez Mr Dellafaille, et à Curange, chez Mr Goetsbloets, ces arbres n'ont pas souffert. Le chêne noir suivant moi, n'est pas naturalisé et il aura bien difficile d'acquérir son droit de cité. Les propriétaires qui tenteront son introduction auront des mécomptes.

Dans ces terrains sabloneux, son accroissement est très-faible. Il en est ainsi au Mick, chez Mr Dellafaille, où j'ai mesuré le 14 juillet 1885 les arbres d'un massif de différents Chênes d'Amérique.

Voici les circonférences :

Nigra,	0,31	centimètres.
Tinctoria,	0,85	»
Rubra,	0,79	»
Coccinea,	0,71	»
Palustris,	0,89	»

Ces arbres ont eté plantés en 1850. Chez Mr de Donéa-Van Nes, à Mombeek, près de Hasselt, dans un sol argile sabloneux, un massif d'arbres plantés en même temps et mesuré le 17 septembre 1884, a donné les circonférences suivantes :

Heterophylla,	1	mètre	15	centimètres.
Nigra, en partie gelée,			63	»
Tinctoria,	1	»	03	»

Le chêne noir qui se trouve chez Mr Goetsbloets, à Curange, mesurait le 28 septembre 1886, 0,70 centimètres de circonférence. Il a été planté en 1870, d'après ce que m'a affirmé Mr Goetsbloets.

De ces expériences et de toutes celles qu'il me paraît fort inutile de rapporter, il résulte que le chêne noir a une croissance très lente sur notre sol de mauvaise qualité, assez active ailleurs.

Il était intéressant de connaître s'il conserve les qualités qu'il possède dans son pays d'origine comme bois de chauffage.

L'analyse a répondu négativement.

Elle a donné comme pouvoir calorifique 2,824 calories seulement, tandis que la richesse du tanin de l'écorce desséchée à l'étuve et ayant perdu 40 à 50 % d'eau, a donné 10 ^{3} % de tanin.

Le bois ne conserverait donc pas comme chauffage, les qualités qui lui sont propres aux États-Unis et qui le placent au premier rang sous ce rapport. Suivant MICHAUX FILS, « la fructification de ce chêne est très peu abondante et il n'y a jamais que les plus vieux arbres qui en partent, encore la quantité de glands qu'ils donnent, se réduit-elle à quelques poignées ».

Ce qui se passe en Belgique, ne correspond pas, en tout, avec ce qu'écrit MICHAUX.

En effet, en 1885, les pieds dont j'ai parlé ont donné des glands en grande abondance et celui de Mr Goetsbloets, touchant la chaussée de Hasselt à Curange, en a été véritablement chargé. Il porte fruits vers l'âge de 35 ans, mais les glands ont avorté la première année. L'avortement continuera-t-il?

Voici ce qu'on dit aux Barres:

« Si son bois était de bonne qualité, ce chêne aurait une grande valeur, car il vient bien même dans les terrains maigres, témoin le pied qui se trouve dans l'ancienne pépinière et dont le fût, très droit, se montre très bien jusqu'au haut de l'arbre. Le cuir bien développé, donne un couvert assez léger; ses feuilles, peu nombreuses, sont remarquables par leur coloration d'un vert noir et par leur rudresse au toucher ».

La différence de sol pourrait expliquer cette différence d'accroissement et de végétation. Le contraire s'est produit pour plusieurs espèces qui donnent, en sols argileux, des accroissements plus considérables.

Cet arbre, suivant moi, ne doit pas entrer dans les forêts et ne peut trouver place sur les routes ni dans les avenues.

Dans les parcs, il peut être admis comme arbre d'ornement aux stations peu élevées, abrité et loin des pièces d'eaux.

Il paraît préférer les sables frais et les sables limoneux. Le sujet rencontré à Curange, chez Mr Goetsbloets, est très beau, très bien venant et me raccomode avec lui. J'allais proscrire le chêne noir: qu'il vive encore, et sans trop espérer, qu'on le protège au point de vue ornemental.

QUERCUS IMBRICARIA (MICHAUX)

Chêne a lattes — Chêne a feuilles de laurier
Shingles Willow Oak — Laurel Oak

Ce chêne a été décrit pour la première fois par Michaux, en 1801.

En 1842, Spach, *dans les suites à Buffon*, en fait une variété du *Phellos*, sous le nom de *Phellos Imbricaria*.

Alphonse de Candolle, le décrit aussi comme *Quercus Imbricaria* avec une variété *Spinulosa*, et il fait du *Laurifolia*, une variété de l'*Aquatica*.

Michaux Père, avait créé une variété dite *Laurifolia* qui n'a pas été maintenue par son fils, mais que les auteurs modernes paraissent avoir acceptées. Je ne sais si les caractères exposés par Michaux Père sont constants ou s'ils tiennent à des causes particulières ou locales. Je ferai aussi connaître mes observations; les botanistes pourront peut-être alors établir un classement définitif.

Chez le Quercus Imbricaria, *les rameaux jeunes sont couverts d'un léger duvet, les adultes sont glabres; les feuilles sont aigues à la*

QUERCUS IMBRICARIA. (chêne à lattes) mesuré le 21 décembre 1884.

Hauteur 18 m. 52. Circonf. 1 m. 76. Sol : sable limoneux. Planté en 1836.

Propriété de Mr Chantraine, à Curange.

QUERCUS IMBRICARIA (Chêne à lattes)

base, elliptiques oblongues, acuminées, sétacées ou cupudées, entières, pétiole plus ou moins long, généralement un à un et demi centimètres, velues dans leur jeunesse, et plus tard à la face inférieure seulement qui est blanchâtre, supérieurement, glabres plus tard; fleurit avec le développement des feuilles en avril, mai; châtons grêles, poilus; fruits solitaires, très courtement pédonculées; cupule hémisphérique turbinée; gland enveloppé à peu près jusqu'au tiers et parfois, jusqu'à la moitié de la hauteur; glands ovoïdes et globuleux.

Le chêne à lattes ne peut être confondu avec aucune espèce, et celui qui a vu une seule fois l'arbre, ne peut plus s'y tromper. Son feuillage est extraordinaire. La feuille ressemble tout à fait à la feuille du laurier, ce qui lui a fait donner le nom sous lequel il est livré au commerce et accepté partout. Il est particulièrement connu sous le nom de chêne à lattes, parce que ce bois, qui est de mauvaise qualité mais qui se fend bien, sert surtout à faire des bardeaux.

On trouve ce chêne en Amérique dans les montagnes de la Géorgie, de la Caroline, du New-Jersey et du Kansas.

Il a fait son apparition en Europe en 1789.

Ce n'est que bien plus tard que nous trouvons cette espèce en Belgique. Les sujets les plus anciens que j'y ai rencontrés, ne remontent guère qu'à 1832 et se trouvent dans les propriétés de MM. de Pierpont-Vandenhove, à Herck-la-Ville et Chantraine, à Curange (Limbourg).

Le chêne à feuilles de laurier, suivant MICHAUX FILS et les auteurs venus après lui, s'élèvent à une hauteur de 15 mètres sur 35 centimètres de diamètre.

Je suis au regret de devoir les contredire tous, ou dans notre pays il prend des proportions autres qu'en Amérique.

Le dessin qui accompagne cette monographie, pris en hiver, représente un chêne à feuilles de laurier, planté en 1836, par Mr Max de Matthys, dans la propriété de Curange, en lieu dit: *Le Belvédère.* Le 11 décembre 1884, je l'ai mesuré. Il avait 18 mètres 52 centimètres de hauteur, sur 1 mètre 76 centimètres de circonférence. Le sol est un sable plus ou moins limoneux de qualité très médiocre. Il acquiert donc une hauteur plus considérable et une circonférence plus grande dans notre pays qu'en Amérique ou MICHAUX ne l'a rencontré que dans de mauvaises conditions. C'était un point important à établir pour les propriétaires qui plantent des sujets dans l'intention d'avoir des arbres élevés. L'*Imbricaria* planté en 1832, chez M. de Pierpont, à Herck-la-Ville, avait 1 mètre 38 centimètres de circonférence.

Le chêne à feuilles de laurier est un des plus beaux arbres que l'on puisse voir.

Sa ramification est puissante; le tronc est noir; l'écorce fortement crevassée laisse entrevoir un liber rouge.

Les feuilles sont groupées en trochet de 12 à 15; elles sont nombreuses, d'un beau vert, luisantes à la face supérieure et pendantes.

Les branches sont fortes, s'entrecroissent aux premières bifurcations et lui donnent une apparence de solidité telle qu'il faut réellement l'analyse et les expériences pour croire à la mauvaise qualité du bois.

En Belgique, il commence à fructifier vers l'âge de 40 ans. La fructification est annuelle, les glands sont plus ou moins abondants suivant les années.

J'ai voulu savoir ce qu'est cet arbre si mauvais aux États-Unis, où il ne sert qu'à l'usage des foyers ou à la fabrication des bardeaux, deviendrait, dans notre pays pour le chauffage et le tannage des cuirs.

L'analyse faite au laboratoire de l'Institut agronomique de Louvain, par Mr Lecart, a donné :

Tanin 8 %.

Colories 3172.

Il résulte delà que le chêne à feuille de laurier est un très bon bois de chauffage et que son écorce renferme une grande quantité de tanin.

A ces deux points de vue, il mérite une réserve spéciale.

Je demande donc pour lui une place d'honneur dans les parcs. Il se contente d'un sol médiocre et il y prend un accroissement considérable ; il s'élève à une grande hauteur. Son feuillage est si extraordinaire que, pour ma part, je l'ai fait accepter difficilement pour un chêne.

Michaux, dit que l'arbre est souvent branchu et le tronc tortueux. Celà dépend, sans doute, des situations. Je l'ai toujours trouvé très branchu, mais rarement tortueux jusqu'au premières branches et, placé dans un sol qui lui convient il n'aura, il faut l'espérer, que rarement ce défaut. Voici ce qu'on en dit aux Barres : « Il n'a pas grande valeur, son bois est de qualité médiocre, il fleurit tous les ans ». Le terrain qui lui convient est le sable frais et le limon. Les terres fortement argileuses lui sont contraires. Cet arbre est complètement naturalisé. Il résiste parfaitement aux gelées. Je le considère comme une belle acquisition pour les parcs et les jardins d'agrément, et après avoir rencontré Michaux pour la croissance, j'ajoute : c'est un chêne, bon bois de chauffage, à l'écorce riche en tanin, et dont le bois sert à des usages spéciaux. Je l'ai trouvé cassant, mais dur. Il doit s'élaguer mal et conviendrait peu pour les avenues et les routes.

Que faut-il penser de la variété créée par MICHAUX FILS, sous le nom de *Laurifolia?*

Des auteurs l'acceptent, cependant d'autres l'ont rejetée, pour n'admettre que l'*Imbricaria* ou le *Laurifolia* comme espèce unique ou comme variété unique d'autres espèces. KOCH dit: « On reconnait cependant aussi, une forme où les poils se perdent complètement en grande partie et ne se conservent que dans les angles des nervures principales et de la nervure médiane ».

C'est le *Quercus Laurifolia,* c'est celle dont parle MICHAUX PÈRE. Je n'oserais affirmer, pour ma part, n'ayant pu obtenir les fruits bien constitués, que ce soit une variété de l'autre, que le caractère soit toujours constant: Je le crois.

Pendant trois ans, j'ai recueilli les observations suivantes: Dans la propriété de Herck-la-Ville, le chêne a les feuilles plus grandes, d'un vert plus uniforme; même en hiver, quand elles sont tombées, elles restent blanchâtres et tomenteuses en-dessous.

En mars, j'ai recueilli des feuilles amassées dans un tas conservant à peu près toutes ces caractères. Elles sont plus molles et moins épaisses; les glands réussissent chaque année, le bois paraît moins cassant.

Dans la propriété de Curange, déjà le 28 septembre 1885, le *Tomentum* a disparu à peu près complètement, le vert est tacheté; plus tard elles cessent d'être tomenteuses et deviennent assez épaisses; les bourgeons sont plus gros, les rameaux tortueux sont moins lisses et la nervure médiane, au lieu d'être rougeâtre, est jaunâtre; on trouve des paquets de poils aux aisselles seulement; les glands ont avorté en 1884 et 1885.

Ces deux arbres sont situés, le premier dans une pépinière, sol sablo-limoneux, l'autre à 8 kilomètres du premier près d'une habitation dans un sol moins riche. Les causes sont-elles locales? Sont-elles le fruit du terrain, les âges étant sensiblement les mêmes?

Si ces renseignements se confirment, l'arbre que l'on nous renseigne aux Barres et ailleurs serait l'*Imbricaria* et l'autre, perdant son duvet, serait le *Laurifolia*.

Que ceux qui veulent pousser plus loin leur observations et contrôler les miennes le fassent!

Pour moi, j'ai hâte de le faire connaître tel qu'il est, et il n'aura pas à se plaindre de mon intervention.

Je le retrouverai j'espère, à l'avenir, placé dans de bonnes conditions dans les parcs et les jardins d'agrément. Les propriétaires qui ne seraient pas convaincus se rendront à Curange ; que les horticulteurs, les architectes y arrivent également, et ils verront ce que devient cet arbre qu'ils font planter, souvent, sans savoir ce qu'il est et ce qu'il peut devenir.

QUERCUS ILICIFOLIA (WANGENHAM)

BEAN OAK — CHÊNE A FEUILLES DE HOUX
CHÊNE DE BANISTER — PETIT CHÊNE VELOUTÉ

WANGENHAM, le premier, a décrit ce chêne sous le nom de *Quercus Icifolia,* en 1787. MARSCHAL, l'avait décrit sous le nom de *Nigra Pumila,* en 1785. En 1801, MICHAUX le présenta sous le nom de *Quercus Banistéri;* SPACH, *dans les suites à Buffon,* en 1842, garde le nom de *Banistéri ;* DE CANDOLLE, dans le *Prodrôme,* lui restitue le nom de *Ilicifolia ;* MM. KOCH et ALFRED WESMAEL, font de même. Je ferai comme ces derniers. Il est cependant plus connu sous le nom de *chêne de Banister, Quercus Banistéri* et il est vendu la plupart du temps sous ce nom. On le nomme aussi: Chêne à feuilles de houx, petit chêne velouté. Je suppose qu'on a rendu à WANGENHAM ce qui lui revenait. MARSCHAL devrait s'en plaindre. Si l'on donnait à chacun son droit, on éviterait bien des confusions regrettables.

On trouve cet arbre, en Amérique, dans les montagnes de la Virginie, de la Pensylvanie, dans le New-Jersey, les environs de New-York, le Connecticut, l'Ohio, les Massachussets. Pendant son séjour en Amérique, MICHAUX a envoyé des glands en France. La Belgique possède aussi depuis longtemps le *Banister.*

QUERCUS ILICIFOLIA (Petit chêne velouté)

M. CEYSENS, Hasselt. – Reproduction des feuilles naturelles (Système breveté)

Mais pourquoi ce nom de *Banister?* A cela un auteur allemand, Koch, répond :

« John Banister alla vers la moitié du 17me siècle avec les vaisseaux anglais en Virginie où l'ordre des Delamair, avait implanté une colonie ». C'était, paraît-il, un botaniste zélé ce Banister dont on publia les œuvres et qui trouva la mort par la chute d'un rocher. Il valait bien cela !

Le nom allemand de Bären Eiche, suivant cet auteur, dérive de celui que les indigènes lui donnent parce que l'ours mange volontiers les fruits.

En voilà assez, peut-être trop, pour l'histoire de ce nain.

Ce chêne a les rameaux jeunes légèrement velus, feuilles sinuées, lobées; pétiole long, la feuille conservant à peu près la même forme à toutes les phases de son existence, généralement de 3 à 5 lobes; dans la jeunesse, tomenteuses, fin d'avril glabres, à la face supérieure seulement, feutrées d'un blanc grisâtre à la face inférieure, perdant parfois le duvet; lobes du sommet et les latéraux subulés, mucuonés; bractées ovales, oblongues, plus longues que les fleurs; fruits solitaires ou géminés, courtement pédonculés, enveloppés jusqu'au milieu par la cupule.

Si on a donné le nom d'arbre au chêne de Banister, c'est à tort. Ce n'est qu'un abrisseau, un arbuste tout au plus. En Amérique, en effet, il n'atteint que dans des situations exceptionnelles une hauteur de 3 mètres et, en Belgique, dans les pépinières, même comme haute tige, je ne l'ai jamais vu dépasser 2 mètres à 2 mètres et $^1/_2$. On le rencontre dans une foule de propriétés et il se trouve dans toutes les pépinières d'une certaine importance; son tronc est tortueux, couvert d'une écorce noirâtre, crevassée et se ramifie dès la base.

Les soins que les pépiniéristes prennent pour le faire monter me paraissent perdus. Sa naturalisation est complète. Il supporte les froids intenses et fructifie tous les ans. Ses fruits sont assez petits; on en compte, environ, 400 par litre.

Il porte fruits de très bonne heure. En 1885, j'ai vu, à Eelen-Maeseyck (Limbourg), des plantes de 3 ans porter fruits. Il vient bien dans les différents terrains et se contente des moins fertiles. La présence de ce chêne, dans son pays d'origine, est considérée comme un indice de la stérélité du sol qui est presque toujours sec, sabloneux, et mélangé de gravier.

Il se contente aussi de ce sol pauvre en Belgique et sa végétation n'y semble pas sensiblement ralentie. Les oiseaux, dit-on, sont avides de ses fruits et multiplient l'arbre au loin.

Si l'on a recommandé en Amérique cet arbrisseau pour les clôtures, on le recommande à l'heure actuelle, en France, pour la fixation des Dunes, et comme massifs, pour les tirés de chasse. Je suis d'avis aussi que c'est ce à quoi il peut le mieux servir.

Le gibier se plaît dans ses buissons bas et serrés où il trouve une retraite assurée. Les sangliers pourraient manger les glands sur l'arbre et, dans les Dunes, on obtiendrait facilement une végétation qui serait une protection et une nourriture pour le lapin. Ailleurs, il formera des fourrés qui s'obtiennent difficilement avec d'autres chênes.

Dans les massifs, il aura toujours une petite place parce qu'il reste un arbrisseau, et grâce au velouté de son feuillage.

Je n'ai pas d'autre confiance en lui; l'horticulteur le connaît et après avoir attiré sur le Banister, dont les glands germent partout, l'attention de ceux qui s'intéressent aux Dunes, je l'abandonne aux chasseurs.

QUERCUS OBTUSILOBA (Chêne à poteaux)

QUERCUS STELLATA (WANGENHAM)

CHÊNE A POTEAUX — POST OAK

Le chêne à poteaux a été décrit pour la première fois sous le nom de chêne étoilé, *Quercus Stellata,* par WANGENHAM.

MARSCHAL, en 1785, l'avait décrit sous le nom d'*Alba Minor.*

MICHAUX, en 1801, le décrivit sous le nom de *chêne à lobes obtus, Quercus Obtusiloba.*

DE CANDOLLE, lui conserve dans le *Prodrôme,* le nom de *Stellata* et crée 3 variétés: *Floridana, Depressa* et *Utahensis.*

Le nom de chêne étoilé lui convient-il moins que celui de chêne à lobes obtus? Je ne vois pas trop bien l'utilité de ce changement, car ce chêne n'est pas le seul à lobes obtus.

Pour moi, je lui conserverai le nom de chêne à poteaux qui est généralement admis; c'est celui sous lequel il est connu aux États-Unis à cause de sa destination spéciale.

Le chêne à poteaux a les bourgeons jeunes, ses feuilles ont un contour oblong-oval, sinuées, pinnatifides, à grands lobes peu nombreux arrondis, plus ou moins bilobées, plus grands vers le sommet qu'à la base, ce qui les rend presque lyrées; elles sont d'un vert foncé en-dessus, grisâtres et pubescentes en-dessous; pétiole très court, 1/2 centimètre environ; pédoncule court, un centimètre tout au plus et grisâtres; glands solitaires, ovoïdes, assez petits, d'une saveur douce et enveloppés tout au plus par la cupule jusqu'au milieu; feuilles de consistance ferme, parcheminées et très variables dans le même sujet.

Ce chêne a été introduit, en Belgique, vers 1803; il paraît n'avoir pu supporter notre climat, car dans la propriété de Mr le Baron de Villenfagne, à Zolder, où il a été plaçé en même temps que le *Tinctoria* et autres, il a complètement disparu. La feuille qui accompagne le dessin, provient de l'un de ces arbres et a été retrouvée dans l'ouvrage de Michaux.

Plustard, on fit de nouveaux essais qui ne réussirent pas beaucoup mieux.

Sa végétation, sous notre climat, est d'une lenteur désespérante; il a un aspect misérable et je ne pense pas qu'il puisse être naturalisé.

Il n'a pas encore donné de fruits.

En Amérique, on rencontre cet arbre dans la Floride, le Texas, le Nord-Island, le Sas-Katchadan et surtout sur les bords du Missouri. Il atteint, aux États-Unis, au moins 15 mètres de hauteur sur 1 diamètre proportionné, soit 40 centimètres de diamètre.

Il lui faudrait du temps, en Belgique, pour arriver à des dimensions semblables, même s'il supportait nos gelées.

J'ai mesuré le même arbre, à la même hauteur, pendant trois années de suite et c'est tout au plus si je lui ai trouvé une circonférence en plus de 1 centimètre. Son bois est très dur, il est difficile de couper des branches avec un couteau ordinaire. Planté en terre, il résiste très bien à la pourriture. On en fait

QUERCUS OBTUSILOBA (Chêne a poteaux)

des poteaux, du bois de charronnage et du merrain. Il faut désespérer de s'en servir pour cet usage en Belgique : jamais il n'arrivera à des dimensions qui l'y rendront propre.

« En Amérique, dans les contrées où il se trouve, partout où le sol est graveleux, sec, par suite très-peu substantiel, on y voit le chêne à poteaux en grande proportion avec le *Tinctoria,* le *Coccinea,* le *Falcata,* » dit MICHAUX.

Dans les sols de cette nature aussi bien que dans d'autres meilleurs, le chêne à poteaux est resté rabrougri ou a péri sous notre climat.

Sa végétation sur le sol sabloneux des Barres, est peu satisfaisante également et son aspect est misérable aussi.

Voici ce qu'on en dit :

« Le port du chêne à poteaux est très caractéristique. Sa ramification se compose d'un fut toujours très tortueux, sur lequel végètent, à intervalles presque réguliers, des branches également assez fortes, dirigées horizontalement et très noueuses, à chaque nœud se trouvent des bouquets de courtes ramilles, de sorte que les feuilles sont ramassées par pelottes et donnent un couvert léger. On ne saurait mieux le comparer qu'à un arbre qui doit être élagué par la méthode de Mr Descars. » Je ferai, pour ma part, plus d'honneur que celà à la méthode de M. Descars qui en verrait une singulière application.

Il n'en faudrait pas plus pour le faire proscrire et c'est sans regret que je le fais.

C'est pourtant un très bon bois de chauffage, ici comme aux États-Unis, et son écorce renferme une grande quantité de tanin.

L'impossibilité de le naturaliser et la lenteur de sa croissance ne doivent pas en tenir compte.

Qu'il retourne donc en Amérique puisqu'il ne se plaît pas ici et que ceux qui douteraient tentent l'essai : Je leur souhaite bonne chance !

QUERCUS MACROCARPA (Chêne à gros glands).

QUERCUS MACROCARPA (chêne à poteaux) mesuré le 28 septembre 1886.

Arbre de 0,41 cent. Hauteur : 6 m. 70. Sol sable limoneux. Planté en 1846.

Propriété de Mr de Pierpont-Vanden Hove, à Herck-la-Ville.

QUERCUS MACROCARPA (MICHAUX)

Chêne a gros glands — Over cupe White Oak

Le nom de *chêne à gros glands* ou de *Macrocarpa*, lui a été donné par Michaux Père, en 1801.

Michaux Fils, lui a conservé ce nom, que Spach, *dans les suites à Buffon* maintient.

Alphonse de Candolle, dans le *Prodrôme*, fait de même. Je suis en très bonne société, je le garde aussi. Pourquoi du reste changer cette dénomination de chêne à gros glands qui est caractéristique ?

Le chêne à gros glands a les rameaux jeunes poilus, les feuilles sont à bases cunéiforme, rarement obtuses, oblongues, ovales, obtuses ou aigues, feuilles grandes atteignant de très grandes proportions, 30 à 35 centimètres parfois, brièvement pétiolées, ovales, oblongues dans leur contour, profondément sinuées, lobées et presque lyrées, lobes obtus en général, plus ou moins lobées et même dans la partie inférieure. Les inférieurs oblongs, d'un vert foncé, glabres en-dessus, glands très gros, longs, avoïdes, renflés, très obtus, avec une pointe terminale conique, enfermés dans une cupule en forme de cloche ;

écailles aigues un peu acuminées, grandes, les supérieures linéavies, laciniées, diffuses; glands dépassant peu le sommet de la cupule.

Alphonse de Candolle, dans le *Prodrôme*, a créé deux variétés qui se trouveraient aux environs de San Louis, dont l'une nommée *Macrocorpa Abreviator,* aurait la cupule plus courte, l'autre *Macrocarpa Minor,* dont le fruit serait plus petit et la cupule plus grande.

Toutefois, le botaniste genèvois pose la question de savoir si les caractères sont constants.

Je n'en sais rien. Il est probable qu'ils sont dus à des causes locales, et en attendant qu'ils soient bien établis, je ferai comme Michaux, une espèce sans variété. Le chêne à gros glands est arrivé depuis très longtemps en Europe, mais d'après mes recherches, il ne serait en Belgique que depuis 1840, époque vers laquelle il est entré au jardin botanique de Bruxelles.

J'ai mesuré le pied qui s'y trouve en mars 1885. Il avait, à 1 mètre du sol, 0,82 centimètres.

En 1846, il arrive à Ponthoz, chez Mr le Comte Vanderstraten; j'ai mesuré, en mars 1885, les pieds qui s'y trouvaient encore. Ils avaient à 1 mètre du sol, 0,47 centimètres. Le sol est calcaire. A Waillet, vers la même époque, ils avaient 42 centimètres : le sol est schisteux.

En 1844-1845, il entre au jardin botanique de Liége.

J'ai mesuré, le 28 septembre 1886, le pied qui se trouvait dans le massif des chênes d'Amérique plantés à cette époque. Il avait une circonference de 0,90 centimètres.

Vers la même époque, en 1846, d'après les renseignements qui m'ont été donnés, il arrive à Herck-la-Ville, chez

Mr de Pierpont - Vandenhove. J'ai mesuré le pied qui s'y trouve, le 29 septembre 1886 ; il avait 0,41 centimètres de circonférence et 6 mètres 70 centimètres de hauteur. Pendant trois ans, j'ai pris la circonférence de cet arbre. Son accroissement est tellement peu sensible qu'il paraît ne pas se développer.

En Amérique, le chêne à gros glands est un bel arbre qui arrive jusqu'à 20 mètres de hauteur sur 72 mètres de circonférence. Son écorce ressemble à du liége et se détache par plaques.

En Belgique, sa végétation est misérable, surtout sur les sols sabloneux et calcaires. Il en est de même encore en terres fortement argileuses. Il est rabougri et à part ceux des jardins botaniques, ceux rencontrés dans les massifs ou isolés, plantés depuis 40 à 45 ans, ont tout au plus 4 à 5 mètres de hauteur. En 1885, au jardin botanique de Bruxelles, il a donné seulement en mai ses feuilles. C'était le plus en retard. Il lui faudrait du temps pour produire dans notre pays les dimensions qu'il obtient aux États-Unis : Je désespère de le voir.

J'ai voulu cependant savoir quel est son pouvoir calorifique et quelle est la quantité de tanin que contient son écorce. L'analyse faite au laboratoire de l'Institut agronomique de Louvain a donné :

Tanin 9,2.

Calories 3183.

C'est donc un bois de chauffage de tout premier ordre et son écorce est très riche en tanin.

En Amérique, il fructifie peu. Ici, les sujets rencontrés n'ont pas encore donné de glands et resteront probablement stériles. Il paraît peu naturalisé. Les pieds que j'ai trouvés ont résisté aux gelées, cependant, mais ils étaient dans des conditions exceptionnelles; ailleurs ils ont dû périr.

Je demande son exclusion absolue des forêts; je le proscris des routes, des avenues et je l'abandonne aux amateurs d'arbres à feuilles de grandes dimensions. Je leur recommande de le planter dans une terre douce, riche, profonde et de l'abriter.

Ailleurs, il est d'une croissance excessivement lente, présente un aspect hideux et qui contraste singulièrement avec son feuillage. L'écorce du tronc se détache en lamelles, ce qui lui donne un aspect désagréable.

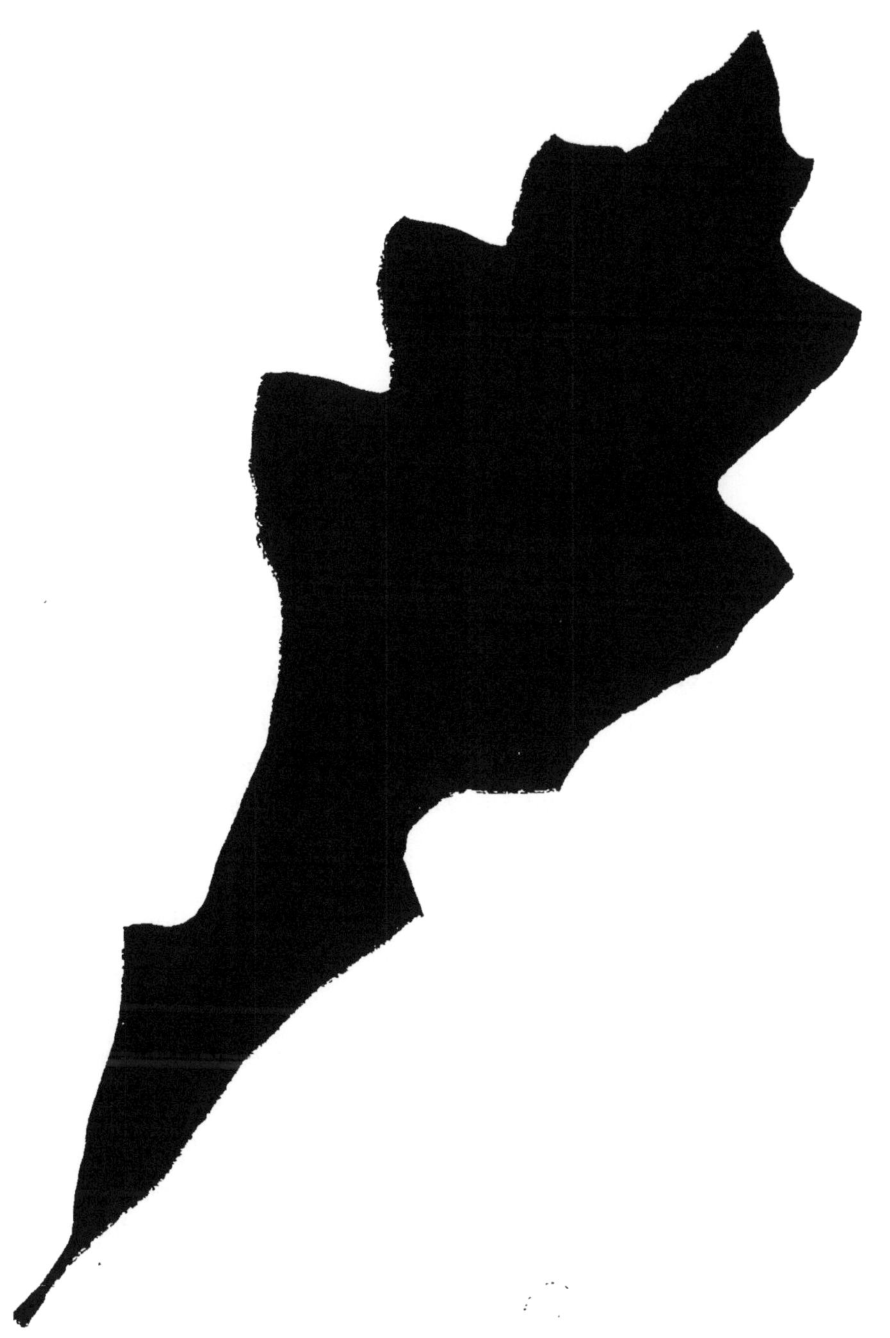

QUERCUS LYRATA (Chène lyré)

QUERCUS LYRATA (WALTON)

CHÊNE A FEUILLES EN FORME DE LYRE — OVER CUPE OAK

Ce chêne a été décrit pour la première fois sous ce nom, en 1788, par WALTON. MICHAUX PÈRE, en 1801; MICHAUX FILS, en 1812; SPACH, en 1842, dans *les suites à Buffon;* enfin, DE CANDOLLE, dans le *Prodrôme*, en 1864, lui gardent ce nom.

Il doit être bon, je le garde aussi.

On le trouve aux États-Unis dans la Caroline méridionale, la Géorgie, la Floride orientale et les lieux inondés de la Louisiane.

Le nom de *Quercus Lyrata* lui vient de ce que les feuilles affectent la forme d'une lyre.

Chez le chêne à feuilles en forme de lyre, les rameaux sont glabres; les feuilles sont brièvement pétiolées, tomenteuses de chaque côté du limbe, avec trois découpures qui deviennent graduellement plus petites en descendant vers le pétiole, cunéiformes à la base, oblongues ou oblongues-ovales, irrégulièrement lobées lyrées, lobes obtus d'un vert clair; pédoncule très court; fruits ovoïdes ou ovales, gros, ordinairement solitaires, tellement enveloppés dans la cupule hérissée de pointes dures et rudes qui le rendent plus gros, qu'on voit à peine l'extrémité, supérieure du gland; écorce de l'arbre blanchâtre.

En Amérique, cette arbre atteint de très grandes proportions: 25 mètres de hauteur et 3 mètres de circonférence. Il est considéré comme un excellent bois de chauffage et, comme bois de construction, il vient immédiatement après le chêne blanc et le chêne à poteaux. Il demande un sol profond et saturé d'humidité. L'on avait fondé sur cet arbre les plus grandes espérances. Malheureusement, il n'a pas répondu à notre atttente. Il périt sous l'action des gelées. Aux Barres, (Loiret), il vient mal en sol sabloneux.

Dans les terrains de sable et marécageux, il acquerrait probablement un développement rapide, si le climat lui était favorable. Il est à craindre qu'il n'en soit pas ainsi. Partout où j'ai trouvé le chêne à feuilles en forme de lyre, partout je l'ai trouvé mal venant. Je ne pense pas qu'il soit possible de le naturaliser sous notre climat. Que ceux qui veulent tenter l'essai le fassent, mais qu'ils expérimentent en terre profonde, fraîche autant que possible, dans les endroits peu exposés aux gélées et aux plus faibles altitudes.

Le chêne à feuilles en forme de lyre est très peu répandu en Belgique. On le rencontre cependant, mais fort rarement encore, en pépinière. A Herck-la-Ville, je l'ai trouvé dans une pépinière, abrité; il y parait souffrir.

Je ne crois ni à sa naturalisation ni à son avenir.

QUERCUS BICOLOR. (chêne à feuilles de deux couleurs) mesuré le 28 septembre 1886.
Arbre de 0,66 cent. Hauteur : 9 m. 57. Sol : sable limoneux. Planté en 1846.
Propriété de Mr de Pierpont-Vanden Hove, à Herck-la-Ville.

QUERCUS BICOLOR
(Chêne Chataignier à deux couleurs)

QUERCUS BICOLOR (WILLDENOW)

Chêne de deux couleurs — Swamp White Oak

Ce chêne a été décrit pour la première fois par Willdenow.

Michaux Père, l'a décrit sous le nom de *Prinus Tomentosa;* Michaux Fils, sous celui de *Prinus Discolor*.

Spach, *dans les suites à Buffon*, en parle sous le nom de *Quercus Prinus Bicolor;* Nutt, sous celui de *Quercus Michauxii;* de Candolle, dans le *Prodrôme,* lui conserve celul de *Quercus Bicolor*.

Le nom de *Quercus Prinus Discolor*, aurait permis de ne pas le confondre avec les autres *Prinus* qu'il me paraît mériter si bien.

Peut-être a-t-on ajouté le nom de *Prinus* qui vient du mot grec *Prinos* et qui signifie toujours vert, ce qui n'est pas le cas.

Quoiqu'il en soit, je le désignerai par le nom de chêne châtaignier à double couleur, parce que ce chêne a la forme qui se rapproche de celle du châtaignier et qu'il est à double couleur.

Chez le chêne châtaignier à deux couleurs, les rameaux jeunes sont glabres, les feuilles courtement pétiolées, un centimètre environ, aigues à la base, ovales ou obovales, 6 à 8 lobes dentés de chaque côté, obtus à la base, glabres à la face supérieure, blanches et feutrées à la face inférieure, d'un blanc grisâtre ce qui les distingue des premiers, pédoncule long; fruits oblongs ellipsoïdes, enveloppés jusqu'à la moitié de la cupule qui est grisâtre.

DE CANDOLLE, en crée une variété avec le *Platanoïdes*, que LAMARCK, décrit sous le nom de *Prinus Platanoïdes* et BOSCH, sous celui de *Mollès*. Dans le *Bicolor*, les feuilles deviennent plus épaisses en se rapprochant de la base; quelquefois, elles perdent complètement leurs poils, surtout chez les jeunes sujets. Elles sont alors molles comme du papier et d'un brun noirâtre.

J'ai ramassé des feuilles tombées en hiver, à Hamoir, propriété de Mr de Donéa, et qui présentaient ce caractère. Il fallait mon assurance que cet arbre était seul pour convaincre que c'étaient les mêmes feuilles. J'ai observé ailleurs la même particularité. Le dessin qui accompagne la monographie représente une feuille prise sur le *Bicolor* du jardin botanique de Liége, le 28 septembre 1886.

Le tronc est d'un gris blanc et l'écorce est tout à fait lamelleuse.

Cet arbre atteint, en Amérique, de très grandes proportions; il s'élève jusqu'à 23 mètres de hauteur sur un diamètre proportionné.

MICHAUX le range parmi les meilleurs chênes, immédiatement après le *Quercus Alba* et il le recommande aux Européens.

QUERCUS BICOLOR
(Chêne Chataignier à deux couleurs)

M. CEYSENS, Hasselt – Reproduction des feuilles naturelles. Système breveté.

Le chêne châtaignier à deux couleurs existe dans beaucoup de localités en Belgique, mais il ne me paraît pas avoir été bien observé jusqu'à présent.

A l'entrée du jardin botanique de Liége, on trouve un *Quercus Bicolor*, qui le 28 septembre 1886, mesurait 8 mètres de hauteur et 0,66 centimètres de circonférence.

Dans le jardin botanique de Louvain, on trouve aussi le long du mur un *Quercus Bicolor*, planté en 1849 et qui, le 12 mai 1885, donnait seulement ses premières feuilles.

Il mesurait, le 1 octobre 1886, 70 centimètres de circonférence à 1 mètre du sol.

J'ai trouvé aussi un pied chez Mr de Donéa, à Hamoir, mais d'une végétation excessivement lente. Le sol est calcaire. Cet arbre me paraît peu susceptible d'être naturalisé mais je ne l'ai pas trouvé atteint par les gelées dans les situations où je l'ai rencontré. Jusqu'à présent, il n'a pas donné de gland.

Au domaine des Barres, ce chêne vient très mal: le terrain est sec et sabloneux.

Il est difficile de porter un jugement sur cet arbre, parce qu'il ne vit que dans les terrains bas et submergés, où il atteint en Amérique de grandes dimensions. Je crois donc qu'il y a lieu de faire à son égard de grandes réserves. Il paraît supporter notre climat médiocrement. Sa végétation est convenable en certains terrains où je l'ai vu croître.

Dans d'autres, au contraire, sa végétation est pénible. Il semble mal naturalisé. Dans les sols secs et calcaires, son aspect est affreux.

Le dessin qui accompagne cette monographie représente un *Bicolor* en hiver, planté vers 1846, à Herck-la-Ville et qui, mesuré le 28 septembre 1886, avait 66 centimètres de circonférence et 9 mètres 57 centimètres de hauteur jusqu'au bourgeon terminal. Ce n'est pas encourageant.

QUERCUS PRINUS (Chêne Chataignier)

M. CEYSENS, Hasselt. - Reproduction des feuilles naturelles Système breveté

QUERCUS PRINUS (LINNÉE)

Chêne Chataignier — Chesnut White Oak

Le chêne châtaignier a été décrit sous ce nom de *Prinus*, pour la première fois par Linée, en 1753.

Willdenow, lui conserve son nom; Spach, dans *les suites à Buffon*, fait de même.

de Candolle, dans le *Prodrôme*, le décrit aussi sous cc nom, mais il crée différentes variétés qui, pour d'autres auteurs et entre autres pour les deux Michaux, étaient des espéces distinctes.

de Candolle, crée du *Quercus Prinus*, trois variétés : le *Quercus Acuminata*, le *Quercus Montana* et le *Quercus Chincapin*.

Michaux Père et Fils, ont décrit le *Prinus* sous le nom de *Quercus Prinus Palustris*.

A ce sujet, Mr Alfred Wesmael, dans sa monographie des chênes de l'Amérique septentrionale, fait une remarque très judicieuse.

« Le chêne Prin, dit-il, est une espèce qui, disséminée sur une assez grande étendue de terrain, a dû recevoir l'influence des milieux sur lesquels il s'est développé. Delà résulte cette série de formes décrites comme variétés et qui ne sont que des transformations du type, causées par la nature physique du sol, soit par l'altitude. »

DUCHARTRE, au contraire, dans la flore des jardins dit ceci : Le *Prinus* de LINNÉE comportait cinq variétés qu'il décrit et figure sous le nom de *Quercus Prinus Palustris*, *Quercus Prinus Monticola*, *Quercus Prinus Discolor*, *Quercus Prinus Acuminata* et *Quercus Prinus Chincapin*.

C'est à cette opinion que je me rangerai, car je ne vois pas pourquoi le *Prinus Discolor* a été changé en *Quercus Bicolor*. Mais ces deux dernières variétés, dit DUCHARTRE, sont regardées par les botanistes, entre autres par WILLDENOW et par SPACH, comme espèces distinctes.

Il se range de leur avis. J'adopterai plutôt la classification de ALPH. DE CANDOLLE, en ajoutant le *Bicolor* comme variété.

Un auteur allemand, KOCH, dit même : « En croissant, le *Quercus Prinus* se rapproche beaucoup du *Quercus Bicolor*, on se demande s'il y a une différence entre les deux. »

KOCH, n'a probablement observé que de sujets jeunes, car les arbres arrivés à un certain dégré de développement ne permettent plus la moindre confusion.

Ainsi, au jardin botanique de Liége, se trouvent des *Prinus* et un *Bicolor* qu'il suffit de regarder pour constater la différence, non seulement dans le feuillage, mais dans le port de l'arbre lui-même.

Le *Bicolor* me paraît avoir été jugé sur des échantillons venus de je ne sais où par un grand nombre de botanistes.

Les feuilles qui accompagnent les monographies du *Prinus* et du *Bicolor* ont été prises le même jour, le 28 septembre 1886, au jardin botanique de Liége, sur des sujets plantés la même année.

Le *Quercus Bicolor* est beaucoup plus touffu, ses feuilles sont plus tardives, son écorce est lamelleuse, le pétiole est court, la feuille est blanche, épaisse, tomenteuse à la face inférieure et comme feutrée; chez le *Quercus Montana*, l'écorce est crevassée et assez ressemblante à celle du chêne ordinaire, la feuille est très légèrement tomenteuse, mais longuement pétiolée.

Le *Quercus Prinus* a été observé principalement dans la Floride, la Caroline, la Louisiane, l'Ohio et le Missouri.

Le *Quercus Acuminata* l'a été surtout aux monts Alleghanis, dans le Maine, le West-Chester, le Missouri, l'Arkansas.

Le *Monticola* a été surtout observé dans les lieux secs et montueux de la Caroline, dans les environs de Vermont et le New-Hampshire.

Le *Prinus* a été introduit en Europe en 1730. En Belgique, il paraît d'introduction plus récente.

Au château de Schiplaeken, près de Vilvorde, on observe une plantation de *Prinus* qui, comme le dit Mr WESMAEL, rivalisent de vigueur avec des châtaigniers.

En 1844-1845, on l'a introduit au jardin botanique de Liége, et depuis, dans différentes propriétés qu'il paraît superflu de nommer. Il semble partout naturalisé ; nulle part je ne l'ai trouvé atteint par les gelées. Sa végétation est assez belle ; toutefois, il ne faut pas l'exagérer. Le 28 septembre 1886, le *Prinus* au jardin botanique de Liége, mesurait 65 centimètres de circonférence et 15 mètres de hauteur.

Chez le Quercus Prinus, *les rameaux jeunes sont glabres; les feuilles sont aigues et obtuses à la base, brièvement pétiolées, obovales, oblongues, bordées de grandes dents ou lobes dentés, peu étendus, obtus ou cailleux au sommet, séparés par des sinus obtus retrécis vers leur extrémité, plus ou moins aigues au sommet, d'un vert clair au-dessus, légèrement pubescentes en-dessous, longues de 15 à 20 centimètres et plus; cupule hémisphérique, écailles ovales lancéolées, pédoncule court; glands solitaires, fruits ovoïdes, en pointe terminale; savreur douce; pédoncule ne dépassant pas généralement le tiers de la hauteur du fruit.*

En Amérique, c'est un grand et bel arbre qui atteint 25 mètres et plus de hauteur sur un diamètre proportionné. Son tronc parfaitement droit et d'une rectitude parfaite s'élève, sans branches, jusqu'à une hauteur de 17 mètres.

On le trouve, aux États-Unis, exclusivement dans les marais qui bordent les rivières ou dans ceux d'une grande étendue qui sont situés au milieu des forêts; « c'est surtout dans les endroits rarement exposés à être submergés et seulement dans les sols meubles, profonds, très fertiles qu'on le rencontre, dit MICHAUX. »

Un tel sol ne me paraît pas bien facile à trouver ici. Son bois est d'une bonne qualité et il convient particulièrement au charronnage.

« Il est fâcheux, dit MICHAUX, que ce bel arbre si bien fait pour contribuer à l'embellissement des forêts de l'Empire par son port magnifique, ne réunisse que des qualités secondaires qui ne permettent de l'y introduire que d'une façon partielle et il est à craindre que, par la suite, il ne rentre dans le domaine des cultures étrangères. »

L'expérience est-elle faite? Les faits ont-ils répondu aux prévisions ? Acquiert-il des qualités sur notre sol ou les compense-t-il par son développement ?

Telles sont autant de questions qui ne semblent pas résolues à l'heure actuelle.

Si, en Amérique, il n'est pas de toute première qualité, il sert cependant à des usages spéciaux qui demandent de la force et de la durée et il vient bien avant d'autres espèces qui, là-bas, étaient sans grande valeur et qui, ici, ont gagné des qualités.

L'expérience doit donc être continuée sur ces sols frais et profonds; mais comme il demande une terre riche, reste à savoir s'il y pourra remplacer avec avantage notre chêne ordinaire par sa croissance. J'en doute. Dans les sols maigres et secs il vient mal.

Il croît, toutefois, dans des conditions spéciales que l'on pourrait utiliser.

Je le recommande aux horticulteurs parce qu'il devient un bel arbre, et je souhaite que l'expérience soit continuée dans les sols frais, profonds au point de vue de la croissance et de la qualité du bois.

Il vaut la peine qu'on l'étudie, et je n'ai pas, pour ma part, rencontré assez de sujets plantés dans les différents terrains pour porter sur son compte un jugement définitif. Il demande un sol de bonne qualité et de la fraîcheur.

QUERCUS PRINUS ACUMINATA (LINNÉE)

Chêne chataigner a feuilles acumines

Narrow leard Chesnut Oak

Cette espèçe a été décrite sous le nom de *Prinus Acuminata*, par Linnée, comme variété du *Prinus*.

Willdenow, l'a décrite sous le nom de *Quercus Castanea*.

Michaux Père, sous celui de *Quercus Prinus Acuminata ;* Michaux Fils, également. Spach, dans *les suites à Buffon*, lui donne celui de *Castanea*.

de Candolle, en fait une variété du *Prinus*. Je ferai de même.

Les rameaux jeunes sont glabres, les feuilles sont oblongues lancéolées, longuement pétiolées, acuminées au sommet, sinuées dentées, grandes dents, peu inégales entre elles, cailleuses au sommet. Leur face inférieur est cotoneuse et blanchâtre, à la chute grisâtre, d'un vert clair à la face supérieure ; feuilles assez longues, de 14 à 20 centimètres; glands assez petits, sessiles, généralement solitaires ; cupule hémisphérique, petites écailles apprimées enveloppant le gland au tiers au plus de leur hauteur.

On le rencontre en Amérique sur les monts Alleghanis, dans le Maine, le West Chester et l'Arkansas.

C'est un bel arbre qui atteint jusqu'à 25 mètres de hauteur sur 0,60 centimètres de diamètre. On le trouve en Amérique dans les vallons dont le terrain est meuble et très fertile.

Les qualités de son bois, dans le pays natal, sont, paraît-il, très appréciées.

Cet arbre se trouve en Belgique dans peu de propriétés. Ici, sa croissance est assez active au moins dans certains terrains.

Contrairement à ce qui s'observe en Amérique, j'ai constaté que les terrains sabloneux et frais sont ceux où il vient le mieux. Ainsi, un *Quercus Acuminata,* à Eelen, planté en 1832, avait le 3 octobre 1886, une circonférence de 1 mètre 25 centimètres et 8 mètres de hauteur.

Michaux parle avec beaucoup de réserve des propriétés de cet arbre et il dit qu'il n'a pas eu l'occasion d'apprécier ses qualités.

Il passe généralement, cependant, pour n'être pas au premier rang.

Peut-il remplacer avantageusement notre chêne dans les terrains médiocres ?

Les observations que j'ai faites laissent un doute. Mais elles ne suffisent pas. Il devrait être aussi expérimenté dans les sables frais où je lui ai vu acquérir un assez grand développement.

C'est un bel arbre dont le tronc est assez lisse, dont on n'a rien à craindre et dont on peut beaucoup espérer.

Il supporte très bien notre climat.

Nulle part je ne l'ai trouvé gelé, et tandis qu'à côté de lui le Cerris et autres étaient atteints par les gelées, l'*Acuminata* résistait parfaitement.

Il peut, selon moi, être cultivé sans danger, il est un de ceux qui supportent le mieux les gelées.

Recommandable à tous les points de vue pour les parcs et les jardins, je crois donc qu'il y a lieu de l'expérimenter sur les sables frais. Il peut être planté dans les avenues, les plantations des routes. C'est un arbre de plus. Je crois en ses qualités et j'appelle l'attention sur lui.

QUERCUS PRINUS MONTANA. (chêne châtaignier des rochers) mesuré le 28 septembre 1886.

Circonf. 0,85 m. Hauteur 10 m. 0,7. Planté en 1839.

Propriété de Mr DE PIERPONT-VANDEN HOVE, à HERCK-LA-VILLE, (Limbourg).

QUERCUS PRINUS MONTICOLA (MICHAUX)

CHÊNE CHATAIGNIER DES MONTAGNES — KACH CHESNUT OAK

Le chêne châtaignier des montagnes a été décrit par LINNÉE, sous le nom de *Montana*.

WILLDENOW, lui avait gardé ce nom; MICHAUX PÈRE, lui a donné celui de *Monticola,* qui ne varie guère. SPACH, le conserve; DE CANDOLLE, également. Je ne sais celui qui lui convient le mieux.

Je pense que celui de chêne châtaignier des rochers convient mieux que tout celà, en français ; il est la traduction des mots Roch Chesnut Oak.

*Le chêne châtaignier des rochers a les feuilles plus également et moins profondément lobées, que l'*Acuminata, *également blanchâtres à la face inférieure; ses feuilles ont environ 15 centimètres de long sur 10 de largeur, de forme ovale très uniformément dentées; moins aigues mais plus arrondies que chez le* Prinus, *surtont au sommet; cupule écailleuse; écailles libres; glands atteignant 3 centimètres de largeur, enfermés dans la cupule jusqu'au tiers de la hauteur. Les feuilles au sortir de l'hiver sont blanches et cotoneuses en-dessous.*

C'est un bel arbre qui atteint plus de 20 mètres de hauteur et un mètre de diamètre.

On trouve cet arbre, en Amérique, aux endroits secs et montueux de la Caroline, des environs de Vermont et de New-Hampshire. Il est assez répandu en Belgique ; il y fut introduit vers 1816.

En France, on le renseigne en 1800. Le chêne châtaignier des rochers se trouve, entre autres propriétés, à Herck-la-Ville, chez Mr de Pierpont-Vandenhove. J'ai mesuré un pied le 3 octobre 1886 ; il avait 1 mètre 05 centimètres de circonférence. Il a été planté en 1816; sa hauteur était de 12 mètres 15 centimètres.

Un autre pied, mesuré le même jour, dans un massif, a donné une circonférence de 0,85 centimètres et une hauteur de 10 mètres 05 centimètres. Il a été planté en 1832.

Son accroissement n'est donc pas très considérable, mais il n'a pas été planté dans sa situation.

En Amérique, c'est surtout entre les rochers, où le sol est riche et profond, que cet arbre est bien venant. Michaux le place au premier rang, après le chêne blanc, pour le bois de construction et il dit qu'il est riche en tanin. J'ai voulu savoir de mon côté quel est son pouvoir calorifique et la richesse de son écorce en tanin et voici ce que l'analyse faite au laboratoire de l'Institut agronomique de Louvain, a donné :

Tanin 9,6 %.

Pouvoir calorifique 3142 calories.

C'est donc un tout premier bois de chauffage et son écorce est d'une très grande richesse en tanin.

A cause des propriétés particulières que possède cet arbre de croître dans les endroits escarpés au milieu des rochers et des qualités de son bois, Michaux le recommandait aux Européens.

QUERCUS MONTICOLA (Chêne Chataignier).

GHYSENS, Hasselt. – Reproduction des feuilles naturelles. Système breveté

Je ne sais si ses conseils ont été suivis en France, mais en Belgique ils ne l'ont pas été, que je sache, et c'est peut-être un tort.

L'arbre me paraît parfaitement naturalisé, il supporte les plus grands froids ; les pieds que j'ai rencontrés ont parfaitement résisté aux gelées de 1880.

Au domaine des Barres, il vient bon dans les sols pauvres pourvu qu'ils soient profonds. « On pourrait donc, dit-on, essayer de l'exploiter en taillis dans les terrains maigres. » Les faits que j'ai observés et ceux qui ont été étudiés ailleurs demandent qu'on le juge avec bienveillance. Il est bon bois de chauffage, bon bois de construction, son écorce est riche en tanin : C'est acquis.

C'est un bel arbre d'ornement pour son feuillage et son port. Son écorce, crevassée fortement, le caractérise particulièrement. Il a la tête plus pyramidale que notre chêne ordinaire ; il supporte très bien l'élagage. Au point de vue forestier, dans les différents sols, il doit être étudié davantage. Au point de vue de l'ornementation, c'est une belle acquisition. Je fais des vœux pour qu'on l'expérimente dans les sables frais, aux faibles altitudes et, comme en Amérique, abrité, dans les fissures des rochers.

On ne doit pas juger de la végétation de cette arbre par les échantillons qu'on trouve à Herck-la-Ville.

En effet, dans une allée plantée en 1816, on trouve différents Chênes d'Amérique que j'ai mesurés le 28 septembre 1886.

Tinctoria,	circonf.	1	mètre	65	centimètres,	hauteur 17	mètres.
Falcata,	»	1	»	13	»	» 15	»
Montana,	»	1	»	05	»	» 12	»

Ailleurs, dans la propriété, plantés en 1832.

Imbricaria,	circonf.	1	mètre	38	centimètres,	hauteur	14	mètres.
Cerris,	»	1	»	45	»	»	18	»
Montana,	»	0	»	85	»	»	10	»

Le *Quercus Montana* reste inférieur en accroissement, dans certains sols, à d'autres Chênes d'Amérique, tandis qu'ailleurs, dans les sables profonds et frais, il prend un bel accroissement. Il demande une situation spéciale : sachons la lui donner.

QUERCUS PRINUS CHINCAPIN (LINNÉE)

CHÊNE PRIN, CHÊNE CHINCAPIN — SMALL CHESNUT OAK

LINNÉE, en 1753, l'a décrit pour la première fois sous le nom de *Quercus Prinus Chincapin ;* MICHAUX PÈRE, sous celui de *Quercus Prinus Pumila;* MICHAUX FILS, sous celui de *Quercus Prinus Chincapin;* WILLDENOW, en 1764, sous celui de *Prinoides;* SPACH, en 1842, sous le même nom; enfin ALPH. DE CANDOLLE, en 1864, sous celui de *Quercus Prinus Chincapin,* comme variété du *Prinus.* Chêne nain à feuilles de châtaignier, tel serait son nom véritable en français. Vaut-il la description ?

Au point de vue forestier non, au point de vue botanique, c'est autre chose.

Il habite les lieux stériles et montueux de la Caroline, de l'Albany, le Haut Missouri, le Kansas.

Je ne l'ai trouvé nulle part en Belgique et ce n'est pas dommage. Il ne me paraît d'aucune utilité et ne pourrait rendre aucun service. Peut-être servirait-il, comme le *Banister,* à repeupler les landes et à nourrir le lapin.

Il s'élève à une hauteur de 1 mètre à peine. C'est un chétif arbrisseau, rien de plus. Je ne le recommande dans aucun cas et je ne sais pas s'il supporterait notre climat. Les autres *Prinus* le supportent; celui-ci s'en accomoderait-t-il également? En fasse qui veut l'essai. Celui qui veut des chênes nains en aura. Si cela peut convenir aux horticulteurs, tant mieux. Voici ses caractères botaniques :

Feuilles oblongues ou oblongues-ovales, sinuées dentées, glabres à la face supérieure; tomenteuses en-dessous, dents larges, pourtour écailleux au sommet et presque égales, fruits sessiles, cupule court hémisphérique, glands élipsoïdes ou oblongs-arbus de 3 à 4 pieds, tige grêle, feuilles longues de 3 à 4 centimètres, fruit semblable à celui du chêne commun et sessile, petit souvent, cupule obtuse à la base.

Tels sont les caractères botaniques suffisants pour le faire reconnaître et il ne vaut pas plus.

CHÊNES D'AMÉRIQUE CULTIVÉS EN EUROPE MAIS NON OBSERVÉS EN BELGIQUE

Avec le *Quercus Prinus Chincapin*, se termine l'étude que j'ai faite des Chênes de l'Amérique septentrionale en Belgique. J'ai cru devoir, comme forestier, m'en tenir aux arbres observés.

Il nous reste beaucoup d'espèces et de variétés dont on n'a pas tenté la naturalisation et, sous ce rapport, nous avons encore beaucoup à apprendre.

Les amateurs et les botanistes trouveront dans mon ouvrage, je l'espère, des indications utiles.

En s'adressant en Amérique l'on pourra, au moyen d'une classification adoptée, se procurer par les consulats et les sociétés savantes, des glands et des bourgeons. Notre pays, j'en suis persuadé, s'enrichira d'espèces et de variétés que n'avaient pas reconnues les deux MICHAUX et qui, depuis, ont été rencontrées.

L'Amérique a été bien explorée au point de vue botanique. Si, aux explorateurs qui ont introduit les plantes formant le plus bel ornement de nos jardins et de nos serres s'étaient joints des forestiers, nous ne serions pas à attendre dans nos bois ce que nous possédons, depuis longtemps, dans nos habitations.

Les préjugés doivent, à cet égard, disparaître.

L'on écrit partout que peu d'espèces peuvent être naturalisées.

L'on sait à quoi s'en tenir aujourd'hui.

Le chêne des marais, suivant les américains, est d'origine occidentale.

MM^rs^ Della Faille, d'Anvers, grands amateurs d'arbres, m'ont affirmé que cette opinion est acceptée en Amérique.

Le cheval y existait-il autrefois ?

Le hêtre à feuilles pourpres que l'on trouve en Amérique est certainement d'origine Européenne.

D'où vient-il ? Personne ne le sait.

Ce qui est certain c'est que sur 100 glands provenant de hêtres à feuilles pourpres que l'on sème, 70 à 80 tout au plus auront la couleur pourpre, les autres auront la couleur verte.

Cet arbre a quelquefois servi de guide aux Belges.

Mr Della Faille, d'Anvers, se trouvait un jour à New-York. Il cherchait une connaissance. Aucune indication.

En amateur d'arbres, il errait, regardant les jardins. Tout à coup il voit un hêtre à feuilles pourpres.

« C'est ici, dit-il, cela vient du Mick » ; il entre et dit : « Me voici ». C'était là.

Les recherches que l'on fait aujourd'hui, nous montrent les conifères à une autre époque sur notre sol.

Soyons donc sobres dans nos affirmations et expérimentons. Le monde est vieux ; il récèle encore bien des mystères, en cela comme en d'autres choses.

C'est pour cela que je fais connaître, dans les pages suivantes, les Chênes d'Amérique décrits par MICHAUX, qui ont été expérimentés ailleurs, sur lesquels on a des données, mais dont la naturalisation n'est pas faite ici.

Je donne mon opinion, d'après des renseignements reçus, et je dis un mot de l'arbre forestier.

Cela suffit-il ? Le lecteur le dira.

J'ai donc réservé pour un chapitre spécial les chênes naturalisés en Europe et cultivés dans les départements méridionaux mais qu'il ne me paraît pas possible de naturaliser ici.

CHÊNE DE CATESBY (MICHAUX)

CHÊNE DE CATESBY — CHÊNE CHÉTIF DES LANDES

BARRENS SCRAB OAK

Ce chêne a été décrit sous ce nom, pour la première fois, par MICHAUX PÈRE, en 1804.

MICHAUX FILS, en 1812, le lui conserve.

SPACH, dans *les suites à Buffon*, fait de même, en 1842.

DE CANDOLLE, en 1862, respecte le terme admis; enfin les autres auteurs venus après lui, s'en contentent.

Il en résulte que tout le monde est d'accord sur l'espèce et que les horticulteurs ont tort de nous livrer du Catesby, qui ne vaut rien, sous le nom de Chêne des Teinturiers qui est très bon.

On le désigne, généralement, sous le nom de Chêne chétif des Landes.

C'est un arbre du Sud de l'Amérique du Nord, que l'on trouve dans la Floride, la Caroline, jusqu'à la Virginie.

Il est fort peu connu en Europe et peu cultivé. C'est un arbre des pays chauds et qui ne supporterait pas notre climat. Au Domaine des Barres, il vit et fleurit, mais ses glands

QUERCUS CATESBAEI (Chêne de Catesby).

avortent. Il y a péri sous l'action des gelées de 1880. Je ne l'ai rencontré nulle part en Belgique et, s'il y a été introduit, il y a probablement péri sous l'action du climat.

On a fait aux Barres, une remarque qui le fera toujours distinguer dans le jeune âge.

« Les premières feuilles, au nombre de trois ou quatre, sortent immédiatement de terre, sans qu'on aperçoive la moindre trace de la tige. On dirait de jeunes rameaux qu'on avait fichés dans le sol enfonçant assez pour faire pénétrer tous les pétioles des feuilles. »

Des feuilles, des bourgeons et des fruits de cet arbre m'ont été adressés du Domaine des Barres et de Mr Vilmorin, de Paris. Le lecteur les retrouvera.

C'est grâce à l'obligeance de Mr Gouet, directeur du Domaine des Barres, de Mr le garde-général Balay et du personnel, envoyé à l'Exposition de 1878, à Paris, que je me suis livré à une étude approfondie des Chênes d'Amérique sur notre sol. Je dois aussi des remerciements à l'administration des forêts françaises.

Le Catesby ne dépasse pas, en Amérique, 8 à 10 mètres. Il se ramifie dès la base et croît dans les plus mauvais sols. Il n'y atteint qu'une circonférence insignifiante et son bois sert uniquement au chauffage.

En supposant qu'il puisse être introduit en Belgique, il n'y serait d'aucune utilité. Même sur les mauvais sols, il ne pourrait remplacer ni le châtaignier, ni le pin sylvestre, ni le pin maritime.

Au surplus, cet arbre ne peut être naturalisé ici, je pense.

Laissons-le là-bas et si les horticulteurs veulent faire des essais, la description suivante leur suffit :

Le Catesby a les rameaux jeunes glabres, les feuilles sont courtement pétiolées et ont à peu près la même forme à toutes les phases de leur existence; lobes inégaux, ouverts, légèrement falqués, profondément lobés, ovales et acuminés, celui du sommet et les latéraux subulés-mucronés, cupule hémisphérique presque unie, turbinée; écailles apprimées ovales-obtuses; glands ellipsoïdes, enveloppés au tiers de la cupule et terminés par un mucron.

L'écorce est noirâtre, crevassée et ressemble assez à celle du chêne Falqué ou du chêne des Teinturiers. Il se colore, en automne, d'une teinte rougeâtre du plus bel effet.

Je suppose que les essais de naturalisation, s'il y en a, vont se restreindre et qu'ils tenteront seulement ceux qui ne veulent pas croire sans avoir expérimenté. Que bien leur fasse et que les autres m'écoutent !

QUERCUS CINEREA (Chêne cendré)

CEYSENS, Hasselt. - Reproduction des feuilles naturelles Système breveté

QUERCUS HUMILIS (WALTON)
QUERCUS CINEREA (MICHAUX)
Chêne cendré — Upland Willow Oak

Ce chêne a été décrit pour la première fois sous le nom de *Prin,* comme variété, par Linnée, en 1753; en 1788, sous celui de *Quercus Humilis,* par Walton ; en 1801, sous celui de *Quercus Cinerea,* par Michaux Père; Michaux Fils, garda le nom, mais fit une espèce dite *Pumila,* dont le père n'avait fait qu'une variété ; en 1842, Spach, dans *les suites à Buffon,* lui donne le nom de *Phellos Cinerea;* de Candolle, en 1862, garde le *Quercus Cinerea.* Il décrit, de cette espèce, une variété sous le nom de *Dentato-Lobata,* que Willdenow, lui, avait décrite comme variété du *Phellos,* sous le nom de *Phellos Maritima ;* la variété dite *Pumila* de de Candolle, est celle dite, *Cericea* de Willdenow.

de Candolle, crée 4 variétés du *Cinerea : Dentato-Lobata, Humilis, Pumila* et *Nana.*

On l'appelle donc chêne cendré ou petit chêne saule.

Les deux dénominations sont bonnes. En le nommant chêne cendré il n'y aura pas de confusion avec les petits et les grands chênes saules et c'est un avantage.

Il serait regrettable de le voir confondre avec le *Phellos* qui atteint, dans notre pays, les plus grandes proportions, quand notre chêne cendré est tout simplement un arbuste. Il a été introduit en Europe, en 1789. En Amérique, suivant MICHAUX, il ne dépasse pas, dans les pineraies, 6 mètres de hauteur. Il y croît dans les plus mauvais sols. Aux Barres, il y a des pieds de 9 mètres et plus et de 0,70 centimètres de circonférence.

C'est un arbre, bon pour les horticulteurs, peut-être, s'ils parviennent à le faire vivre sous notre climat. Pour moi, je désespère. On le trouve, en Amérique dans les états du Sud de l'Amérique du Nord. MICHAUX prévoyait sa naturalisation, sans la recommander dans les départements méridionnaux.

S'il y a réussi, il en est autrement aux Barres où il a péri sous l'influence des gelées de 1880 et, en Belgique, je ne l'ai rencontré nulle part.

A-t-il été planté dans notre pays ? Je ne sais.

Il y a probablement péri. Le mal n'est pas grand. Il vient pourtant bien dans tous les sols, mais à quoi peut-il servir ? A rien.

Et dire que les savants se sont acharnés sur cet avorton qui met deux ans à donner des fruits, tout comme un géant, tandis que le chêne blanc, lui, accomplit cette même besogne en neuf mois.

MICHAUX FILS, suivant en cela Bosc et Dellille, n'a pas voulu admettre la variété de ce tout petit chêne saule et il en a fait une espèce; dans certains cas on a trouvé, paraît-il, quelques poils à la face inférieure.

WILLDENOW, en a fait une variété dite *Maritima* et que MICHAUX PÈRE, appelle *Quercus Phellos Maritima ;* dans certains cas, les fruits ayant été trouvés un peu plus gros, on a créé une variété dite *Virginiana.*

Tout cela n'est pas clair du tout et est fort difficile à admettre. Je serais curieux de voir semer des glands de ces variétés dans un même sol et dans les mêmes situations. On en rabattrait, je crois, de ces variétés.

Je suis toujours de l'avis de Mr WESMAEL, que les espèces et les variétés diminuent au fur et à mesure de l'observation plus grande. Peut-être en sera-t-il encore ainsi dans ce cas.

Quoiqu'il en soit, espèce ou variété, cela m'importe fort peu. Si nos sentiments nous portent à protéger les humbles, je ne vois pas moyen de sauver celui-ci de nos hivers et je l'abandonne après cette description :

Les bourgeons sont glabres; feuilles pétiolées, allongées ou elliptiques, glabres à la face supérieure, légèrement tomenteuses en-dessous, nervure médiane, saillante, grisâtre en-dessous, cendrées, très-minces, coriaces, entières le plus souvent, parfois mucronées comme dans le Phellos; *fruits arrondis, d'un brun noir; cupule hémisphérique; écailles apprimées; pédoncule très court enveloppant le fruit jusqu'au* 1/3 *de la hauteur; feuilles ayant une largeur de 10 à 18 millimètres et atteignant 8 centimètres de longueur, rougeâtres au printemps et prenant plus tard la coloration verte. Le gris cendré de la face inférieure, en automne, le fera distinguer du* Phellos.

QUERCUS VIRENS

Chêne vert — Live Oak

Ce chêne a été décrit sous plusieurs dénominations : *Virginia,* en 1759, par Willdenow ; *Sempervirens,* en 1788, par Walton ; *Virens,* en 1789, par Kew. Ce nom qui a prévalu, a été accepté par presque tous les auteurs venus après lui ; de Candolle, en 1862, le conserve.

Le nom de *Virens* au lieu de *Sempervirens,* a été adopté sans doute, parce que la feuille n'est pas toujours verte, ou bien parce qu'elle n'est pas complètement verte.

Ce chêne, dans son pays, atteint une belle élévation. En Europe il végète misérablement ou reste à l'état de buisson lorsqu'il est suffisamment protégé. On le rencontre, parfois, dans les pépinières, mais il est toujours chétif, très bien protégé et buissonnant. Les horticulteurs donnent souvent le nom de *Sempervirens* à un chêne qui n'est pas le *Virens* des Américains du tout, mais qui est un chêne d'Europe et que l'acheteur ne confondra plus après avoir lu la description.

QUERCUS VIRENS (Chêne vert)

M. CEYSENS, Hasselt — Reproduction des feuilles naturelles · Système breveté ·

MICHAUX PÈRE, avait fondé sur cet arbre les plus brillantes espérances pour les départements méridionaux et méditerrannéens de son pays. Je ne pense pas que le résultat ait répondu à son attente.

C'est un arbre des États-Unis de l'Amérique du Sud et toujours les exemples de naturalisation sont rares quand les arbres croissent dans cette situation exceptionnelle.

N'espérons donc pas le posséder comme arbre et contentons nous de l'obtenir comme buisson.

Mais, pour cela, abritons le bien car en plein air j'ai bien peur pour lui et ce n'est pas à tort.

Défions nous surtout des horticulteurs qui nous vendent le *Virens* sous le nom *Sempervirens* et qui n'est pas du tout le *Virens* de MICHAUX et DE CANDOLLE.

MICHAUX, décrit le *Virens*, comme suit :

Quercus foliis prennantibus coriaces ovato oblongis junioribus dentatis, retutioribus integris, cupula turbinata glande oblongo.

Ma traduction, un peu libre avec commentaires, serait ceci d'après les organes choisis sur des sujets bien déterminés que j'ai reçus :

Bourgeons glabres; feuilles d'un vert foncé et luisantes; à la face supérieure glabres, à la face inférieure d'un gris argenté, épaisses et coriaces, oblongues, les jeunes dentées, les autres entières, d'une longueur de 7 centimètres et d'une largeur de 2 centimètres; fruits petits, écailles apprimées; cupule turbinée; gland allongé; maturation annuelle.

Suivant MICHAUX, cet arbre atteint jusqu'à 15 mètres de hauteur et 50 centimètres de diamètre. Cet auteur parle longuement de cet arbre et vante les qualités de son bois.

Pour moi, je ne saurais décrire une essence que je ne connais pas assez et qui ne vient pas dans notre pays, périt sous notre climat ou y végète misérablement. Cela me paraît inutile. Ce que j'en ai dit, doit pouvoir suffire. Aux plus hardis d'expérimenter plus loin.

QUERCUS AQUATICA (Chêne aquatique)

M. CEYSENS, [illegible]

QUERCUS AQUATICA (WALTON)

Chêne aquatique — Water Oak

Le chêne aquatique a été décrit pour la première fois par Walton. Michaux Père, le lui conserve et Michaux Fils, en fait de même. Spach, dans *les suites à Buffon,* en fait une variété du *Quercus Imbricaria,* de Candolle, fait la même chose que les premiers et crée les variétés suivantes: *Laurifolia, Heterophylla, Stipitata, Dentata, Myrtifolia.*

Le plus embarrassé du monde pour le classer, c'est moi.

Faire de l'*Aquatica* une variété de l'*Imbricaria,* c'est assez fort, franchement. Comme botaniste, ce serait peut-être possible; comme forestier, c'est plus difficile. L'*Imbricaria* supporte parfaitement notre climat; il y atteint de belles proportions, il y fleurit, y fructifie et l'aquatica ne peut y vivre. Tout au plus, supporte-t-il le climat de Paris. D'après ce qu'a bien voulu m'écrire Mr de Vilmorin, les plants y grandissent à l'air libre dans les pépinières, mais plus tard, suivant d'autres indications, il faut les abriter et leur choisir des départements méridionaux. Il a été introduit en Europe en 1748.

Je ne l'ai rencontré nulle part en Belgique.

C'est dommage. C'est un arbre dont le feuillage est superbe. Ses feuilles sont d'un vert admirable et passent par différentes formes suivant les sujets et même sur un pied unique.

Je me défie fort de la forme trilobée qu'il a le plus souvent. J'ai déjà rencontré cette forme chez le *Nigra* et le *Falcata*. Je l'ai trouvée même sur des chênes du pays et je n'ai plus la moindre confiance en elle. Dans les vieux sujets, cette forme disparaît presque toujours complètement. On m'y prendra difficilement. MICHAUX FILS, n'a fait qu'une espèce sans variété et je suis fort tenté de faire comme lui.

Il a vu croître les cépées des arbres abattus et alors les feuilles sont elliptiques, ont des dents très prononcées, très saillantes, placées fort irrégulièrement sur les bords.

Cela me met en défiance et les échantillons que j'ai vus ne font qu'augmenter mes appréhensions.

Au domaine des Barres, un chêne aquatique désigné sous le nom de *Aquatica Laurifolia*, est assez bien déterminé, mais il avait 10 mètres de hauteur et 50 centimètres de circonférence en 1878. Le plus jeune avait 8 mètres de hauteur et 30 centimètres de circonférence seulement ; il n'était pas encore bien déterminé. Si le contraire avait lieu, je croirais. Maintenant je doute plus encore et je m'abstiens en décrivant une seule espèce.

Les botanistes, un jour, pourraient bien être de l'avis des forestiers, quand on prendra les organes sur des sujets adultes dans une situation unique.

Cela dit, décrivons le reste.

QUERCUS AQUATICA LAURIFOLIA

(Chêne aquatique à feuilles de laurier)

M. CE[illegible]ENS, Hasselt. – Reproduction des feuilles naturelles «Système breveté»

Les bourgeons sont glabres; les feuilles très-variables de formes, finissent en pointes aigues dans le pétiole, obtuses ou trilobées au sommet, lobées ou entières, quelquefois lobées profondément, et mucronées, toutes ressemblent dans les petites à des feuilles du Phellos, *soit à celles de l'*Imbricaria, *soit à celles de l'*Hétérophylle *ou du* Nigra; *de grandeurs très-variables, entièrement glabres, d'un beau vert; pétiole très court; écailles de la cupule apprimées, gland ovoïde, obtus au sommet, avec pointe terminale fine, enveloppé jusqu'à moitié dans sa cupule hémisphérique.*

Cet arbre atteint, aux États-Unis, 15 mètres et plus de hauteur, mais il y est de mauvaise qualité. Il paraît qu'il ne vaut pas mieux en France.

Malgré tout cela, c'est un bel arbre et c'est dommage qu'il ne supporte pas notre climat; il serait d'un joli effet décoratif.

QUERCUS OLIVŒFORMIS (MICHAUX)

Chêne a cupule chevelue — Mossy Cup Oak

Ce chêne a été décrit, pour la première fois, sous ce nom par Michaux Fils; Spach, dans *les suites à Buffon,* le conserve; de Candolle, dans le *Prodrôme,* également; Asa Gray, en forme une variété du *Quercus Macrocarpa.* Cette espèce, dit Mr Wesmael, dont je n'ai pas vu d'échantillon dans les herbiers, semble assez mal connue, du moins d'après les exemplaires que Mr Alphonse de Candolle a consultés dans l'herbier de Webb, le seul qu'il a eu à sa disposition.

de Candolle, conserve le nom et l'espèce créés par Michaux Fils.

Michaux Fils, qui l'a rencontré le premier sur les bords de l'Udson et dans le Génessée est très réservé. On l'a trouvé, depuis, dans la Pensylvanie et la Virginie. Les qualités de son bois n'ont pas été appréciées, mais elles doivent se rapprocher beaucoup de celles du *Quercus Macrocarpa.*

Il fut introduit en Europe en 1811. Il n'existe aux Barres que de jeunes sujets.

C'est un arbre qui, en Amérique, atteint plus de 20 mètres de hauteur. Son écorce est blanchâtre et lamelleuse. Il servirait très bien comme arbre d'ornement; sa cîme est très ample.

D'après les échantillons bien déterminés que j'ai reçus du domaine des Barres et de Mr Vilmorin,

Le Quercus Olivœformis *a les feuilles inégalement sinuées lobées, glabres à la face supérieure, glauques en-dessous, courtement pétiolées, incisées, dentées au sommet, lobes oblongs, cupule courte; gland ovoïde, recouvert presque complètement par une cupule hérissée, dont les écailles inférieures sont grandes et se resserrent vers le sommet, fruit solitaire ou presque solitaire atteignant trois centimètres en forme d'olive qui le caractérise ou retréci vers les deux extrémités.*

Il a beaucoup de ressemblance avec le *Macrocarpa* et assez pour en créer une variété, mais il en diffère, suivant MICHAUX, en ce que les branches secondaires sont menues, flexibles et toujours inclinées vers la terre. Par la couleur, elles se rapprochent du *Quercus Alba*. Il n'y a pourtant pas moyen de le confondre avec cette essence. Ses feuilles, ses fruits, son port, tout l'aspect de l'arbre le font distinguer aisément. D'après les lieux qu'il habite et les essais faits en France il me semble sujet à naturalisation dans notre pays; mais, à mon avis, il y restera chétif, rabougri, et sera très difficile comme le *Macrocarpa;* il devra être en bon terrain et abrité pour devenir un arbre d'ornement.

C'est demander beaucoup.

QUERCUS HYBRIDA

Chêne Hybride

L'on nomme ainsi, au domaine des Barres, une espèce de chêne qui n'est pas parfaitement déterminée et que l'on nomme *Hybride.*

De ce qu'elle ne possède point les caractères des chênes dont a parlé Michaux, est-ce pour cela une *Hybride ?*

Je doute fort qu'elle soit acceptée comme telle par la science et les botanistes ne tarderont pas à la déterminer d'une manière définitive.

Les caractères sont, selon moi, assez bien établis pour qu'il soit permis de le faire entrer dans les variétés déterminées par Alph. de Candolle et les autres auteurs modernes.

C'est un arbre qui supporterait parfaitement notre climat. Il vient bien aux Barres, y fleurit, y fructifie et acquiert sur ce sol ingrat une croissance convenable et qui ne ferait qu'augmenter transplanté dans un meilleur milieu. Si j'en dis un mot, ce n'est pas pour le classer au point de vue botanique; c'est une essence qui peut croître et acquérir de belles dimensions sur notre sol et j'ai hâte de la voir arriver.

QUERCUS HYBRIDA (Chêne hybride).

En comparant les échantillons que j'ai reçus du domaine des Barres avec les descriptions de DE CANDOLLE, on est tenté de la faire rentrer dans la variété dite *Rugelii*, du *Tinctoria*.

Les bourgeons sont glabres, feuilles pétiolées, pétiole de 2 centimètres, en moyenne, glabres à la face supérieure, d'un beau vert et comme vernissées, plus pâles en-dessous, nervure médiane, saillante comme dans le Quercus Tinctoria *avec lesquelles elles ont beaucoup de ressemblance, conservent la même forme à toutes les phases de leur existence, 5 à 7 lobes mucronés, angles très obtus, paquets de poils aux aiselles de la nervure médiane qui est légèrement arquée et donne la forme de la feuille; tient le milieu entre le* Tinctoria *et le* Rubra; *gland conique et terminé, par une pointe caractéristique, conique, turbinée et saillante qui permet de ne pas le confondre, de couleur rouge-jaunâtre, plus petit que ceux du* Tinctoria *et du* Coccinea; *cupule turbinée, écailles ressemblant à celles du* Coccinea *et du* Tinctoria, *jaunâtres, ovales, obtuses et velues; fruits solitaires ou géminés; pédoncule très court, enveloppé dans la cupule au tiers de la hauteur.*

Les feuilles conservent leur plus grande largeur à la moitié de la hauteur; elles ont, en moyenne, 20 centimètres de longueur et 5 centimètres de largeur.

L'on peut obtenir des glands au domaine des Barres, en s'adressant à l'administration des forêts françaises.

Le bois ressemble assez à celui du *Tinctoria* et dont il est, je crois, une variété. Ce serait une bonne acquisition de plus pour nos sols sablonneux et frais. Je recommande ce chêne, aux amateurs de nouveautés.

RECOMMANDATIONS PARTICULIÈRES

GLANDS

Il importe, au début de l'introduction des Chênes d'Amérique dans notre pays, d'assurer leur croissance constante. J'appelle donc l'attention des propriétaires sur les glands.

D'où proviennent, le plus souvent, les glands des chênes rouges que nous recevons d'Allemagne et de France ?

De Belgique.

Je ne trahirai pas les confidences, mais que font bien des grands propriétaires ?

Ils vendent à l'étranger les glands de leurs Chênes d'Amérique, afin de ne pas se faire concurrence à eux-mêmes pour la vente des plantes.

Ils semblent être en droit, en effet, de recueillir, les premiers, les fruits de leurs essais et d'une introduction souvent fort coûteuse.

QUERCUS HYBRIDA (Chêne hybride).

Afin de soutenir, dans l'avenir, la concurrence qui s'établit déjà en différents points, je leur recommande, tout spécialement, le choix des glands.

Quelle est l'influence du gland sur la production de la plante ?

Le journal agricole du Brabant-Hainaut, a répondu le 29 mai 1881, en reproduisant les expériences faites à ce sujet à l'établissement de Hohenheim. Elles sont trop intéressantes pour ne pas être inscrites ici.

« Les essais ont été entrepris au jardin des recherches forestières de Hohenheim, avec des glands de chêne semés en 1878.

Les glands furent divisés en trois lots : les gros, les moyens, et les petits. Ils furent semés sur trois planches séparées ayant 1 mètre de large et 10 mètres de long. Sur chaque planche, on traça cinq sillons, qui reçurent chacun deux lignes de glands.

On employa :

Gros glands . .	12 litres,	à raison de 115	glands par litre;
Moyens . . .	11	— 149	—
Petits	9	— 209	—

A l'apparition des jeunes plants, on constata bientôt entre eux une différence sensible. Au printemps suivant, les plants d'un an furent enlevés et l'on en pesa une partie. Voici le poids moyen des plants fournis par les trois lots :

Parties au-dessus du sol.	2 gr. 0	1 gr. 5	1 gr. 2.
Racines	6 gr. 8	5 gr. 7	3 gr. 3.
Ensemble	8 gr. 8	7 gr. 2	4 gr. 5.

Les plants d'un an furent repiqués sur trois planches séparées, de manière à rendre toute confusion impossible. A l'automne de 1880, conséquemment après un séjour d'environ huit mois des jeunes chênes sur les planches où ils avaient été repiqués, la différence qu'ils présentaient n'etait plus aussi apparente que chez les plants d'un an.

Toutefois, les mesurages et les pesées exécutés sur 150 plants de chaque lot démontrèrent qu'il existait entre eux des différences très appréciables. La comparaison fut faite de la manière suivante : Tous les plants obtenus d'une même catégorie de glands, furent partagés en trois lots : les forts, les moyens et les faibles, ce qui fournit en tout neuf lots. On détermina ensuite :

1° La longueur de la partie des plants hors de terre ;

2° Le poids des petites tiges ;

3° Le poids des ramifications latérales ;

4° Le poids des racines.

Malheureusement, cette dernière détermination ne put être effectuée avec une rigoureuse exactitude. Le sol où l'on avait installé les jeunes chênes ayant été profondément ameubli, les racines avaient acquis une grande longueur et avaient pénétré profondément, ce qui ne permit pas de les extraire sans leur faire subir des lésions. Le tableau suivant donne la longueur moyenne et le poids moyen des plants.

CATÉGORIES DE PLANTS.	PLANTS OBTENUS DE GLANDS											
	GROS.				MOYENS.				PETITS.			
	Longueur moyenne.	POIDS MOYEN EN GRAMMES.			Longueur moyenne.	POIDS MOYEN EN GRAMMES.			Longueur moyenne.	POIDS MOYEN EN GRAMMES.		
		Tige.	Rameaux.	Racines.		Tige.	Rameaux.	Racines.		Tige.	Rameaux.	Racines.
Plants les plus grands . . .	0m504	21.3	4.6	40	0m499	17.4	4.4	40	0m468	13.6	3.0	31
Plants moyens	0m436	12.5	3.1	31	0m371	7.5	1.8	21	0m316	6.3	2.0	19
Plants faibles . .	0m278	4.1	3.1	12	0m256	3.7	1.0	10	0m241	2.8	1.0	9
Moyennes totales.	0m417	11.6	2.8	27	0m357	8.0	2.0	21	0m337	6.4	1.9	18

On voit par ce tableau que les glands d'une même catégorie de grosseur ne produisent pas tous des plants uniformément forts; ils sont même très différents entre eux. Ainsi, les faibles atteignent, en moyenne, à peine la moitié de la taille des forts et pas le quart de leur poids. Mais, en général, tous les plants issus des glands les plus gros sont plus grands et plus pesants que ceux produits par les glands les plus petits. En moyenne, la longueur et le poids des plants venus de glands moyens n'ont que les 86 p. c. et 71 p. c. de la longueur et du poids des plants issus des gros glands. Quant aux plants venus de petits glands, leur longueur et leurs poids ne représentent que les 81 p. c. et 58 p. c. de la longueur et du poids des plants produits par les gros glands.

Les poids moyens donnés plus haut pour les plants d'un an, savoir 2.0, 1.5 et 1.2 grammes, suivant la grosseur des glands dont ils proviennent, sont entre eux comme les nombres 100, 75 et 60. Or, les poids moyens des plants de trois ans des mêmes catégories sont entre eux comme 100, 70 et 58. On est donc autorisé à conclure que les gros glands donnant des plants d'un an les plus forts fournissent aussi plus tard les sujets les plus vigoureux. »

Ceux qui ont parcouru les différentes forêts de l'État, des communes ou des particuliers, ont pu reconnaître les différences des sujets obtenus uniquement par la sélection des fruits depuis plusieurs générations. Il se passe, en sylviculture, ce qui a lieu en agriculture, avec cette différence toutefois, qu'en sylviculture, il faut plus de temps pour constater les résultats.

Dans certaines propriétés particulières, on trouve des arbres aussi remarquables par le feuillage que par le port et même par les mailles du bois et que l'on pourrait appeler des arbres améliorés par la sélection des fruits. C'est principalement dans le Limbourg et la Province d'Anvers que l'on trouve ces traditions dont on constate les heureux résultats.

Depuis plusieurs siècles, les glands les meilleurs sont récoltés sur les plus beaux sujets par les gardes et leurs petits-enfants.

Dans les chênes d'Amérique, les glands de chênes rouges et de chênes gris que l'on a souvent confondus, devraient être récoltés séparément. Il y a des différences importantes dans les qualités du bois. J'ai donné le moyen de reconnaître les deux espèces.

Il en est de même pour notre chêne rouvre et notre chêne pédonculé que l'on confond et dont les aires d'habitation sont différentes.

L'on devrait obliger les pépiniéristes à fournir les espèces demandées; ils sauraient habituer les habitants des campagnes à séparer les glands, ou bien ils feraient récolter dans la localité où l'espèce domine, les glands commandés.

JEUNES PLANTES

Dans un article spécial, j'ai donné les proportions que doit avoir le chêne d'Amérique et principalement le chêne rouge pour être mis en place.

Parfois, on achète des sujets qui n'ont pas été cultivés pour les avenues et les pépiniéristes examinent plutôt le profit que le résultat.

Il y a lieu, dans ce cas, de rectifier, quand c'est possible, le jeune plant que l'on confie au sol.

Les pousses de l'année sont parfois tellement fortes que tout équilibre entre la tige et les racines est rompu. Si la pousse de l'année dépasse 0,40 centimètres, il faut raccourcir le sujet pour le planter.

SOL

Mr le Sénateur Van Outryve d'Ydewalle, qui s'occupe beaucoup des plantations de chênes d'Amérique dans sa propriété de *Rudervoorde*, a bien voulu confirmer les observations que j'ai faites dans les termes suivants :

« Dans toutes mes terres légères, je réussis admirablement quand je parviens, au moyen de fossés d'écoulement, à maintenir les eaux d'hiver au moins à 0,60 centimètres en-dessous du niveau du sol. »

Le *Palustris* va venir dans ces sols ; ce que j'en ai dit, sans doute, suffira.

QUALITÉS DU BOIS

J'ai fait connaître les expériences auxquelles je me suis livré; elles me paraissent suffisamment concluantes.

Deux arbres, âgés de 50 ans environ et provenant du Limbourg, ont été débités. L'un, a grandi à Eelen, (Maeseyck); l'autre, à Rothem. Les ouvriers de Mr Simon-Coyette, ébéniste à Neufchâteau, les emploient à différents usages.

Le bois sert très bien à la sculpture; il est plus dur, plus résistant à la scie que le chêne ordinaire et plus doux au rabot. Il a la fibre plus droite que notre chêne commun et il a, suivant les ouvriers, plus de nerf.

Les ouvriers qui font ces travaux par entreprise, prennent de préférence le chêne ordinaire, quand ils sont libres, parce que celui-ci est moins dur.

Les expériences confirment, en touts points, ce que j'ai avancé scientifiquement me basant sur les dimensions des couches de printemps et d'automne et leur distribution.

Reste à savoir s'il résiste à la pourriture comme le chêne ordinaire. Ce point a été contesté. Des expériences doivent être faites sur des sujets du même âge, de terrain sabloneux où ces chênes peuvent, suivant moi, acquérir ou développer toutes leurs qualités. J'ai commencé, que d'autres poursuivent. Les arbres que je fais débiter seront employés à l'intérieur des habitations, comme meubles ou autrement; à l'extérieur, pour des édifices publics où l'on pourra en reconnaître l'usage.

D'autres, continueront les expériences. Celles faites jusqu'aujourd'hui rassurent les propriétaires. Dans les sols frais et sablonneux et pour la consolidation des talus, que l'on regarde encore comment l'aulne blanc *drageonne et vient* dans la propriété de Mgr le Duc de Mérode, à Westerloo, près de l'Abbaye d'Averbode, à Schuelen. Il y a là un enseignement pour l'administration des ponts et chaussées. Je crois que c'est ici la place pour le dire. Je lui recommande aussi l'épine blanche d'Amérique pour haies, dans les sables, et le cerisier Mahaleb, dit du Malabar, dont l'avenir s'accentue chaque jour. Il s'en trouve au Mick.

Plus que jamais, j'insiste sur les qualités des chênes d'Amérique en sol sabloneux et frais, principalement du chêne rouge et du chêne des marais, où elles sont au maximum, selon moi.

« Tout ce que je puis en dire, écrit Mr le Sénateur Van Outryve d'Ydewalle, c'est que cet arbre a peu d'aubier, que depuis 12 ans son bois employé en menuiserie, se polit et se comporte très bien à l'air et au soleil ; que comme chauffage, il est excellent, que sa flamme est d'une clareté exceptionnelle et qu'il n'éclate pas. »

On a reproché au chêne rouge d'être disposé à se fendre, toujours du même côté.

Suivant certains propriétaires, cette disposition se remarquerait même en Amérique.

Je n'ai pas observé ce fait ; dans des avenues, et dans des conditions déterminées, j'ai vu parfois ce défaut, mais il existait pour les autres arbres et c'était après un élagage pratiqué sur des branches trop fortes. En pleine forêt et dans des conditions normales, je ne l'ai jamais reconnu. On ferait bien d'élaguer, en automne, les branches des jeunes sujets ; on éviterait ainsi un inconvénient qui pourrait bien provenir en partie de l'élagage.

LES BOIS A CROISSANCE RAPIDE

Je crois utile de terminer ce chapître par un extrait de la *Revue scientifique*, du 16 octobre 1886 :

« Les expériences faites à Londres ont prouvé que les bois à croissance rapide, le chêne au moins, sont succeptibles du plus grand degré de tension. Elles ont été confirmées par un constructeur américain qui, ayant bâti plusieurs escaliers massifs fort élégants, a reconnu que les bois à croissance rapide sont les meilleurs pour les intérêts architecturaux ».

Mr le garde général Parisel, ajoute dans le *Luxembourgeois*, du 5 décembre 1886:

« Cela est exact, mais ne l'est que pour le chêne. Les bois renferment des vaisseaux et des fibres, associés et disposés longitudinalement de diverses manières permettant de reconnaître les essences de bois sur une section. Tout accroissement annuel présente une région interne formée au printemps et une région externe formée en automne. Il y a des bois feuillus à vaisseaux inégaux, il y en a d'autres à vaisseaux homogènes sur tout l'accroissement, il y a enfin les résineux qui n'ont que des fibres.

« On peut dire, pour le chêne, dont les vaisseaux sont toujours inégaux, qu'il est d'autant plus dur que sa croissance a été rapide et que les accroissements sont épais. En effet, chez le chêne, les vaisseaux gros et larges qui se trouvent dans la zône du bois de printemps, y constituent un élément d'une épaisseur invariable. Le bois d'automne, au contraire, est formé de vaisseaux étroits et serrés et il constitue dans chaque accroissement annuel un élément variable. Si le chêne a cru lentement, la zône poreuse du printemps s'est développée comme dans le cas d'une croissance rapide, mais le tissu compact d'automne faisant défaut le bois est moins dur. Le hêtre et le charme ont des vaisseaux égaux, la rapidité de la croissance ou l'épaisseur de l'accroissement n'influe pas sur leur qualité. Pour les résineux, la densité est en raison inverse de l'épaisseur des accroissements, contrairement à ce qui se passe chez le chêne. Chez les sapins à accroissement rapide il y a prédominance du bois mou de printemps, qui constitue ici un élément à épaisseur variable ; chez celui à accroissement lent, le bois mou a diminué et les deux zônes sont sensiblement homogènes, les fibres ne sont pas différentes. L'affirmation de la revue scientifique ne peut donc être admise que pour le chêne, elle n'est pas exacte pour les résineux et n'a aucune portée en ce qui concerne le hêtre et le charme. »

C'est ce que j'ai prétendu à propos du chêne rouge, du chêne des marais et des autres. Les chênes d'Amérique ne font pas exception à la loi générale. Les ingénieurs, les architectes et les agents forestiers sont depuis longtemps fixés sur ce point, mais il reste des erreurs à dissiper. Il convient de mettre les propriétaires en garde contre une exploitation possible, ayant pour base la qualité du bois.

La force est en rapport avec la croissance et nullement en sa raison inverse, comme on voudra peut-être le faire croire. Les expériences rapportées dans la *Revue scientifique*, sont d'accord avec la science. Elles établissent, d'une façon irrécusable, la valeur des chênes à croissance rapide pour les constructions, comme d'autres l'ont établie pour la menuiserie, l'ébénisterie et le chauffage.

Les propriétaires de chênes d'Amérique peuvent donc être rassurés sur la qualité du bois. C'était un point important à établir pour les principales essences et j'espère n'avoir rien négligé pour y arriver.

CONCLUSIONS

L'étude des chênes d'Amérique à laquelle je me suis livré, permet de conclure que presque toutes les espèces de chênes, décrites par MICHAUX PÈRE et FILS, ont été introduites en Belgique.

Les espèces méditerranéennes ont péri.

Ce sont : le *Lyrata*, le *Virens*, l'*Aquatica*, le *Cinerea*, le *Chincapin* et le *Catesby*.

L'on sait à quoi s'en tenir et les essais tentés pour naturaliser ces essences me paraîssent devoïr obtenir tous le même résultat.

Les États du Sud de l'Amérique du Nord nous ont, en général, donné des espèces dont la naturalisation est difficile.

Presque toutes les espèces américaines sont des arbres d'ornement. Les unes, comme le *Nigra*, le *Macrocarpa*, l'*Obtusiloba* supportent difficilement notre climat et leur végétation sur notre sol, dans les conditions ordinaires, est d'une lenteur désespérante; il leur faut, du reste, un abri; elles ne fructifient pas ou, s'il y a des fruits, ils avortent.

Le *Bicolor* et les *Prinus* demandent des terres de bonne qualité et un abri; leur végétation, en sol ordinaire, est très lente.

Le *chêne châtaignier des Rochers* et le *chêne châtaignier à feuilles acuminées,* sont plus rustiques, ils prospèrent à l'air libre; sans avoir un très grand accroissement, ils demandent, comme le chêne blanc, un sol ferme, argileux et suffisamment riche.

Le *Quercus Acuminata* devrait être planté plus dans les sables frais et limoneux.

Le *chêne à feuilles en forme de faulx* n'a pas fait toutes ses preuves; il vient dans les sables, mais son accroissement est moindre que celui des autres essences qui suivent.

L'*Imbricaria* vient mal dans les sols argileux ainsi que le *Phellos.*

L'*Hétérophylle* est un arbre d'avenir et vient bien dans les sables limoneux; il ne se plaît pas dans les sols argileux.

Le *Phellos* aime les sables frais et prend encore un grand accroissement dans les sables secs.

Il ne fructifie pas ici, que je sache, jusqu'à présent.

Le *chêne rouge,* le *chêne gris,* le *chêne des marais,* le *chêne des Teinturiers,* le *chêne noirâtre,* le *chêne écarlate,* viennent très bien dans les sables frais et les sables secs de qualité médiocre.

Le *Palustris* vient dans les marais et les sables secs.

Sont classés aujourd'hui comme essences forestières :

Le *chêne rouge,* le *chêne gris,* le *chêne des marais,* le *chêne des Teinturiers.*

Pour taillis :

Le *chêne rouge,* le *chêne gris.*

Pour futaie : les autres.

Pour arbres d'avenues et plantations des routes :

Le *chêne rouge*, le *chêne gris*, le *chêne des Teinturiers*, le *chêne noirâtre*, le *chêne écarlate*, le *chêne Hétérophylle*, le *chêne blanc*, le *chêne falqué*, le *chêne des marais*.

Doit être plus répandu pour cet usage :

Le *chêne des marais*.

Mr Berger, Inspecteur général des plantations et Directeur des ponts et chaussées, ne voudra pas laisser à un autre cet honneur; à MMrs Toutfaar et de Heem, le *chêne rouge*.

L'*Imbricaria* et le *Phellos* peuvent aussi entrer dans les forêts, mais ils demandent de l'espace; leur place est sur les lisières.

Ont porté des glands, jusqu'à présent, dans notre pays :

Le *chêne rouge*, le *chêne gris*, le *chêne des Teinturiers*, le *chêne à lattes*, le *chêne des marais*, le *chêne écarlate*, le *chêne Hétérophylle* et le *Banister*.

Chez le *chêne noir* les glands ont avorté. Les plus beaux *Phellos*, âgés de près d'un siècle, n'ont pas donné de glands en 1885; il y a peu d'espoir de voir fructifier les autres.

Chênes se colorant en rouge à l'automne :

Le *chêne rouge*, le *chêne gris*, le *chêne des marais*, le *chêne des Teinturiers*, le *chêne noirâtre*, le *chêne Hybride*, le *chêne de Catesby*, le *chêne écarlate*.

Vertes au-dessus et blanches au-dessous :

Le *chêne falqué*, le *chêne de Banister*, les *Prinus*.

Enfin, il serait utile de faire des essais pour les plantations des routes, en bon sol, du *Quercus Acuminata* et même du *Quercus Montana*.

J'ai fait connaître l'accroissement des différentes espèces ; il sera toujours très utile de les introduire, par pieds isolés dans les forêts, quand cet accroissement sera rapide et que l'espèce remplacera avantageusement les arbres de qualité secondaire.

Un autre décrira les espèces que l'on introduit aujourd'hui. Ma tâche est remplie.

J'espère avoir comblé une lacune au point de vue forestier; mes observations, au point de vue botanique, auront peut-être quelque utilité. Je ne désespère pas de faire connaître un jour, pour les plantations de nos routes, les essences qu'il me paraît possible d'introduire et qui sont de provenance exotique. Il y a là quelque chose à dire de la croissance, de la rusticité et des qualités des arbres. Cela ne sera pas inutile pour les forêts.

Amené par les circonstances dans le pays sablonneux du Limbourg, j'ai reçu un jour un herbier et une plume !.... Voilà le livre.

FIN.

TABLE DES MATIERES

I

Considérations générales

II

Espèces et variétés

III

Multiplication, reproduction

IV

Classification des espèces

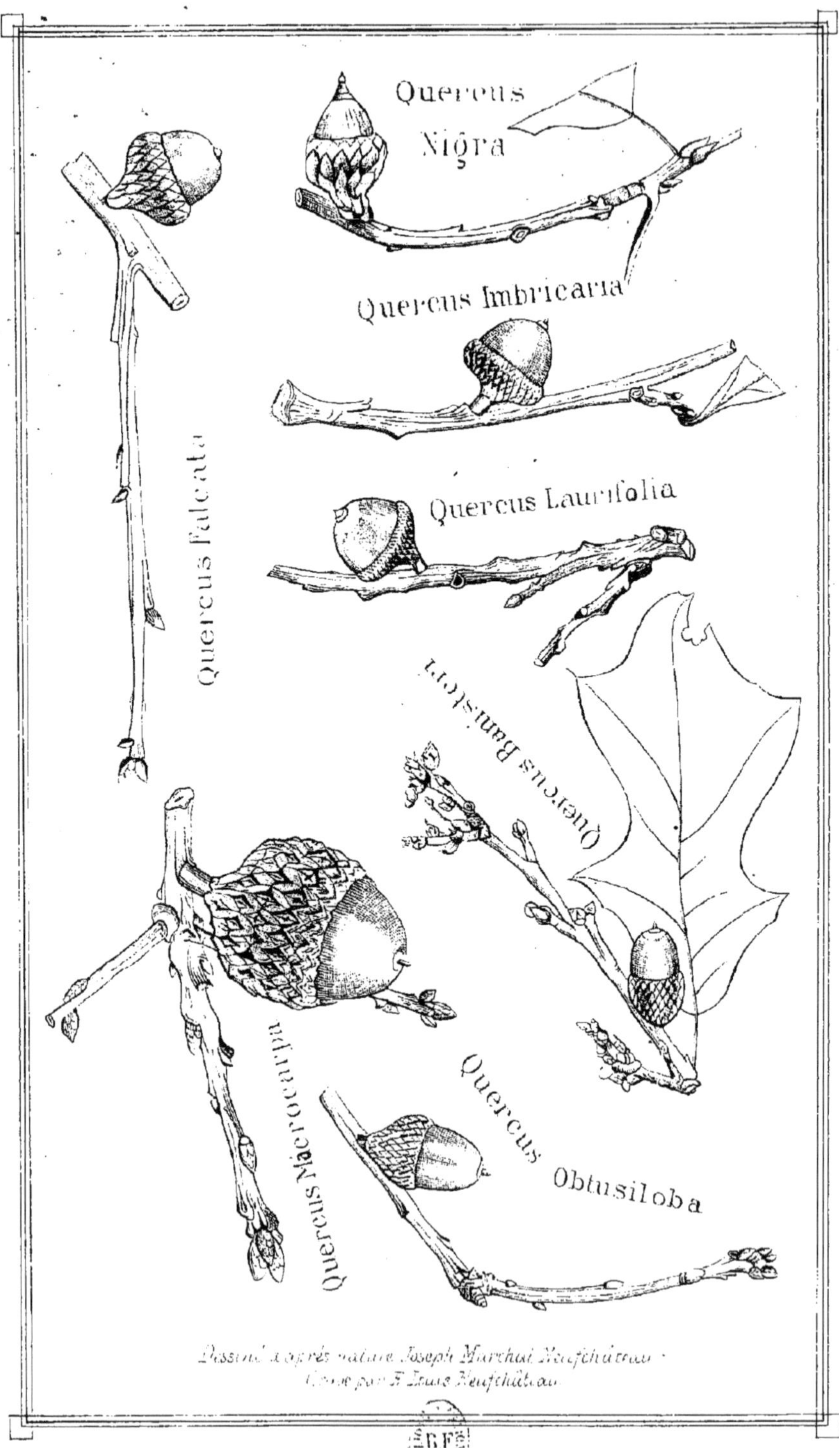

Dessiné d'après nature Joseph Marchal Neufchâteau
Gravé par F. Louis Neufchâteau

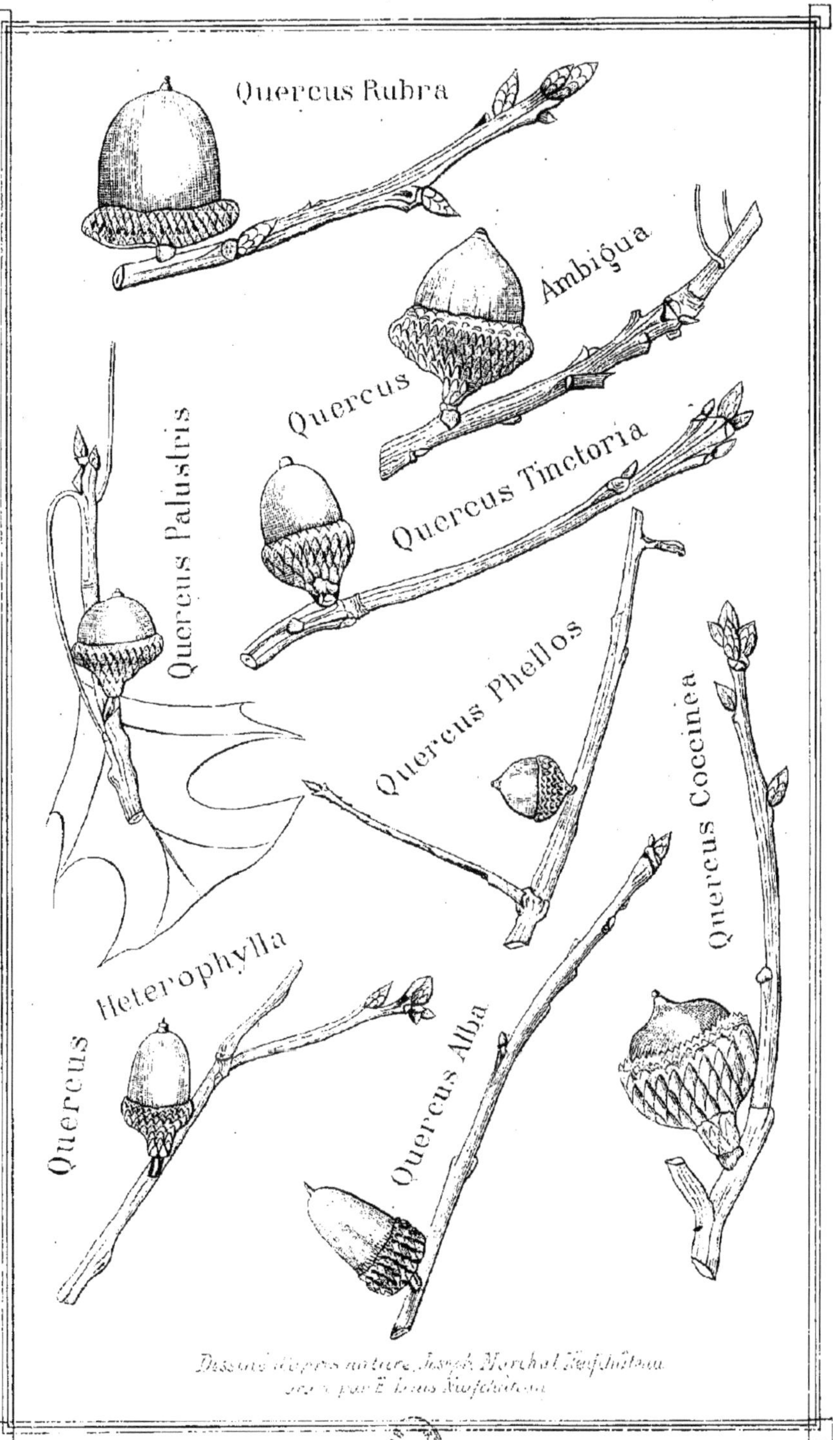

Dessiné d'après nature Joseph Marchal Neufchâteau
[illegible] par E. Louis Neufchâteau

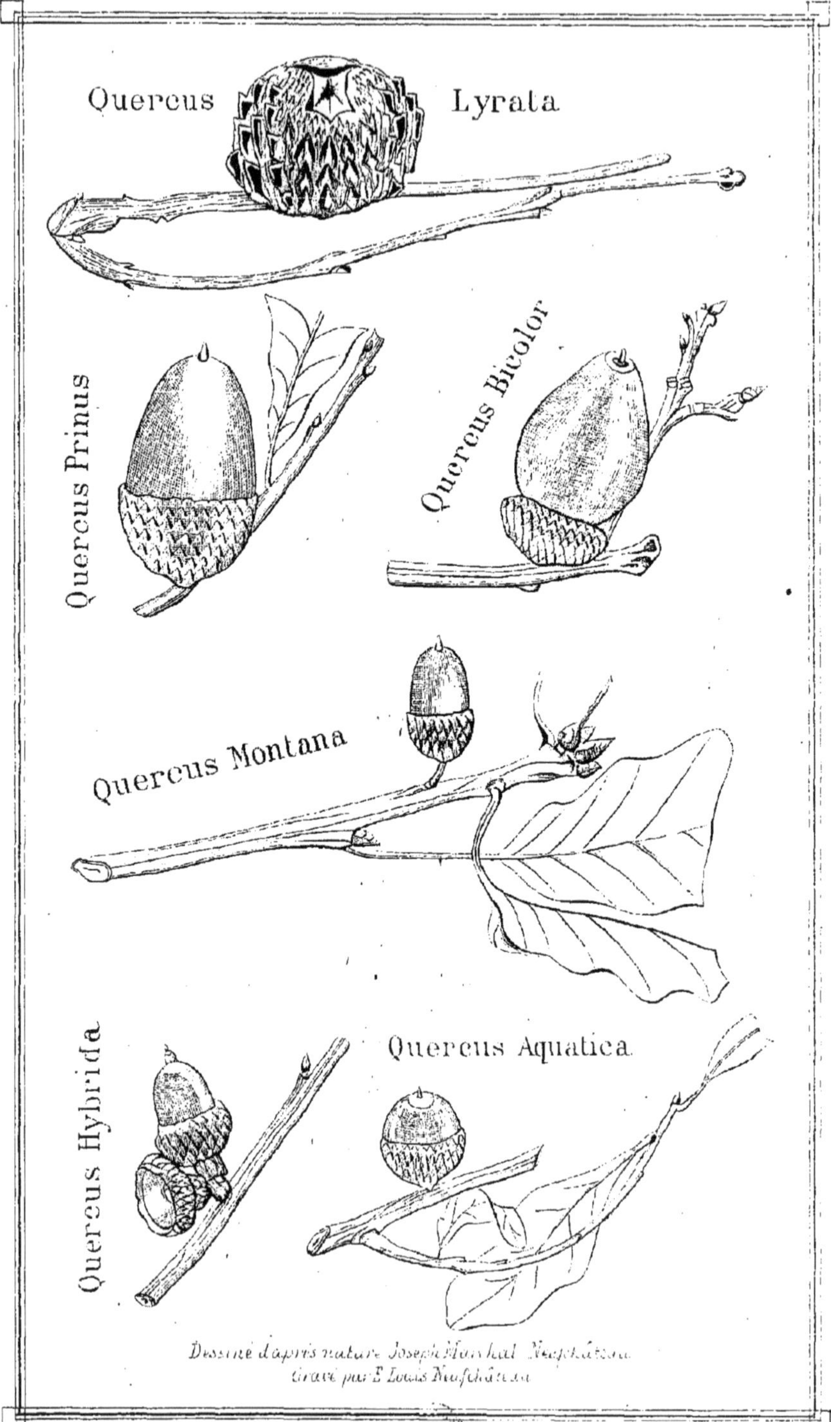

Dessiné d'après nature Joseph Marchal Neufchâteau
Gravé par E. Louis Neufchâteau

ENCORE UN MOT SUR LE CHÊNE DES MARAIS

L'ouvrage était terminé quand a paru le compte-rendu des expériences faites en Allemagne cette année. En présence de l'importance de la question, j'ai cru devoir donner les expériences produites à l'Exposition d'Anvers et dont je n'avais rapporté qu'une partie à l'article chêne des marais.

Le cercle forestier de Westphalie et du Bas-Rhin, lors de sa réunion tenue à Paderborn les 19 et 20 juillet dernier, s'est occupé des résultats de la culture d'un chêne d'Amérique, le *Quercus Palustris*.

Mr Joly, inspecteur forestier à Rahm, près de Grossenbaum, et régisseur des forêts du comte von Spee, a fourni les renseignements suivants :

« Dans ces forêts on cultive, depuis 40 ans, ce chêne originaire des plaines et des régions humides de la Nouvelle-Californie, de la Pensylvanie et de la Virginie; en mélange avec le *Quercus Pedunculata,* il a été utilisé comme arbre d'allées et comme élément constitutif de massifs. M[r] l'inspecteur Joly reconnaît au chêne des marais des qualités sérieuses au point de vue de ses exigences, de sa croissance, etc. Il fournit quelques chiffres à l'appui de son opinion. Dans un massif mélangé, le tronc le plus fort mesurait :

	Quercus Palustris.	*Quercus Pedunculata.*
Diamètre à hauteur de poitrine	44	36 cm.
Hauteur	21.3	16.9 m.
Naissance de la couronne . .	10.3	8.1 m.
Rendement en bois d'œuvre et d'industrie (bois de plus de 7 cm. de grosseur) . . .	1.04	0.49 m. cub.
Le plus grand diamètre de la cime	9.00 m.	—

Le dosage du tanin dans l'écorce fait à Eberswald a donné :

Quercus Palustris	9,83 p. c.
Quercus Robur	9,70
Quercus Pedunculata	7,95
Quercus Rubra	5,19

A Bonn on a trouvé des chiffres un peu différents :

Quercus Palustris	7,33 p. c.
Quercus Pedunculata	6,42

de sorte que 50 kil. d'écorce du *Palustris* valent 57 kil. d'écorce du pédonculé. La virilité se manifeste de bonne heure ; c'est ainsi que des arbres isolés, âgés de 20 à 25 ans, produisent de bonnes semences ; le danger des froids tardifs est moins à craindre que pour le pédonculé, parce que le *Palustris* entre plus tard en végétation au printemps. L'on n'a pas encore constaté la pyrale (T. viridana) sur le chêne des marais. Entre autres chiffres résultant des recherches expérimentales faites à Bonn, et cités par Mr Joly, on trouve :

	Quercus Pedunculata.	*Quercus Palustris.*
Module d'élasticité	749	1234 kil.
— de rupture	6,65	6,48 »
Poids spécifique à l'état vert:		
a) Morceau du tronc sous la première branche	—	0,9928 »
b) Morceau du tronc dans la cîme	0,9508	1,0218 »
c) Morceau de branche de 7 cm. de grosseur	0,9331	1,0052 »

En ce qui concerne l'opinion des consommateurs de bois, on ne peut encore rien dire de précis. »

« Le président, résumant les observations présentées, constate que par le mélange du *Pedunculata* au *Palustris* l'on peut augmenter les rendements de 25 à 30 p. c., et qu'il y a avantage à réserver une place à cet excellent arbre dans les sols meubles et frais qui lui conviennent. »

Les expériences des forestiers allemands confirment parfaitement toutes celles que j'ai faites sur cette essence, excepté pour l'écorce.

Cela peut tenir à la façon d'opérer qui est différente peut-être.

Voici donc l'expérience dont je n'ai rapporté qu'une partie à l'article chêne des marais.

J'ai opéré le 25 mars 1885, en prenant des branches d'arbres plantés les mêmes années, 1849 et 1853, et placés les uns à côté des autres, dans la propriété de Mr le Baron de Lamberts, à Munsterbilsen.

J'ai désigné moi-même les branches: elles ont été coupées en ma présence et, le lendemain, je les ai portées à l'Université de Louvain, où Mr Lecart a fait l'analyse.

Les échantillons ont été mesurés avec précision et pesés.

Les provenances étaient différentes; d'une part les échantillons avaient été pris en plein massif et près d'un étang; les autres furent choisis dans une allée, en pleine forêt.

Voici le résultat :

Branches provenant de l'allée, prises près du tronc, au milieu et à l'extrémité. Chêne des marais.

3 Échantillons :

MESURAGE :

1° Diamètre moyen . . .	0,029	longueur	0,107
2° » » . . .	0,0305	»	0,108
3° » » . . .	0,0245	»	0,011

POIDS :

	kil.
Bois non écorcé	0,262
Bois écorcé	0,205
Écorce	0,057

Pouvoir calorifique : 0,3047

Branches près de l'étang, dans un massif. Chêne des marais.

3 Échantillons, près du tronc, au milieu et à l'extrémité.

MESURAGE :

1° Diamètre moyen . . .	0,039	longueur	0,011
2° » » . . .	0,024	»	9,107
3° » » . . .	0,025	»	0,106

POIDS :

	kil.
Bois non écorcé	0,240
Bois écorcé	0,176
Écorce	0,064

Pouvoir calorifique : 3100.

Chêne pédonculé de l'allée et près de l'étang.

MESURAGE :

1° Diamètre moyen . . .	0,021	longueur	0,011
2° » » . . .	0,022	»	0,105
3° » » . . .	0,022	»	0,011
4° » » . . .	0,021	»	0,011

POIDS :

	kil.
Bois non écorcé	0,170
Bois écorcé	0,139
Écorce	0,051

Pouvoir calorifique : 3217.

Pour obtenir la quantité de tanin des écorces, les bois ont été décortiqués à la vapeur. L'on a pris des échantillons des différentes provenances, du tronc, des branches, et, toujours de même âge.

L'analyse a donné :

Chêne des marais, tanin 6,4 %.

Chêne pédonculé, tanin 8,54 %.

L'analyse faite en temps de sève, aurait donné un résultat supérieur, mais toujours dans une égale proportion et inférieure au chêne du pays, contrairement aux analyses des forestiers allemands.

Pour analyser le bois il me fallait un arbre d'un âge convenable. J'étais au Mick, chez Mr Della Faille. « Voilà ce qu'il me manque pour l'exposition d'Anvers, lui dis-je, en lui montrant un chêne des marais de plus de 50 ans. »

Le lendemain, je recevais ces mots :

« L'arbre est coupé. » Je pus exposer le tronc, peu a près les planches furent sciées et mises à la disposition des métiers.

Le bois des branches avait été trouvé plus lourd que celui du pédonculé.

Le bois de la tige fut trouvé de même.

Je pris au cœur de l'arbre deux échantillons, sciés à la même époque et séchés de même.

Dimensions :

Longueur 27 centimètres.

Largeur 7 1/2 centimètres.

Pesés le même jour, après avoir passé par le rabot, les échantillons donnaient :

Chêne pédonculé 153 1/4 grammes.

Chêne des marais 156 grammes.

Les ouvriers de Mr Simon-Coyette, ébéniste à Neufchâteau, l'ont trouvé moins propre à la sculpture que le chêne du pays et que le chêne rouge, mais d'une dureté extraordinaire et travaillant beaucoup. C'est un bois qui est coriace, qui a du nerf et qui convient, suivant eux, particulièrement pour les constructions.

Les autres expériences sur l'élasticité et la rupture ont donné des résultats identiques à ceux trouvés par les forestiers allemands, mais d'une fente plus difficile que le chêne rouge ou le chêne pédonculé.

Des forestiers ou des amateurs d'arbres s'empresseront de tirer des conclusions et de le proposer dans tous les sols.

Ce n'est pas ce que j'ai prétendu. J'ai fait connaître sa véritable situation. C'est le meilleur moyen de le protéger.

Où je diffère encore d'appréciation avec les forestiers allemands, c'est ici :

Le *Palustris* entre plus tard en végétation que le chêne ordinaire, disent-ils. Ce n'est pas tout à fait juste, mais j'ai prouvé que c'est l'arbre qui garde le dernier ses feuilles. Les arbres ne donnent de bons glands, dans notre pays, que vers l'âge de 40 ans, je l'ai établi par des faits précis. Les forestiers allemands disent qu'ils donnent de bons fruits déjà à l'âge de 25 ans. Le climat diffère ou les recherches ne sont pas précises en Allemagne; j'ai pris note exacte des âges des sujets et j'ai donné des dates précises.

L'on n'a pas constaté encore, disent-ils, la pyrale (T. viridana) sur le chêne des marais; c'est vrai, mais j'ajoute que le hanneton est un ennemi terrible des racines et qu'il faut y veiller.

Le lecteur me saura gré d'avoir fait connaître ces expériences faites depuis deux ans et que les forestiers allemands confirment à l'heure actuelle.

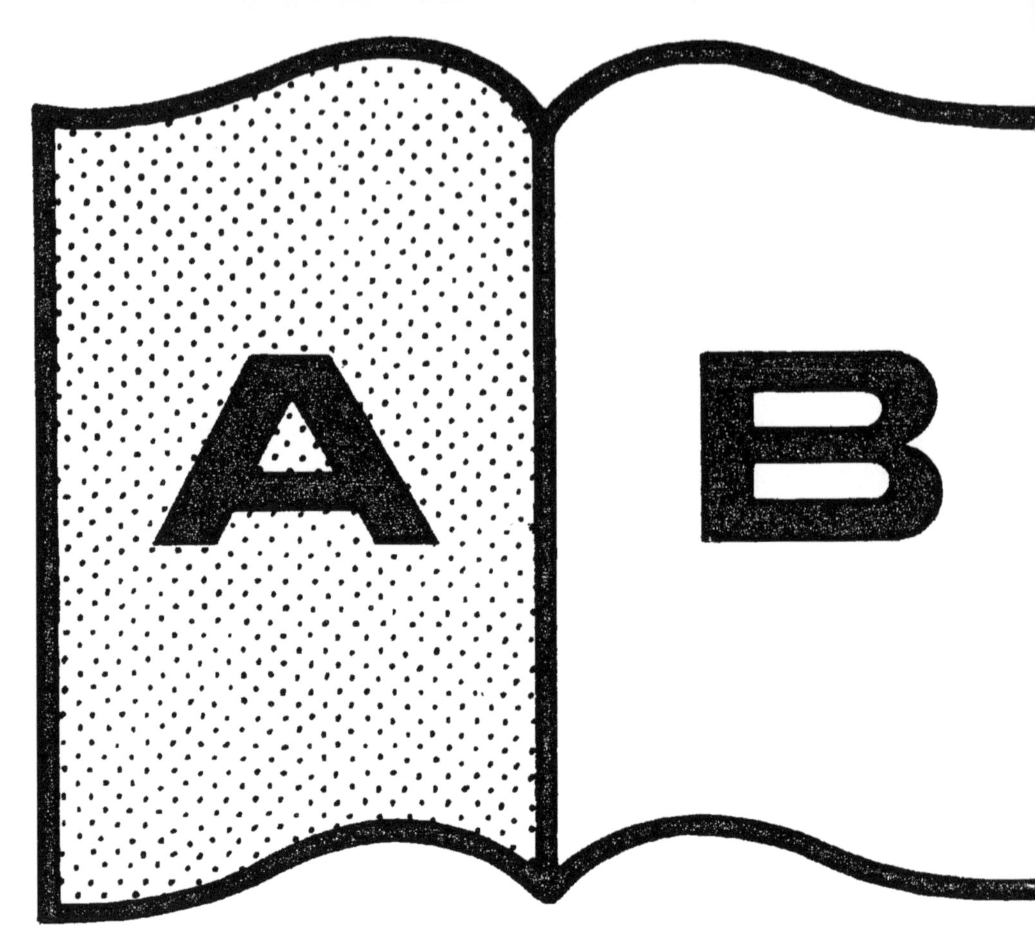

Contraste insuffisant

NF Z 43-120-14

www.ingramcontent.com/pod-product-compliance
Ingram Content Group UK Ltd.
Pitfield, Milton Keynes, MK11 3LW, UK
UKHW022327190726
13856UKWH00001B/246